KB262119

한국말 공동체의 연구

-거시 사회언어학 이론-

한국말 공동체의 연구

-거시 사회언어학 이론-

장 태 진 지음

도서출판 역락

머 리 말

저자가 "화어 공동체"에 관심을 가진 것은 80년대 전기가 된다. 그러니까 로메인의 82년편 "화어 공동체에 있어서 사회언어학적 변이"(Sociolinguistic Variation in Speech Communities)를 입수했을 때이다. 마침 관심 있던 주제 관련의 원서였으니 정독을 해야 하는데, 당시는 참으로 안타까운 시기였다. 학교 전체가 데모에 휩쓸려, 연구실을 내어주고 임시로 마련된 학과 사무실에서 연일 매운 최루탄 내음에 단단히 세례를 받던 시기이다. 애써 구한 책이지만, 도무지 책을 볼 수 있는 처지가 아니다. 그것이 어제 일인 양, 뇌리에 더욱 생생하다.

당시만 하여도 사회언어학에 관한 원서들이 빈번히 쏟아져 나왔지만, 막상 인용할 수 있는 국어 관련의 자료란 흔하지 않았다. 더욱 해외 교포에 관한 국어 연구란 생소한 주제였다. 마침 이중언어학회 회지 제1호가 83년에 첫선을 보였으니, 그 당시 사정이야 알만한 것이다. 언어학에 깊은 관심을 가진 동료 교수들도, 국어학의 연구 활동에서 과연 이중언어학회가 걸맞는지 의아스럽게 생각하는 분도 있었다. 오늘날 이 작은 저서가 이 학회지 논문에서 많은 것을 얻게 됨으로서, 새삼 금석지감이 들게 된다.

일반적으로 사회언어학의 발달은 크게 보아, 먼저 거시 사회언어학(macrosociolingustics)과 미시 사회언어학(microsociolinguistics)의 두 가지 방향으로 가닥을 잡아 나가게 된다. 그리하여 이 학문의 성격상 비록 어느 하나가 필히 배타적일 수는 없지만, 대체로 보다 사회(society)에 관심의 초점을 두느냐, 또는 보다 언어(language)에 관심의 초점을 두느냐에 따라서 학문의 체계와 연구에 많은 차이를 보이기 마련이다. 여기 "한국말 공동체의 연구"도 특히 거시 사회언어학 이론에 깊이 관련됨은 자명한 것이다. 다음 이들 연구의 방향도 단일언어 사회(monolingual society), 2중언어 사회(bilingual society) 그리고 다중언어 사회(multilingual society) 등으로 점차 관심이 옮겨지는 경향이 있다. 그리하여 최근에는 소수 집단어(minority language) 쪽의 연구가 강조되고 있는 터이다. 따라서 이들 "한국말 공동체의 연구"도 남·북한말, 교포말을 비롯하여 거류 외국인의 언어를 함께 고려하려는 것인 바, 그 의도가 여기에 있다고 하겠다.

국어사회언어학에서, 더욱 거시 사회언어학의 이론으로 "한국말 공동체"를 거론한다는 것은 하드슨의 말처럼, "하늘의 구름 잡기"일지 모른다. 그리하여 사회언어학에서 우리들이 필요로 하는 "분단 언어의 이론"은 찾아 보기가 힘들다. 그럼에도 우리들이 거론하는 거시 사회언어학의 이론에 있어서 "한국말 공동체"는 모든 한국 사람들의 언어 생활에 실재함을 깨닫게 되었다. 오늘날 "세계 속의 한국"을 표방하면서, "세계 속에 한국말"을 찾지 못할 이유가 없다고 강조하고 싶다.

천학비재 저자의 이 작은 책에서, 거대한 주제의 기술이 어느 정도 충족되었는지 두려움이 앞선다. 여기 선학과 동학 제위의 질정을 바랄 뿐이다. 다만 이 주제로서 논술한 내용들이 필자로서는 오랜 학문 생활의 일대 전기가 된다. 특히 국어 사회언어학에서 볼 수 있는 연구 동향은 초기와 달리, 거의 미시 사회언어학 쪽에 몰려가는 현상이다. 특히 거시 사회언어학 쪽이 극히 영성한 모습을 보이는 터라, 그 공백을 메우는 데 내 나름의 보람이 있다고 하겠다.

나는 이 책을 상재하면서 많은 분의 도움을 입었다. 40년 전의 학연을 가진 최용재 교수는 곧 정년이라면서, 급한 책을 용달편으로 보내왔다. 그리고 원고의 입력 과정에서 임영철 교수님과 김영만 교수님이 도와주셨고, 특히 김숙정 연구원의 수고가 많았다. 아울러 출판을 맡아주신 도서 출판 역락의 이대현 사장님과 편집부 여러분이 애써 주셨다. 여기 감사의 말씀을 드린다.

2004년 3월 1일

장태진 씀

차 례

차 례

차 례

제 1 장 서 론

이 연구의 주제로서 "한국말 공동체의 연구"는 국어학이 추구하는 "한국말 사회언어학"의 과제에 있어서, 가장 기초적 연구가 될 것이다. 특히 여기에 거론하는 "한국말"이란 일반적으로 관용하는 "한국어"보다 더욱 넓은 뜻으로 사용하게 된다. 즉, "현대 국어"로서 "한국말"은 오늘날 우리들이 많이 쓰고 있는 "한국어"라는 통념적 사용 외에, 과거에 쓴 바 있고 오늘의 북한에서 주로 쓰는 "조선어, 조선말"을 비롯하여 러시아 연방 및 중앙 아시아 여러 나라에서 통칭하는 "고려말, 고려어"도 함께 뜻하는 광의의 개념이다. 그러므로 오늘날 남·북한 약 7,000만(2002년 예상 인구 72,717,000명, 통계청, 2000: 42)[1]의 언중과 함께 약 570만에 이르는 재외 교포들이 함께 쓰는 "우리말"인 것이다. 아울러 국내 약 60만 거류 외국 인들이 쓰는 한국말도 포함한다. 그리하여 이것을 "에스닉 변종"(ethnic variety)으로서 "거류인 한국말"이라 불러 둔다. 따라서 우리들이 사용하는 "한국말"이란 좁게는 "표준말"을 뜻하지만, 넓게는 여러 "방언"을 함께 뜻하고, 더욱 재외의 교포말과 국내의 거류인 한국말까지 포함하는 우리말을 뜻한다. 따라서 최근의 제안(김진우, 2001: 340)[2]인 공통 국어(common korean),

보편 국어(general korean)에 가까운 개념이 되겠다.

이와 같이 광의로 규정된 "한국말"을 바탕으로 "한국말 공동체"를 제안하게 된다. 여기 일반적으로 "사회언어학"(sociolinguistics)에서 거론하는 "화어 공동체"(speech community) 또는 "언어 공동체"의 이론을 후술에서 구체적으로 고찰하겠지만, 한국말 공동체란 "한국말에 관한 공통의 사용언어에 대한 특성과 다양한 사회적 특성을 함께 가진 화자들의 집단"으로 제안하여 둔다.

오늘날 사회언어학에서 "화어 공동체"라는 술어는 가장 빈번하게 쓰이고 있다. 그리하여 이 술어는 사회언어학의 성립과 함께 빈번히 사용되어 왔으며, 그 정의의 태도도 그만큼 다양하고 넓게 또는 좁게 취하는 바 있다. 따라서 우선 여기에 대하여 검토하려 하지만, 먼저 "화어 공동체"는 서로 관련되는 언어 사용에 대한 사회적 규칙(social rule)이며, 표준어 또는 언어 규범(language norm)을 공유하고 있는 화자들의 집단이다. 그리하여 "한국말 사회언어학"은 교포말, 거류 외국말을 함께 취급할 때, "국어 사회언어학"과 식별하여 사용한다. 동시에 "언어 계획"(language planning)을 비롯하여 "언어 교육"에까지 깊이 관련되어 있는 가장 활기찬 사회언어학적 개념이라 할 것이다. 아울러 부제인 "거시 사회언어학(macrosociolinguistics)의 이론"은 후술에서 보는 바처럼, 주제의 기술에 도입되고 있는 "사회언어학"에 있어서, 양대 부분으로 구분하는 태도이다.

사회언어학(Fishman, 1970: 51)[3]에서 처음으로 Fishman, J. A.가 "미시 사회언어학"(microsociolinguistics)에 대하여 "거시 사회언어학"이라는 부문을 식별하고, 이들 용어를 사용한 것으로 알려진다. 그리고 종종 "미시레벨 사회언어학"(microlevel sociolinguistics)과 같은 용어도 병용하고 있는 것이다. 그의 기술(Fishman, 1970: 43~44)에 의하면 "특정의 연구가 보다 언어학적으로 방향을 정할수록, 그것은 미시 레벨의 분석에 만족하며 머물 것이다. …그렇지만 보다 사회적으로 방향 잡힌 특정의 사회언어학적 연구일수록, 사회적 과정과 사회적 조직화 그 자체의 연구에 관여할수록, 그것은 점차 거시 레벨(macrolevel)의 분석을 추구할 것이다"의 언급을 보이고 있다. 따라서 여기에는 이들의 식별을 단순한 언어학적 접근과 사회적 접근이라는 연구 방향으로 거론하고 있다. 그럼에도 그의 후기 논문 (Fishman, 1972: 453)[4]에는 이들 사이의 유대가 중요하며, 그 관계는 상보적이라 하였다. 즉 "사회언어학은 방법론적으로도 이론적으로도 균일하지 않다. 그럼에도 불구하고 이것은 미시 구성(microconstruct)과 거시 구성 (macroconsturct) 사이의 고리가 그러한 유대를 추구하는 연구자에게는 중요성을 만족시키며, 그 방법은(사회언어학의 전체 범위를 통하여, 넓은 적용성을 가지고 있는 어떤 구성과 방법이 되는 것처럼) 실재하는 것이다. 여기에는 사회적으로 방해 없는 구두적 상호 작용(verbal interaction)이 없는 것과 똑같이, 그들의 현실화로서 개인적 상호 작용(individual interaction)에 의존하지 않는 언어와 사회 사이의 대규모 관계(large scale relationship)란 없는 것이다. 그렇지만 이들은 기계적 부분·전체 관계(mechanical part-whole relation-ship)가 아니며, 미시 사회언어학과 거시 사회언어학은 함께 개념적으로나 방법론적으로 상보적이다"라고 하였다.

　　최근 Mackay, S. L.와 Hornberger, N. H.는 "분석의 양방 레벨"(both levels of analysis)이라는 가설(Mackay and Hornberger, 1996: ix~x)[5]을 제안하고, 사회적 분석(social analysis)의 거시 레벨과 미시 레벨 및 언어학적 분석(linguistic analysis)의 거시 레벨과 미시 레벨을 각기 따로 구별한다는 것이다. 그리하여 이들 가설은 먼저 (1) 국가나 공동체와 같은 더욱 큰 맥락 (larger context)을 비롯하여, 다음 (2) 특정의 사회적 상황의 보다 제한된 맥락(limited context)에서, 한편 (3) 미시(micro)에서 거시(macro)로 가교되는 실제의 영역(domain of practice) 혹은 실제의 공동체(community of practice)등을 막론하고, 사회적 맥락(social context)을 논술함에 있어서 초점을 모을 수 있게 된다는 것이다. 여기 그의 패러그래프을 보이고, 이들 "언어와 사회, 언어화 문화, 언어와 변이, 언어와 상호 작용" 등의 예시를 하나씩 들어 두자. 그리하여 "한국말 공동체"로써 제안하세 된다.

도표 1-1

	사회적 분석의 레벨	
	거시 레벨	미시 레벨
거시 레벨	(언어와 사회) 한국말 한국말 공동체	(언어와 문화) 북한말 이질성 한국화교공동체
미시 레벨	(언어와 변이) 북한말의 세대변종 한국화교말	(언어와 상호작용) 문화어 ㄹㄴ 어두움 중국음식 명칭

언어학적 분석의 레벨

　여기 보인 네 가지로 구분된 부분은 제안된 가설의 3등분으로서 "전형적 거시의 부분, 전형적 미시의 부분, 거시·미시 연속체"등으로 환원된다. 이들 "연속체"(continuum)라는 제안은 거시와 미시 사이의 가교(bridging)가 되는 실체를 지칭하는 것이다. 여기 가설에서 보인 설명에는 "또 다른 상위 혹은 보다 특수화된 조항으로서 한 언어의 선택(choice of one language), 또 다른 상위로서 화용론(pragmatics) 혹은 담화(discourse)를 대상으로 하는 음운론적 특징의 선택(choice of one phonological feature)" 등이 거시와 미시 사이의 가교가 된다는 것이다.

　이와 같은 사회언어학의 레벨을 식별하여, 그 연구 태도가 "언어와 사회"(language and society) 또는 "사회 속의 언어"(language in society) 등으로 연구 방법을 달리하는가 하면, 여기 주제에 관한 "화어 공동체"에 대하여 "화어 망상체"(speech network)의 연구를 주장하는 것도 같은 태도이다. 더욱 최근 "실제의 공동체"를 주장하는 제안(Eckert, 2000: 34~41)[6]은 위의 두 가지의 대립적 개념에 어떤 교량적 실재를 추구하는 태도라 하겠다.

　이들 전제에서, 다음과 같이 패러그래프를 일목요연하게 재구성하고, 거시 레벨(+)과 미시 레벨(−)이 되는 "사회, 언어"의 성분화를 보인다.

도표 1-2

(거시 레벨)

[사회＋/언어＋]
(언어와 사회)
한국말
한국말 공동체

[사회＋/언어－]　　　　　　　　　　　　[사회－/언어＋]
(언어와 변이)　　　　-(거시·미시 연속체)-　　(언어와 문화)
북한의 세대변종　　　　　　　　　　　　북한말 이질성
한국 화교말　　　　　　　　　　　　　한국화교공동체

[사회－/언어－]
(언어와 상호작용)
문화어 ㄹㄴ어두음
중국음식 명칭

(미시 레벨)

이들 재구성된 패러그래프에서 "한국말 공동체의 연구"가 전형적인 거시 사회언어학의 주제임을 알게 된다. 따라서 이들 연구에는 거시 사회언어학의 이론이 수용되어야 함은 물론이다. 그럼에도 실재하는 "거시·미시 연속체"의 제안처럼, 어떤 거시 사회언어학에 관한 연구에 미시 사회언어학의 주제와 방법론이 내재하고 있음을 부인할 수 없다. 예를 들면, 미시 사회언어학의 주제가 될 음운론적 특징으로서 "두음법칙"이 북한말의 이질성으로 기능하게 된다. 따라서 이것은 거시 언어학의 주제인 "한국말 공동체의 연구"에 필수적인 기술 내용이 되는 것이다.

여기 "한국말 공동체"의 경우, 먼저 (1) "문화어 ㄹㄴ어두음"은 "북한말 세대 변종"에 관한 것이며, 전형적인 "북한말 이질성"이라 하겠다. 그리하여 이것은 "한국말"에 관한 항목이다. 다음 (2) "중국 음식 명칭"은 "한국 화교말"의 주요 특징인데, 이것은 "한국 화교공동체"의 언어 목록(language repertoire)에 든다. 아울러 "한국 화교공동체"는 "한국말 공동체"

에 속하는 "에스닉 집단"(ethnic group)이 된다. 따라서 이들 제안과 같은 여러 "사회언어학적 이론"들을 다양한 모습을 지닌 여러 "한국말 공동체의 연구"에 적절히 수용하려는 태도임을 밝힌다.

이 연구에서 보이는 한국말 공동체들은 서로 다른 역사적 배경과 "사회언어학적 차원"의 특성으로 얽혀 있다. 그리하여 이들은 피동적으로 분단되었거나, 유민들의 이산(diaspora)과 같이 분리되었던 것이다. 또는 자발적 이민(voluntary migration)이 되는 최근의 교포 진출이거나, 국내 거류 외국인들인 에스닉 집단에 이르기까지 가지각색이다. 따라서 이들의 다양한 대상에서 "한국말 공동체"의 어떤 공통된 "사회언어학적 특징"을 탐구하려는 것이 본 연구의 목적이라 하겠다.

미주 · 원문

1) 통계청(2000) 국제통계연감, 서울. p.477.
2) 김진우(2001) 21세기의 한국어(조선어) 전망과 문제, 세계 속의 조선어(한국어) 대비연구, 료녕, pp.333~345.
3) Fishman, J .A.(1970) Sociolinguistice, A brief introduction, Rowley, Massachusetts, p.126. (1972)
4) _____________ (1972) Domains and the relationship between Micro- and Macrosociolinguistics, In. Gumperz, J. J., Hymes, D.(eds.) Direction in Sociolinguistics, The Ethnography of Communication, New York, pp.435~453.
5) Mackay, S. L. · Hornberger, N. H.(1996) Preface, in Mackay · Hornberger (eds.) Sociolingustics and Language Teaching, Cambridge University Press, Cambridge, U.K., p.x.
6) Eckert. P.(2000) Linguistic Variation as Social Practice, Blackwell, Massachusetts, USA, pp.34~41.

제2장 화어 공동체의 이론

　사회언어학 연구에 있어서 가장 기초적 분석의 단위를 "화어 공동체"라 한다. 그리하여 이것은 언어에 관한 사회적 인식에 있어서 기초적 단위가 되며, 또 연구의 대상(Guy, 1988: 49)[1]이 된다. 따라서 "국어 사회언어학"의 연구 대상에 있어서, "한국말 공동체"는 중요한 출발점이 되는 것이다.

　이들 술어론과 정의는 각기 목적하는 바 기술에 있어서 상호 식별될 별개의 내용들이지만, 특히 우리들이 주의하는 것은 이들이 유기적으로 긴밀하게 연계되어 있음을 각별히 유의하는 일이다. 그리하여 중요한 과제가 되는 "한국말 공동체"의 기술에 있어서, 처음부터 부닥치는 난제들을 극복하여 나아갈 수 있을 것이다.

1. 술어론

　"사회언어학"의 발달은 그 술어론(terminology)의 발달을 동반하게 된다. 그리하여 이들 "일반 사회언어학"(장홍권, 2000)[2]의 확립과 함께 "국어 사회언어학"의 경우는 더욱 대역 술어의 문제가 한층 부각되는 것이어서, 이 점 일본, 중국의 예와 비슷하다고 하겠다. 따라서 여기 적절한 참조도 필요하겠지만, "국어 사회언어학" 나름의 특수성을 감안하여 이들의 체계화는 중요한 과제가 된다. 특히 "화어 공동체"에 관한 술어 문제는 사회언어학의 원초적 문제에 깊이 얽혀 있으면서도, "한국말 공동체"의 기술에 적지 않은 과제를 제기하는 것이라 하겠다.

(1) 어원과 대역

　우선 어원론적 측면에서 "community"(공동체)는 라틴어 "communitae"(hold in common)에서 나온 말(Saville-Troike, 1982: 18)[3]인데, 사회 과학에서 사용되는 모든 정의는 공유된 지식(knowledge) 소유(possession) 혹은 행동(behavior)의 차원들을 포함하고 있다. 그리고 이 역어(한, 중, 일)는 "사회, 공동체, 지역 사회…" 등인데, 특히 "사회언어학"에서는 "공동체"가 일반적이다. 그리고 술어론 기술의 기준을 다음의 네 가지로 세워, 고찰하게 되는 것이다.

　이들은 "술어의 한국말 규정"에 관한 것으로, 여기 가장 핵심적 문제가 "speech community/language community/linguistic community" 등의 대역이다. 그리하여 먼저 (1) 초기 "speech community"만을 언급한 Bloomfield, L. (1933)[4] 용어에 대하여 柴田武(1978: 233)[5]는 여기 "community/association"의 구분이 없으므로, "언어 사회"에 해당한다고 하였다. 그런데 三宅 등의 번

역서(三宅 et. al., 1965)에는 "화어(Kotoba) 공동체"로 번역하였다. 여기 Fishman, J. A.(1972)[6]과 湯川恭敏(1974)도 같은 것이다. 그런데 Hymes, D.(1974)[7]도 거의 같지만, 여기 唐須敎老(1979)는 "언어 지역 사회"로 번역하게 된다. 다음 (2) Hudson, R. A.(1980)[8]도 "speech community"로서 기술하면서 Gumperz, J. J.의 "linguistic community"를 언급하는데, 松山 등의 번역서(松山 et. al., 1988)에 "화어 공동체"와 "언어 공동체"가 함께 쓰인다. 한편 (3) Romaine, S.(1994)[9]는 "speech community/language community"를 함께 언급하면서, 후자를 "반드시 같은 언어를 공유하는 사람들"로 암시하고 있다. 그리하여 土田 등의 번역서(土田滋 et. al., 1997)[10]에는 이들을 "언어 연합체/언어 공동체"라 하며 구별한다. 끝으로 (4) 중국의 장홍권(1990: 176~7)[11]의 경우, "공동체"라는 용어를 피하여 "공동 사회"로 대치하였다. 그리하여 "speech community, linguistic community"를 식별하지 않고, 알기 쉽게 이들을 통합하여 "어어 공동 사회"로 옮겨 쓴다고 하였다.

이들에 대하여, 한국말의 경우를 보자. 먼저 (1) 대다수 번역서의 경우, "speech community"는 모두 "언어 공동체"로 대역되어 있다. 즉 Hudson, R. A.(1980)[12]을 번역한 최현욱 등(1986)을 비롯하여, Wardhaugh, R.(1992)[13]을 번역한 박의재(1994), Fasold, R.(1990)을 번역한 황적륜 등(1994)[14]이 모두 같은 것이다. 다만 최현욱 등(1986)에서 "linguistic community"를 "언어학적 공동체"로 번역한 것이 보인다. 다음 (2) 저서의 경우, 이익섭(1994)에도 "언어 공동체"가 함께 쓰이지만, 이것이 유일하게 쓰고 있는 "speech community"의 개념에 해당함을 유의하여 두자. 여기 초기 저자(장태진, 1977: 25)[15]도 같은 것이다. 이와 같이 원저자 또는 번역자를 막론하고, 술어 쓰임에서 변별력을 강조하거나 또는 그것을 무시하거나 혹은 통합하려는 태도의 차이를 보이고 있다. 특히 대역 술어로써 사용하는 경우, 논술되는 개념 관계에 큰 영향을 주는 것이라 하겠다. 끝으로 (3) 우리들은 이들 세 가지의 술어에 "화어 공동체(speech community), 언어 공동체(language community), 언어학적 공동체(linguistic community)"와 같이 식별하여 쓰기로 한다.

(2) 언어학적 분야와 차원

"화어 공동체"에 관한 언어학적 분야와 차원은 "한국말 공동체"에 대한 국어학 연구의 출발점이 되는 것이다. 그리하여 다음 두 가지로 대별하여 기술하기로 하자.

첫째, "언어 과학적 분야"에 관한 술어를 지칭하는 것이다. 이것은 후술의 정의에서 보는 "정의 방법"에 조응하는 측면이다. 여기 논급되는 술어는 "linguistic community, sociolinguistic community, ethnolinguistic community" 등이다. 따라서 여기에는 "언어학(linguistics) 사회언어학, 민족언어학(ethnolinguistics)" 등이 강조된다. 이들을 보면, 먼저 (1) "언어학적 공동체"는 일찍 Saussure, F. de.의 용어(communauté linguistique)가 처음으로, 민족적 통일을 성립시키는 것은 언어의 공통성인데, 이것으로 언어학적 공동체를 설명한다는 것(田中克彦, 1978: 242)[16]이다. 그런데 Gumperz, J. J.도 처음(1962: 31)[17]에 "언어학적 공동체"를 쓰지만, 특히 그는 Emeneau, M. B.가 쓰고 있던 "언어학적 지역(linguistic area)"에서 유추한 것이라 하였다. 그리하여 그가 "다중언어적 공동체(multilingual community)"의 유형을 표현하고 있음을 유의하자. 다음 (2) "사회언어학적 공동체"는 Denision, N.의 쓰임(Denision, 1971: 160)[18]인데, 화역(register)를 설명하면서, 그것과 관련된 총체적인 언어학적 목록(linguistic repertoire)을 "사회언어학적 공동체"가 공유하는 것이라 기술하고 있다. 따라서 "사회언어학적으로 특수화된 공동체"를 표현한 것으로 보아야 한다. 끝으로 (3) "민족언어학적 공동체"는 접촉언어학(contact linguistics)에서 Nelde, P. H.(1993: 173)[19]의 쓰임인데, 민족을 중심으로 하는 "다언어 국가"에서 언어 집단의 분기 요구를 논술하면서 언급한 것이다. 따라서 "민족언어학적으로 특수화된 언어 공동체"를 표현한 것으로 보아야 한다.

둘째, "언어과학적 차원"에 관한 술어를 지칭하는 것이다. 이것은 후술의 정의에서 보게 되는 "정의 내용"에 조응하는 측면이다. 여기 논급되는 술어는 "speech community, language community, communication community” 등이다. 따라서 이들에게는 “화어(speech), 언어(language), 의사 소통(communication)” 등이 강조되고 있는 것이다. 여기 “화어 공동체, 언어 공동체”의 경우는 이른 바 프라그 학파 언어학자들의 제안(Romaine, 1994: 23)[20]과 일치하고 있는데, 그들은 “화어 결합”(Sprechbund/speech bond)과 “언어 결합”(Sprachbund/language bond)이라는 개념을 처음 도입한 것이다. 즉 “사회적 상호작용”(social interaction)의 패턴은 종종 “언어 경계”(language boundary)를 초월하는 것으로, “화어 결합”이란 “말하기 방법”(way of speaking)을 공유하는 것이며, “언어 결합”이란 언어 형식의 레벨에서 “관련성”(relatedness)을 공유한다는 것이다. 그리하여 이들은 반드시 일치하는 것이 아닌데, 어떤 공동체에 속하며, 그 계속 여부는 원초적으로 “언어 규범”(language norm)보다는 차라리 구성원의 “용어 교섭”(terms of interactional)에 있다고 보았다.

이들 “화어 공동체, 언어 공동체”의 쓰임에 있어서, 먼저 (1) “화어”는 “빠롤”(언어 행위)의 측면(허웅, 1963)[21]인데, 보다 많은 학자들이 이들의 포괄적 범칭으로서 “화어 공동체”를 쓰고 있다. 그러하기에 지칭하는 어휘도 다양한 것이라 하겠다. 여기에는 네 가지의 전형적 쓰임을 식별하는데, 첫째 Bloomfield, L.(1933: 42)[22] 이래의 많은 제안처럼, “하나의 언어”를 전제로 한 쓰임이 있다. 둘째 Gumperz, J. J.의 후기 제안(1964: 137)[23]처럼, “2중 언어제”(bilingualism)에도 그대로 적용한 쓰임이 있다. 셋째 Hartung, W.(1981: 14)[24]와 같이, 특히 모어(mother tongue)를 강조한 쓰임이 있다. 넷째 Hymes, D.의 지론(1974: 51)[25]처럼, 고유 언어에 관계 없이 “언어 행동”을 전제로 한 쓰임이 있다. 다음 (2) “언어”는 “랑그”(언어 체계)의 측면(허웅, 1963)인데, “언어 공동체”에 대하여 Ager, D. E.(1990: 5~6)[26]는 “동일한 언어 형식을 말하는 모든 사람들이다” 하고, 여기에서 “프랑스어 공동체”의 경우는 프랑스어 국가(Francophone state)와 심지어 프랑스어 학습자까지 포함한다고 하였다. 여기 “화어 공동체”는 이들보다 통상 작은 것으로, 상호 작용(interaction)과 구어 목록(verbal repertoire)을 포함하는 기준에 의거한다는 것이다. 이것은 앞서 보인 많은 학자들의 견해와 상반됨을 각별히 유의하여 두자.

이와 같이 "화어 공동체"를 광의로 잡을 경우 "언어 공동체"는 협의로 이해되며, Ager, D. E.의 견해처럼 "언어 공동체"를 광의로 잡을 경우 "화어 공동체"는 자동적으로 협의로 이해될 수밖에 없는 것이다. 그럼에도 우리들의 경우, 이들과는 다른 견해인데, 가장 중요한 것은 "화어(speech)"를 객관적 측면에서 보는 데 반하여 "언어(language)"를 주관적 측면에서 보려는 것이다. 이 견해는 오늘날 언어학에서 "언어, 방언"에 대한 규정에서 궁극적인 식별의 기준을 주관적 측면에 두는 쓰임을 수용하려는 것이다. 따라서 한국말 공동체의 경우, 남·북한의 언중 또는 어느 교포를 막론하고 스스로 쓰는 우리말을 "한국말"이라 생각할 때에 한하여 동일한 "언어공동체"에 속한다고 규정하게 된다. 여기 "조선말·조선어, 고려말·고려어" 등의 쓰임을 함께 음미하여 보라. 한편 (3) 소통 공동체의 쓰임에 있어서 "의사 소통"이란 "사회적 상호 작용의 형식"(Canale, 1983: 3)[27]이라는 정의를 보이지만, "소통 공동체"(Hartung, W. 1981: 14)[28]는 화어 공동체와 대립되는 2분법으로 제안하고 있다. 즉 소통 공동체는 "형식적 의사 소통이 발생하는 사회 구조의 다양한 레벨에서, 이해되는 단위에 가능성을 주는 범주"이며, 화어 공동체는 "통합의 정치적 경제적 언어학적 과정의 수렴(convergence)에 관련되는 역사적 범주"라는 것이다. 그리하여 이들을 "현실적 이해"와 "역사적 수렴"이라는 특징으로 제안하는 것이다.

이들 "화어, 언어, 의사 소통"의 세 가지 식별에서 우리들이 "의사 소통"에 의거하여 "소통 공동체"가 설정되어야 하는 원초적 특성을 지적하게 된다. 즉 "하나의 언어"에 구애됨이 없는 "화어, 화어 공동체"에 대하여, "하나의 언어"를 전제로 하는 "언어, 언어 공동체"의 경우는 이들의 "의사 소통"의 기능에 관하여 각별한 이해를 필요로 할 것이다. 여기 "언어"가 가지고 있는 "의사 소통"의 기능은 "특정 언어의 내부에 한정된 기능"이며, 특정 언어와 다른 언어의 사이와 같은 "특정 언어가 외부에 확장된 기능"이 아니다. 이것은 빈번한 "언어 접촉"(language contact)을 전제로 하는 "이해 변종"의 기능에 관한 것이다. 따라서 여기 "의사 소통, 소통 공동체"의 설정 근거가 있는 것이라 하겠다.

(3) 한국말 공동체의 쓰임

위에서 우리들은 "화어 공동체, 언어 공동체, 언어학적 공동체" 등, "한국말 공동체"에 관련된 "술어론"의 제반 문제를 고찰하였다. 그리하여 여기 몇 가지 레벨을 달리하는 "한국말 공동체"를 식별하고, 그 사회언어학적 특징을 기술하기로 한다. 먼저 (1) "한국말 공동체1"을 제안한다. 이것은 "가장 광의의 한국말 공동체"를 지칭하는데, 여기에는 남·북한 즉 본국말 공동체와 교포말 공동체를 포함한다. 이들은 현실적으로 각기 별개의 화어 공동체들이지만, 언어학적 기준에서 같은 한국말을 사용하기 때문에 "한국말 공동체"라 부른다. 따라서 이것은 "언어 공동체"의 부류에 속한다. 여기 "본국말 공동체"는 남·북한이 각기 "분단 관계"(division relationship)에 의하여 "분단 공동체"(divided community)의 관계에 있다. 그리고 "교포말 공동체"는 재외 교포들이 각기 "이산 관계"(diaspora relationship)[29]에 의하여 "이산 공동체"(dispersed community)의 관계에 있다. 이들은 "재미 교포, 재중 교포, 재일 교포, 재CIS 교포 …" 등으로 분류된다. 다음 (2) "한국말 공동체2"를 제안한다. 이것은 보다 광의의 "한국말 공동체"를 지칭하는데, 이들은 남·북한을 잇는 본국의 "화어 공동체"를 지칭하게 된다. 이들 두 가지 부류의 "한국말 공동체"는 한국말을 중심으로 하는 추상적 차원에 있어서, 또는 역사적 실제로서 중요한 의의를 가진다. 한편 (3) "한국말 공동체3"을 제안한다. 이것은 "협의의 한국말 공동체"를 지칭하는데, 현실적으로 분단되어 있는 "한국말 공동체"(대한민국)를 뜻한다. 여기에는 크고 작은 많은 방언 차원의 공동체들이 포함되어 있다. 따라서 서울말 또는 표준말을 중심으로 하는 전형적인 "언어 공동체"를 구성하는 것이다. 끝으로 (4) "한국말 공동체4"를 제안한다. 이것은 위의 "전형적 한국말 공동체"가 현실적으로 다양한 외국의 배경을 가진 소수 집단으로서 "거류 외국인 공동체"를 포함하는 것이다. 따라서 현대의 "화어 공동체"가 가지고 있는 일반적 특성을 거의 갖추고 있다고 하겠다. 이들을 다음과 같이 도시하여 둔다.

도표 2-1

(한국말 공동체)	한국말 공동체$_1$	한국말 공동체$_2$	한국말 공동체$_3$	한국말 공동체$_4$
남한 한국말	+	+	+	+
북한 한국말	+	+	−	−
교포 한국말	+	−	−	−
거류 외국말	−	−	−	+

2. 정의에 대하여

　언어학 또는 사회언어학에 있어서 "화어 공동체"에 대한 정의는 오랫동안 제안을 거듭하면서, 오늘날 많은 학설들이 누적되어 있다. 그리하여 이들의 원인과 실제에 관심을 두자. 우리들 화어 공동체의 정의에서 어려운 부분(Saville-Troike, 1982: 19)[30]은 상이한 기준에 따른 공동체가 상이한 범위로 귀속되어야 한다고 전제하고, 여기에 대하여 먼저 (1) 어떤 유의적인 것을 공동으로 가지는 "사회 속의 어느 집단"(any group within a society)으로서, "종교, 인종, 에스니서터, 연령, 성, 직업" 등을 예시하고 있다. 다음 (2) 역할·기회의 충분한 범위를 가진 "사람들의 물리적 제한 단위"(a physically bounded unit of peoples)로서, "조직화된 부족, 민족"등을 예시한다. 끝으로 (3) 어떤 "유사 처지의 실제 집단"(a collection of similarly situated entities)으로서 "서구 세계, 개발 도상국, 유럽 공동시장, 유엔" 등을 예시한다.

오늘날 사회언어학의 논저에는 "화어 공동체의 정의"에 대한 많은 제안을 보지만, 이들을 체계화하여 보인 것은 먼저 (1) Saville-Troike, M.이 제안한 "정의 내용"을 기준으로 한 분류(Saville-troike, 1982: 17)[31]가 있다. 여기에는 공유된 언어 사용(shared language use)을 비롯하여, 주민 집단에 의한 상호 작용의 빈도(frequency of interaction), 공유된 말하기의 규칙(shared rules of speaking)과 화어 수행의 해석(interpretation of speech performance), 언어 형식과 사용에 관한 공유된 태도와 가치(shared attitudes and values), 공유된 사회·문화적 이해(shared sociocultural understandings)와 화어 사건에 관한 전제(presuppositions with regard to speech event) 등, 다섯 가지 분류를 보인다. 다음 (2) Dittmar, N. 등이 제안한 "정의 방법"을 기준으로 한 분류(Dittmar, et. al., 1988: 36~37)[32]가 있다. 여기에는 언어학적 접근을 비롯하여, 상호작용적 접근 및 지식사회학(sociology of knowledge)에 기초된 접근, 사회심리학적 접근 등, 네 가지 분류를 보이고 있다.

이들에 대하여 우리들의 제안은 "정의 방법의 수정"으로, "언어학적 접근, 상호작용적 접근, 민족지적 접근, 사회심리학적 접근, 심리학적 접근, 종합적 접근과 소통 공동체" 등, 여섯 가지 분류를 시도하여 보인다. 이들을 다음과 같이 기술하게 된다.

(1) 언어학적 접근

이들은 언어학적 접근(linguistic approach)으로, 공유된 언어 사용을 들 수 있다. 이것은 거의 Lyons, J.의 제안으로 대표된다. 즉 그가 말하는 "화어 공동체"(Lyons, 1970: 236)[33]는 "하나의 주어진 언어(혹은 방언)를 사용하는 모든 사람"이라 하였다. 그러나 후기에는 "언어 공동체"(Lyons, 1981: 24)[34]를 정의하면서 "동계성의 가구 … 동일 언어공동체의 모든 구성원들은 동일 언어를 정확하게 말한다"와 같이 제안하는 것이다. 그리하여 그 구성원들이 말하는 언어에는 발음, 문법, 어휘 등에 체계적 상이가 있을 수 없다는 것을 "정의 사항"으로 하고, 어떤 특정 언어 공동체의 구성원들이 모든 점에서 동일하게 말하는가 어떤가는 "경험적 발견 사항"이 된다는 것이다. 여기 언어학적 관점에서 "화어 공동체"와 "언어 공동체"를 엄밀히 식별하여, 기술을 보인 점을 특기할 것이다. 따라서 이것은 필연적으로 사회언어학의 과제로 넘어가게 된다. 다음에 사회언어학의 제안을 보기로 한다.

(2) 상호작용적 접근

이들은 상호작용적 접근(interactional approach)으로, 주민 집단에 의한 상호 작용(interaction by a group of people)을 들 수 있다. 이것은 보다 많은 사회언어학자들의 제안에 관련된다. 여기에는 먼저 (1) Gumperz, J. J.의 정의에서 후기의 것(Gumperz, 1968: 381)[35]을 보자. 즉 "화어 공동체 … 규칙과 공유된 구두 기호체(body of verbal sign)에 의하여 빈번한 상호 작용으로 특성화되고, 그리고 언어 사용의 유의적 차이에 의하여 유사한 집합과 분리되는 어떤 인간 집합체"라 하였다. 더욱 그는 전기의 정의(Gumperz, 1962: 28~40)[36]에서 "언어학적 공동체"라는 이름 밑에 다중 언어의 특성을 함께 지적하는 획기적 제안을 보인 것이다. 즉 "언어학적 공동체 … 단일 언어이든 다중 언어이든, 하나의 사회 집단은 사회적 상호 작용의 유형에 관한 빈도에 의하여 함께 결속되고 의사 소통선의 취약성에 의하여 주변 지역과 분할된다"고 하였다. 다음 (2) Fishman, J. A.의 정의에서 전기의 것(Fishman, 1970: 28)[37]을 들어 둔다. 즉, "화어 공동체는 적어도 단일의 화어 변종과 이들 특유한 사용을 위한 규범을 공유하는 모든 구성원들이다"고 말한다. 그리하여 이것은 특정의 크기나 어떤 사회적 구성의 기반을 뜻하지 않지만, 화어 공동체란 그 모든 구성원들이 다만 유일한 자격으로

서로를 보는 단일의 망상체(network)와 같은 작은 것일 수도 있다는 것이다. 그렇지만, 이와 같이 제한된 어떤 것이든 세계 중 "화어 공동체"의 전형일 수도 없다고 부연하고 있다.

끝으로 (3) Romaine, S.의 제안은 기본적으로, 그의 논문(Romaine, 1982)[38]의 머리글에서 밝힌 바와 같이, Gumperz. J. J.가 말하는 "화어 공동체의 개념"(언어의 사용을 위한 규범과 규칙의 집합을 공유하는 -반드시 동일 언어가 아닌- 화자의 집단)을 출발점으로 하는 것이다. 그리하여 그의 저서(Romaine, 1994: 22)에도 "화어 공동체는 필연적으로 동일 언어를 공유하지 않지만, 언어의 사용을 위한 규범과 집단이다"고 말하며, 일관된 정의들을 보이고 있는 것이다.

이와 같은 태도는 위의 논문 말미에서 Hymes, D.(1974: 46~51)[39]가 시사한 "언어의 종류"(kind of language)와 "언어의 사용"(use of language)을 식별하고, 이들 사이의 관련성을 어떻게 사람들이 처리하느냐가 사회언어학적 이론으로서 필요하다고 지적하고 있다.

(3) 민족지적 접근

이들은 민족지적 접근(ethnographic approach)으로, 공유된 말하기 규칙과 화어 수행의 해석을 들 수 있다. 이것은 흔히 언어학자들이 언어와 화어 공동체의 개념을 동일시하여, 화어 공동체를 언어의 개념에 환원시키고 있다는 주장에서 출발한다. 여기 Hymes, D.의 후기 정의(Hymes, 1974: 51)[40]를 든다. 즉 "화어 공동체 … 화어의 수행과 해석을 위한 규칙의 지식을 공유하는 하나의 공동체"라 하였다. 그리하여 언어학적 기준만으로는 화어 공동체를 정의할 수 없다는 것이다.

(4) 사회심리학적 접근

이들은 사회심리학적 접근(sociopsychological approach)으로, 언어 형식과 언어 사용을 관찰하는 공유된 태도와 가치를 들 수 있다. 이것은 뉴욕시 전체를 단일의 "화어 공동체"로 보아, 도시 방언의 연구에 큰 업적을 보인 Labov, W.의 정의(Labov, 1972: 158)[41]를 들어 둔다. 즉 "화어 공동체는 동일 형식을 사용하는 모든 화자의 집단처럼 생각되지 않고, 이것은 언어에 대한 관찰에 있어서 동일 규범을 공유하는 집단과 같이 최선으로 정의된다"고 하였다.

더욱이 근자의 논문(Labov, 1989: 52)[42]에서 "개인의 행동은 다만 화어 공동체 문법의 반영처럼 이해되었다. 언어는 개인의 소유가 아닌 공동체의 소유이다. 어떤 언어의 기술도 언어 구조의 훌륭함과 규칙 바름을 정확히 하려면, 그 대상으로서 화어 공동체를 취하여야 한다"고 언급하고 있다.

(5) 심리학적 접근

이들은 심리학적 접근(psychological approach)으로, 관념화된 구성(idealized construction)을 들 수 있다. 이것은 "사회 집단(social group), 의사 소통망(communication network), 언어학적 동계인(linguistically homogeneous population)" 등, 세 가지 개념의 결합이라 하고, 각기 이들의 규범(norm)이 어떤 관념을 구체화한다는 것이다. 여기 Halliday, M. K.의 제안(Halliday, 1978: 54)[43]이 있다. 즉 "이 관념화된 뜻에서 화어 공동체는 (1) 사회 조직의 어떤 형식에 따라서 연결되었던 (2) 각기 타인에게 말하며, 그리고 (3) 모두 유사하게 말하는 사람들의 집단이다"고 하였다.

(6) 종합적 접근과 소통 공동체

위와 같은 "화어 공동체"의 정의들은 그 연구의 대상과 방법에 관한 비단순성으로, 다양하게 제안되어 왔다. 그리하여 이것이 "언어와 사회"라는 복수의 기본 개념을 함께 간직하므로, 하나의 원리로써 단수화하여 정의하기에는 너무나 번잡하다. 따라서 이들을 다음 세 가지로 기술하자.

첫째 Hudson, R. A.는 이들의 정의에 대한 논평(Hudson, 1980: 30)[44]에서, 화어 공동체 개념의 유용성에 회의를 표하면서 "화어 공동체는 실제로 사회 속에서 존재하지 않고, 사람들 마음 속에 있는 원형(prototype)으로만 존재할 수 있다"고 하였다. 그리하여 정의의 비관론(pessimism)인 "야생의 기러기 잡기"(a wild goose chase)라는 비유(Hudson, 1996: 29)[45]를 든 바 있는데, 후기의 추론에서는 사회언어학 학계가 술어 "화어 공동체"를 조직화하지 않은 까닭이라 하였다. 그리고 몇 가지 진전된 견해를 함께 보인다.

둘째 장흥권은 여기 "종합적 접근"(장흥권, 2000: 180)[46]으로 새로운 정의를 제안하고 있다. 즉 화어 공동체(언어 공동사회)에 대하여 그 언어적 특성만으로 정의한다면 불충분하고, 그 사회적 특성 및 그것에 대한 사회적 평가도 중요시되어야 한다는 견해를 보인다. 그리하여 "공통적 사회적 특성(속성)을 가진 인간의 유기적 집합체로서, 통일적인 언어적 특징(변종)을 가짐과 아울러 동일한 사회적 평가(태도)를 하는 사람들의 집단"이라 하였다.

셋째 Neumann, W. 등과 Hartung, W.는 위의 비관론을 줄이고 다른 방향의 스텝을 취하고 있는 것이다. 즉 이들 동독의 두 학자는 화어 공동체와 함께 소통 공동체의 설정(Dittmar, et. al., 1988: 37)[47]을 제안하게 된다. 먼저 (1) Hartung, W.가 제안한 화어 공동체의 정의(Hartung, 1981: 14)[48]를 빌려 보자. 즉 "화어 공동체는 모어로서 하나의 언어를 말하는 화자들의 총체이며, 그리고 화자들의 모어를 통한 이들 결합에 있어서 고유한 에스닉 그리고 혹은 문화적 혹은 역사적 친근성에 관하여 느낀다"는 것이다.

따라서 이들 정의의 기본은 고유의 "주요 변종"(main variety)을 사용하는 모든 화자들의 단일성(unity of all speakers)에 두고 있다. 그러므로 단일·이중·다중 언어제 등, 언어 제도(linguism)는 화어 공동체의 소관으로 유보된다. 다음 (2) Hartung, W.가 역시 제안하고 있는 소통 공동체의 정의(Hartung, 1981: 14)를 보자. 즉 "집중적 역할을 행하는 사람들의 실재적 의사 소통에 관한 사회적 단위를 구성하고, 통용되고 가능한 의사 소통 파트너로서 화자의 집합"이라 하였다. 이와 같이, 화어 공동체에 대하여 소통 공동체를 따로 설정하려는 태도는 하나의 베를린 도시 일상어(Berlin urban vernacular)가 장벽(1961. 8. 13.~1989. 11. 9., 155km)으로 분단된 두 개의 소통 공동체로서 존속하였던 그들 사회언어학적 특징(Dittmar, et al. 1988: 17~48)을 기술하는 데 유용한 것으로 보인다.

이들 의사 소통과 공동체의 관계에 대한 Neumann, W. 등의 논급(Neumann, et al., 1976: 234)[49]을 보자. 즉 "만일 의사 소통의 관계가 공동체 관계라면, … 실제 화어 소통을 행하는 사람으로 사회 단위를 구성하는데, 이들 범위에서 불변의 의사 소통 파트너에 의한 개인적 의사 소통이 후속한다. 이 때 의사 소통의 관점에서 다양한 계급(class) 계층(stratum) 사회 집단 등을 고려하게 되며, 우리들은 여기 중복된 소통 공동체와 상이한 패턴을 보는 것이다. 그 까닭은 소통 공동체가 집중된 의사 소통적 측면에 놓인 것을 제외하면, 사회 구조(social structure)의 다양한 레벨에 있는 단위들에 대응하기 때문이다"고 하였다.

여기 "화어 공동체"와 "소통 공동체"의 대조에 있어서, 이들의 차이에 관한 특징을 보자. 즉 "화어 공동체"는 모어(mother tongue)에 기초를 두고 상호 작용(interaction)의 정치적·경제적 그리고 언어학적 과정의 수렴(convergence)에 관련되며, 아울러 이들의 맥락 외 의미(outside context meaning)[50]를 소실하는 데 관건이 되는 역사적 범주(historical category)라 한다. 그리하여 이것과 대조되는 "소통 공동체"는 현실적 의사 소통(actual communication)이 형성되고 있는 사회 구조(social structure)의 다양한 레벨에서, 이들의 단위를 이해할 수 있는 범주라 한다. 이와 같은 대조적 특징을 지니면서, 화어 공동체에는 현실적으로 보다 많은 소통 공동체가 실제하게 된다. 그러나 화어 공동체 내부에서 "정치적 통금으로 인하여 소통이 단절되거나 언어 접촉이 없어질 때, 분단 언어(divided language) 또는 분기 언어(Divergent language)를 비롯하여 이산 언어(diaspora language)를 규정하게 됨을 유의하자.

더욱 이와는 역으로, 현실적 소통공동체 속에 복수의 화어 공동체가 실재하게 되면 2중 언어제(bilingualism), 3중 언어제(trilingualism), 또는 다중 언어제(multilingualism)가 발달한다. 그리하여 이들을 2중언어 공동체(bilingual community), 3중언어 공동체(trilingual community) 등으로 통칭함이 일반적이다.

3. 소통적 능력과 화어 목록

일반적으로 화어 공동체의 크기와 특성에 따라서 그들이 전유하는 "화어 목록"(speech repertoire)에 차이가 있다. 이것은 개인어(indiolect)의 특징을 일단 식별하지만, 이들이 "화어 목록"을 조직화하는데, 그 능력을 "소통적 능력"(communicative competence)이라 한다.

(1) 소통적 능력

이들 "소통적 능력"이라는 술어는 1966년에 Hymes, D.에 의하여 처음 제안된 것이다. 당시 Chomsky, N.의 "언어학적 능력"(linguistic competence)이라는 새로운 제안에서 벗어나, "사회적 맥락"에서 사용되고 있는 "언어학적 형식의 지식"(knowledge of linguistic form)의 중요성(Hymes, 1972: 269~

93)[51]을 강조하게 된다. 그리고 Gumperz, J. J.(1972: 205)[52]는 "언어학적 능력이 문법적으로 바른 글월을 생산하는 화자의 능력을 담당함에 반하며, 소통적 능력이란 … 특수화 상황에서의 행동을 사회적 규범(social norm)이 지배하지만, 그것을 적절히 반영하고 있는 형식을 선택하는 화자의 능력을 기술한다"는 것이다. 그리하여 "소통적 능력"은 많은 제안을 통하며, "사회언어학적 능력"(sociolinguistic competence)이 다시 분화되어 가는 "술어론적 추이"와 "사회언어학적 능력" 자체의 정밀화라는 "개념 발달"을 거듭하게 된다. 근자 Canale, M. and Swain, M.(1980: 1~47)[53]에 의하면, "소통적 능력"은 의사 소통을 위하여 필요로 하는 "지식"과 "기술"(skill)의 기초가 되는 체계(예, 어휘의 지식과 일정한 언어에 관한 사회언어학적 관습에 쓰고 있는 기술)처럼 제안되었다. 여기 "지식"이란 의식적으로 무의식적으로 언어에 관하여, 그리고 다른 소통적 언어 사용의 측면에 관하여 아는 것을 지칭하며, "기술"이란 "현실적 의사소통"에 있어서 이 지식을 어떻게 잘 이행할 수 있을 것인가를 지칭한다. 이들에 있어서 "기술"이란 "숙련의 수준"(level of proficiency)을 지칭하는 바, 개인적 또는 특정 집합의 목록 등을 언급된다.

이들은 "문법적 능력"(언어학적 능력)에 대하여 전략적 능력(strategic competence)과 사회언어학적 능력을 식별하지만, 몇 년 뒤(Canale, 1983)[54]에는 다시 "사회언어학적 능력"을 정밀화하여 "담화 능력"(discourse competence)을 식별하게 된다. 여기 "전략적 능력"이란 "문법적 문제이든 사회언어학적 적절성(sociolinguistic appropriateness)의 문제이든, 이들의 어려움을 해결하기 위한 효과적 의사 소통에 기여하는 능력"을 뜻한다. 그리고 "담화 능력"은 일관성이 있는 담화를 위하여 문법적 형식과 의미를 결합시킬 수 있는 능력을 뜻한다. 특히 "사회언어학적 능력"은 일상 생활에 관하여 그 언어 상황에 대체할 수 있는 개인의 능력이기 때문에, 그 핵심은 통상 "화역 변이"(register variation)라 불리우는 "화체적 차이(stylistic difference)에 대한 지식"에 관한 것이다.

한편 "소통적 능력"의 개념은 다시 "문화적 능력"(cultural competence)

의 개념(Saville-Troike, 1996: 367~368)[55] 혹은 상황 안으로 가져오는 지식과 기술의 총체적 집합(total set of knowledge and skill)에 관한 참조가 필요하다는 것이다. 물론 언어가 공동체에 있어서 상징적 체계(symbolic system)의 하나이기 때문에, 언어학적 행동(linguistic behavior)에는 고정되어 있는 문화적 의미(cultural meaning)에 관한 지식을 필요로 하게 된다. 여기 언어 사용(language use)에 관한 가치(value)와 태도(attitude)는 화어 공동체의 내부를 다양하게 하는 "말하기 원천"(speaking well)이 사회 구조를 구성하는 "계급, 직업, 성" 등에 관련되고 있다는 것이다. 더욱 타부(taboo)에 관한 언어의 태도는 극단적인데, 그 위반은 부도덕으로 규정되고 사회적 배척(social ostracism)을 받는다. 어어적 타부(linguistic taboo)도 문화와 언어에 따라서 특수화되지만, 한국말과 타부(남기심, 1969: 131~137)[56]에도 언어 변화와 관련한 음운 변화와 의미 변화에 몇 가지 특징이 지적된다.

한국 문화와 한국말에 관한 문화체육부의 "이미지 통합 작업"(동아일보, 1996. 11. 29.)에서 한국 문화를 대표적으로 나타내는 시·아이(corporate identity → CI) 상징물로 "한국, 한글, 김치와 불고기, 석굴암과 불국사, 태권도" 등 다섯 가지를 확정하였다. 즉 1996년 3월 21세기 우리 나라 국가 이미지 일류화 방안의 하나로, 이들 대상물 선정 작업을 8개월 간에 걸쳐서 국내외 관계자와 주한 외교 사절 및 국내 거주 외국인들의 의견 수렴과 여론 조사를 거쳐서 확정하였다는 것이다. 그리하여 1997년부터 해마다 이 중 2·3개씩을 범국가적으로 집중 홍보할 방침이라 한다.

초기 Hymes, D.에 의하여 제안된 "소통 능력의 3단계설"(Dittmar, 1976: 164)[57]이 알려지고 있다. 즉 화자의 사회적 본분(social sphere)과 화어 습관(speech habit)에 관련된 목록(repertoire) 또는 코드(code)를 중심으로 하는 수평적 소통 능력의 차원을 수직적으로 등급화하게 된다. 물론 이론적 장치에 의한 개념 정의가 되지 않았지만, Dittmar, N.은 다음과 같이 보인다. 즉 먼저 (1) 최소 능력(minimal competence)이 있다. 이것은 "제한된 능력"(restricted competence)을 지칭하는 바, 화자가 목록 혹은 코드의 어떤 추이 없이, 단일의 사회적 본분에 있어서, 단일의 언어 습관에 의하여 특정화된다. 다음 (2) 평균 능력(average competence)이 있다. 이것은 "유연한 능력"(flexible competence)을 지칭하는 바, 화자가 사회적 본분의 제한 범위에 있어서, 그들의 적절한(크도 작도 어느 것도 아닌) 화어 습관의 집합을 충분히 구사하며 그리고 그들 구두 목록에 따라서 추이된다. 끝으로 (3) 최대 능력(maximal competence)이 있다. 이것은 "다재한 능력"(versatile competence)을 지칭하는 바, 화자가 많은 사회적 본분에 있어서 다재한 화어 습관을 가지며 그들의 구두 목록을 쉽게 추이한다. 여기 화자에 있어서 "사회적 본분"은 가정에서, 직장에서, 모임에서 다양하여, 각기 특정의 "화어 습관"이 있기에 어떤 목록이나 코드가 발달하게 되는 것이다.

(2) 화어 목록

여기 "화어 목록"이라는 술어는 1964년에 Gumperz, J. J.에 의하여 처음 제안된 것이다. 그리하여 "구두 목록"의 규정(Gumperz, 1964: 137~153)[58]을 "사회적으로 유의한 상호 작용의 방식에 있어서, 규칙적으로 사용되는 언어학적 형식의 총체"라 하였다. 얼마 후(Blom and Gumperz, 1972: 411)[59]에는 "언어학적 목록"(linguistic repertoire)이라 하여 "유의한 어느 화자의 언어학적 자원의 총체"로 언급하고 있다. 그리고 Trudgill, P.(1974: 84)[60]는 "구두 목록"에 대하여 "화자의 특정 공동체에 의하여 사용되는 언어학적 변종의 총체"라 하고 있다.

이들에 대하여 Platt 부부의 경우(Platt and Platt, 1975: 35~7)[61]는 "화어 목록"의 연구를 한층 심화시켰다. 그리하여 이들은 술어로서 "화어 목록"에 대하여 "구두 목록"의 식별을 제안하는 것이다. 즉 "화어 목록"이란 "화어 공동체에 의하여 이용되며, 공동체의 구성원으로서 화자가 적당하게 사용하는 언어학적 변종의 목록"이며, "구두 목록"이란 "특정 화자의 전용이 되는 언어학적 변종의 목록"이라는 것이다. 이와 같이, 개인어의 측면에서 특수화되는 "구두 목록"은 "가정적 언어"(domestic language)의 배경(예, 아버지와 어머니의 구두 목록)과 교육에 대한 적용 등으로 언급하고 있다.

다중 언어 공동체 또는 2층언어 공동체(diglossic community)의 경우, 이들 언어학적 목록과 화역의 고유성의 비교는 교훈적이다. 여기 이스라엘 파레스타인의 한 작은 마을의 예(Spolsky, 1998: 김재원 등, 2001: 36)[62]를 빌려 보자. 마을에서 일상적으로 사용되는 말, 전통적인 현대 표준아랍어, 현대 이스라엘 히브리어, 학교에서 배우게 되는 영어 등이다. 마을 방언은 대부분 일상적인 활동을 할 때 사용되며, 현대 표준 아랍어는 교육적, 종교적, 의례적 공식 행사에 사용되며, 히브리어는 마을 밖에서 일을 하기 위하여 사용되며, 영어는 교육적 용도로 사용되는 것이다.

단일언어 공동체의 경우, 이들 화어 목록은 방언(dialect), 화체(style) 혹은 화역 전환(register shift)을 수반하게 되며, "총체적 목록"에 들지 않은 특정 기호의 사용은 언어학적 정체성(linguistic identity)과 언어학적 기능(linguistic function)을 특징화한다. 그리고 2중언어 공동체 또는 다중언어 공동체의 경우. 특히 교육 체계에 있어서 "2언어 방식"(two language formula) 또는 "3언어 방식"(three language formula) 등의 채택이 있어, 여기 가중되는 "언어 부담"(language load)의 특징을 보이게 된다.

한편 공동체의 "총체적 목록"(total repertoire)과 "개인적 목록"(individual repertoire)의 특징(Schiffman, 1996: 42)[63]에 대한 제안이 있다. 즉 상이한 개인의 목록은 서로 다른 것이다. 증가(plus) 혹은 감소(minus) 또는 능동(active) 혹은 피동(passive) 또는 경사도(gradient) - 낮은 숙련에서 높은 숙련으로 상승되었다 - 등의 현상을 보이는 것이다. 그리고 공동체에 있어서 일정한 구성원은 일정한 화역(particular register)에 있어서 능동적 숙련(active profiency)이 결핍되지만, 그들은 피동적으로 이해하게 된다는 것이다. 이 때 피동적 지식(passive knowledge)은 문화적으로 고유한 것이라 하였다.

국어의 경우, 최소 공동체에 들 수 있는 "부락 공동체"는 얼마의 "화어 목록"을 가질 것인가? 여기 기왕의 방언 연구에서 들고 있는 제주도 방언의 "농·어촌 자료"를 보자.

첫째 "농촌"으로 분류된 "창천리"(남제주군 인덕면)의 자료(제주대, 1972: 98~117)[64]를 보자. 이 곳은 제주도의 전형적 농촌으로, 253가구 인구 997명(1972: 이사무소 통계)에 이른다.

여기 어휘 목록 수는 384어이며, 영역별 목록은 다음과 같다.

혼인(24) 농사(86) 가옥(32) 의복(51) 말 명칭(23) 풍명(8) 조수명(29) 지명(95)

둘째 "반농·반어"로 분류된 "하례리"(남제주군 남원읍)의 자료(제주대, 1988: 268~87)[65]를 보자. 이 곳은 353세대 인구 1,644명(1987년 현재)으로 비교적 큰 규모이며, 해안 가에 50여 세대가 반농·반어 생활을 한다. 여기 어휘 목록은 410어이며, 영역별 목록은 다음과 같다.

용언(100) 의 생활(78) 식 생활(33) 주 생활(19) 어업(73) 기타(19) 지명(88)

셋째 "어촌"으로 분류된 "우도"(북제주군 구좌면 연평리)의 자료(제주대, 1973: 73~94)[66]를 보자. 이 곳은 제주도의 전형적 어촌으로, 687가구 인구 3,550명(1973년 현재)에 이른다. 여기 어휘 목록은 491어이며, 영역별 목록은 다음과 같다.

해녀 어휘(151) 풍명(14) 조수명(30) 선명(44) 어명(58) 해안명(131) 지명(63)

이들에서 보인 자료들을 다음에 정리하여 두지만, 여기 자료에서 평균을 보인다. 그리고 이들 "인구, 어휘 수"의 지수(100)는 "우도, 하례리, 창천리" 등에서 인구 수의 급격한 감소가 어휘 수의 완만한 감소에 조응되는 것이라 하겠다.

도표 2-2

	（우도）		（하례리）	（창천리）
분류	어촌	평균	반농반어	농촌
인구	(136)	(100)	(64)	(38)
	3,550	2,604	1,664	997
어휘 수	(115)	(100)	(96)	(90)
	491	428	410	384

위에서 "지역 방언" 또는 "농촌 방언"(rural dialect)의 자료를 보았지만, 이들 "어휘 목록"의 범위는 "방언, 화역"을 함께 고려하고 있다. 그리하여 농어촌의 실제에서도 소비자의 기준에서는 "방언"이지만, 생산자의 기준(國立國語研究所, 1981: 23)[67]에서는 "화역"이다. 그리하여 농촌과 도시, 직업과 업무에 따라서 "공동체 언어"의 "총체적 목록"에 차이가 있으며, 성, 세대, 계층, 교육의 수준에 따라서 "개인어"의 "구두 목록"에 차이가 있게 된다.

4. 화어 공동체의 유형과 그 통합 패턴

언어학에서 일찍 Bloomfield, L.는 그의 저서 "Language"에서 "화어 공동체"에 대하여 한 장을 바치면서, 그 정의(Bloomfield, 1933: 42)[68]를 "화어 공동체는 화어에 의하여 상호 작용하는 사람들의 한 집단이다"고 하였다. 그리하여 하나의 화어 공동체 내부에서의 가장 중요한 화어의 차이는 "의사 소통의 밀도"(density of communication)의 차이에 기인하며, 그 분할은 이들 망상체에 나타나는 취약선(lines of weakness)에 의거한다는 것이다. 또한 그 구성원(Bloomfield, 1933: 52)[69]은 서로 이해할 수 있는 정도로 동일하게 말하기(예, 수백 명으로 된 인디안 종족)도 하고, 그렇지 못할 정도로 상이하게 말하기(예, 영어를 쓰는 미국인)도 한다는 것이다.

이와 같이, "화어 공동체"의 정의에 있어서 "상호 작용"(interaction)을 강조함은 후술할 제안인 "상호작용적 접근"에서 잘 계승될 뿐 아니라, 의사 소통의 원리가 거론되어 후기의 정의에 많은 영향을 주게 된다. 따라서 이른 시기에 제안한 그의 "화어 공동체"에는 원초적으로 "소통 공동체"의 개념이 내재하여 공존하고 있었음을 암시하고 있다. 그러므로 이들의 유형화에 있어서 정도의 차이는 있지만, "언어 기준"(language criterion)과 "의사소통 기준"(communication criterion)이 공존하게 되는 것이다. 그리고 언어학에서, Hockett, C. F.도 유사한 정의(Hockett, 1958: 8)[70]를 보이지만, 특히 공통어(common language)를 제안하고 있다. 즉, 각기 언어는 화어 공동체를 규정한다고 하고, "공통어를 통하여, 직접적으로 그리고 간접적으로 각기 다른 사람과 함께 의사 소통을 하는 주민의 모든 집합"이라 하였다. 그리하여 화어 공동체 사이의 경계는 엄격하지 않다는 것이다.

(1) 화어 공동체의 유형

이들 일반적인 "화어 공동체"의 개념에 의한 유형이 있다. 즉 "소통 공동체"를 따로 세우지 않은 견해이다. 이것은 "언어학적 구성"(linguistic composition)의 기초에서 분류된 주요 유형(Kachru, 1994: 4177~4178)[71]으로서, 언어의 종류와 언어의 사용이라는 불평등 언어제(linguicism)의 측면(Lyons, 1981)[72]에 초점을 두게 된다. 여기 네 가지 유형을 기술하지만, 특히 배열 패턴을 주의하자.

첫째 "다중언어 공동체"는 셋 이상의 언어를 공식적으로 인정한다. 여기 인도가 1,652개 이상으로 추정되는 언어에서 15개 국어(national lan-

guage)를 인정하고, 나이지리아가 4개 공용어(English, Hausa, Igbo, Yoruba),
싱가포르가 4개의 공용어(Chinese, English, Malay, Tamil)를, 그리고 스위스
가 3개의 공용어(German, French, Italian)를 각기 인정한다고 예시하였다. 그
러나 언어학적 복수제(linguistic pluralism)는 기능적 범위(functional range)와
언어가 가지는 주체적 지위(identical status)와 통용이 모두 인정되는 사용
의 사회적 심도(societal depth)를 의미하지 않는다. 그리하여 인도의 경우,
범 인도와 국제적 기능을 위하여 연합 공용어(associate official language)로
서 영어가 크게 통용되고 있음을 든다.

둘째 "2중언어 공동체"(bilingual community)는 공용 지위(official status)에
있는 두 개 언어를 가진다. 여기 보츠와나(Tswana, English), 카메룬(French,
English), 캐나다(English, French), 핀란드(Finnish, Swedish), 스리랑카(Sin-
halese, Tamil) 등을 들고 있다. 그러나 "2중언어 공동체" 중에는 캐나다, 벨
기에처럼 "2중 언어"로 인식하지만, 본질적으로 "단일 언어"가 되는 두
개의 구성 단위인 것이다. 그리하여 싱가포르와 인도처럼, "2중 언어" 또
는 "다중 언어"가 대다수 개인의 언어학적 행동과 언어학적 목록의 예와
는 다르다 한다.

셋째 "2층언어 공동체"는 한 언어의 두 변종이 기능적으로 상보한다
는 특수화된 의미로 사용되고 있다. 이 술어는 사회언어학에서 먼저 Fer-
guson, C. A.에 의하여 제안되었고 Gumperz, J. J.와 Fishman, J. A.를 거치
면서 발전되지만, 추가된 제안으로 이설을 보인다. 이것은 "2층언어 상
황"(diglossic situation)에 있어서 언어의 두 변종은 각기 고위 변종(high
variety)과 저위 변종(low variety)이 되는데, 이들은 격식적 맥락(formal
context)과 비격식적 맥락(informal context)에 사용되는 것이라 하였다. 여기
전형적 언어로서 Ferguson이 보인 "현대 희랍어"가 있다. 즉 고위 변종인
Katharévousa는 원래 종교와 고급 문화에 강하게 결합되어, 엄중한 순화
주의와 학문적 계획에 의하여 거의 인공적으로 만들어진 "의고적 언어"
이다. 이것은 정치, 언론, 교육 등에 쓰이는 장중한 글말이다. 그런데 저위
변종인 Dimotiki는 Kóine(공통어)가 더욱 발전한 것이지만, 남슬라브 제어

와의 오랜 접촉과 수 세기 동안 터키어의 심각한 영향을 받았다. 그러나 여기 "민중 문학"의 토양이 형성되고 "민족 의식"이 고양되었으며, 금세기 초에는 "신약 성서"가 번역되었다. 그리하여 Dimotiki의 버팀은 모든 시민들의 관심인 공중 영역(public sphere)에 보다 큰 범위로 사용될 수 있었다. 1967년 군사 혁명으로 한 때 Katharévousa가 학교 교육에 강요되었지만, 1976년부터 민주 정부에 의하여 회복된 바 있다. 이와 같이 "현대 희랍어"의 심각한 이층화를 분석한 1959년의 Ferguson의 논문은 사회언어학에 기여한 중요한 논문이 되었다.

역시 아랍어에 있어서도 "고전 아랍어"(classical Arabic)는 "고위 변종"이며, 입말 변종은 "저위 변종"이다. 이 "고전 아랍어"는 세계 3대 종교인 이슬람교 "코란"(Koran)의 언어이다. 이것은 서기 7세기에 아랍 사막의 일각에서 발생하여 광대한 지역을 정복한 유례 없는 "종교 언어"(religious language)의 모습이다. 그리하여 이 언어는 "정치, 사회, 경제, 교육" 등, 모든 이슬람권의 고급 문화를 지배하게 된다. 그럼에도 불구하고 오늘날 그들 22개국 "아랍 연맹" 등, 아랍어 제국에는 각기 독자적인 "발음, 어휘, 문법"이 발달한 "아랍어 입말"들을 보인다. 따라서 "이집트어, 시리아어, 요르단어, 이라크어…" 등 서로 통하지 않는 별개의 언어로서, 일상 생활을 영위하고 있는 것이다. 그리하여 그들의 "고전 아랍어"가 학교 교육에서만 "가르쳐지는 언어"이기 때문에, 이들을 일괄하여 "아랍 방언"이라 부른다. 그러므로 이들은 모두 살아 있는 언어(living language)인 것이다.

오늘날 "2층 언어"는 많이 거론된다. 즉 남아시아에 있어서, 벵갈어의 경우는 격식적인 사회 맥락에서 보수적 글말(conservative literary) 또는 학자어(pundit language: Sadhu bhasa)와 함께, 20세기 초기에 발생한 입말 또는 통용어(current language: colit bhasa)가 쓰인다. 아울러 서구에서 스위스 독일어의 경우는 표준어로서 Hochdeutsch와 함께 지역 방언으로서 Schwy-zertüütsch가 쓰인다. 그리고 미주에서 아이티의 경우는, 제2 언어가 프랑스어로서 고위 변종이며 제1 언어는 아이티 크리올(Haitian creole)이다.

한편 "2중언어 공동체"와 "2층언어 공동체"의 차이는 Ferguson과 Fishman 등의 "중복설, 기능설"에 의하여 "단일 언어"라는 한계를 극복하려는 태도로서 이론을 보인다. 그리하여 파라과이의 경우처럼, 스페인어와 과라니어(Guarani)의 "2중 언어, 2층 언어"의 복합된 유형을 거론하는가 하면, 뉴욕의 프에르토-리코인(Puerto-Rican)들이 영어와 스페인어의 "2층언어 공동체"를 구성한다는 제안을 보인다.

넷째 "단일언어 공동체"(monolingual community)는 하나의 언어를 필수적으로 인정한다. 여기 한국, 일본, 포르투갈, 몰타 등을 예시한다. 특히 몰타공화국(Republic Malta)은 1964년에 독립한 지중해의 작은 도서국(면적 316km^2, 인구 379,000: 1997년 추계)이다. 원주민은 Shem계 종족으로 이탈리아계와 혼혈인데, 몰타어(Maltese)는 아랍어의 한 방언이다. 상류층에는 이탈리아어와 영어가 쓰이고 하류층에 몰타어가 쓰이지만, 대다수 몰타인은 몰타어와 이탈리아어의 2중 언어 사용자라 한다. 그리하여 유럽에서 유일하게 국가어로 살아남은 아랍어로 알려진다. 이렇듯, 실제의 "단일언어 공동체"의 규정도 어려운 것이다.

(2) 소통 공동체의 유형

이들은 "소통 공동체"를 설정하는 유형을 말한다. 그러나 먼저 "소통 공동체"를 따로 세우지 않는 견해로서 다만 "언어학적 의사소통"(linguistic communication)에 바탕하는 유형이 있다. 즉 "소통 상황"(communicatory situation)에 있어서 "상호 이해의 정도"(degree of mutual intelligibility)를 기준으로 한다. 이들의 원리는 "의사 소통"이라는 "언어의 기능"(function of language)에 초점을 둔다.

일반적으로 "상호 이해의 정도"에 관한 연구(Romaine, 1994: 24)[73]는 변종 사이의 "언어학적 관계"(linguistic relationship)가 아니고 사람 사이의 "사회적 관계"(social relationship)라 한다. 그러므로 "언어 구조"(language structure)의 문제가 아니고 "언어 접촉"(language contact)의 문제인 것이다.

이들의 유형에 관한 제안(Haugen, 1966: 50~71)[74]으로 다음과 같이 세 가지를 식별하지만, 여기 언급된 "화어 공동체"란 그 스스로 "소통 공동체"와 식별하지 않는다. 따라서 이들 예시에는 "단일 언어제"와 "이중 언어제"가 공존하는 것이라 하겠다. 먼저 (1) "원초적 화어 공동체"(primary speech-community)가 있다. 이것은 "개인어적 차이"(indiolectal difference)를 특징으로 하는데, 여기 아이슬란드를 예시한다. 이 작은 도서국(주민 26만7천명: 2000년 현재, 면적 10만 3천km^2)에는 약 99%가 아이슬란드어의 화자이며, 전국적으로 방언 차는 거의 없다는 것이다. 여기 지역 방언의 분화를 뜻하지만, "사회 방언"의 분화마저 없다는 것은 아니다. 따라서 이것은 논외로 하자. 다음 (2) "2차적 화어 공동체"(secondary speech-community)가 있다. 이것은 "부분적 이해"(partial understanding)을 특징으로 하는데, 여기 영 본국을 예시한다. 이 나라에는 얼마의 지역 방언과 사회 방언의 발달이 있다. 특히 이 유형에 속하는 국가의 예가 가장 많은 것으로 알려진다. 그러므로 다수의 사례를 가지는 유형으로 보아야 한다. 끝으로 (3) "3차적 화어 공동체"(ternary speech-community)가 있다. 이것은 통역의 필요(interpreters requied)를 특징으로 하는데, 스위스를 예시한다. 이 나라에는 프랑스어, 독일어, 이탈리아어 이외에 라에트·로만어(Rhaeto-Roman)가 국어로 추가된다. 더욱 이들 유형과 관련하여 오늘날 많은 경우, 빈번한 "언어 접촉"을 겪으면서 "양수 언어제"(dual-lingualism)을 영위하거나, 통용어(lingua franca)를 발달시키고 있는 것이다.

이와 같은 특징에서, 우리들은 "화어 공동체"가 "사용 변종"을 바탕으로 하여 형성되고 있다는 한계성을 극복하고, "소통 공동체"의 개념을 함께 수용하게 되는 것이다. 여기 "소통 공동체"는 "이해 변종"을 바탕으로 하여 형성된다고 제안하게 된다. 즉 "다문화·다언어 생활"에 익숙할 경우는 더욱 그러하겠지만, 빈번한 "언어 접촉"의 과정에서 상대 언어를 어느 정도 이해하게 됨은 당연한 것이다. 여기 두 언어를 "이해 변종"의 관계로 규정하는 것이다.

이들에 관련하여 국어 방언의 경우, 세대에 따른 "2중방언 공동체"의 사례(장태진, 1978: 182)[75]가 있다. 즉 전남 무안에 "월남·피난민 마을"에서 "연장층 세대"는 북한 방언을 쓰고, "연소층 세대"는 전남 방언을 사용한다. 이 때 연장층의 "사용 변종"은 북한 방언이며, "이해 변종"은 전남 방언이다. 동시에 연소층의 "사용 변종"은 전남 방언이며, "이해 변종"은 북한 방언이 되는 것이다.

(3) 화어·소통 공동체의 통합 패턴

위에서 우리들은 "화어·소통 공동체의 실재"를 보았다. 그리하여 이것이 "소통 공동체의 제안"(Dittmar, et al. 1988: 39~40)[76]으로 해명될 것이다. 그리하여 우리들은 다음과 같은 이들의 "통합 패턴"을 제안하고, 여기 "한국말 공동체"의 예를 보인다.

도표 2-3

화어·소통 공동체의 통합 패턴

(통합 패턴)	(제1 패턴)	(제2 패턴)	(제3 패턴)
화어 공동체	+	+	−
소통 공동체	+	−	+
	(한국)	(북한)	(거류 외국인)
		(재외 교포)	

다음 이들 "통합 패턴"에 대하여 개별적 기술을 보게 된다.

첫째 "제1 패턴"이 있어, "화어·소통 공동체"이다. 이것은 가족, 동료 써클, 클럽, 집단 등과 같은 소규모의 "사회적 실재"가 포함된다. 의사 소통을 하고 통합된 공동체 구성원들은 큰 단계인 특정의 "언어학적 기호"를 공유한다. 언어학적 응집(linguistic coherence)과 소통적 응집(communicative coherence)은 언어 충성(language loyalty)의 높은 단계에 의하여 전형적으로 특징화되고, 그리고 결속(solidarity)은 공동체 구성원에 의하여 표현된다. "집단 정체성"(group identity)과 "화어 공동체"및 "소통 공동체"에서 발생하는 공유된 가치 체계(value system)들은 높게 조화된다는 것이다.

둘째 "제2 패턴"이 있어, "화어 공동체"(협의)이다. 이것은 화자가 특정의 언어학적 기호를 공유하지만, 분열된 "화어 공동체"의 일부이면, 이 둘째 경우가 발생한다. 여기 베를린시(Dittmar, et. al., 1988: 40)[77]는 "하나의 화어 공동체가 두 개의 사회적 체계(social system)에 바탕된 두 개의 소통 공동체로 분단되었다"는 것이다. 그러나 한 반도에 있어서 "한국말 공동체는 전통적인 하나의 화어 공동체가 두 개의 사회 체계를 바탕으로, 표준말과 문화어의 규범에 의한 두 개의 화어 공동체로 분단되었다"고 하겠다.

셋째 "제3 패턴"이 있어, "소통 공동체"이다. 이것은 만일 상이한 변종의 화자가 "사회적 실재"를 구성하면, 화자들은 소통 공동체를 구성하지만, 그들은 상이한 화어 공동체에 속하게 된다. 예를 들면 한 상사(商社) 내부에서 터키어와 독일어의 화자인 경우이다. 이 대좌(constellation)는 순수 형식인 데서 발생하지 않는다. 그렇지만 그 까닭은 "구두적 의사소통"(verbal communication)이 이해를 위하여 최소한의 공유되는 언어학적 기호를 요구하기 때문이다. "2중언어적 소통 공동체"(bilingual communication community)에 있어서 이해는 여기 형성된 "애드·헉 화어 공동체"(ad hoc speech community)에 의하여 산출된 지배 코드(dominant code)를 통하여 이루어진다는 것이다. 이 과정은 "기호 전환"으로 표현되는 것이다. "한국말 공동체2"의 경우, 일제기 일본어를 강요당하던 언어 상황을 생각하여 보라.

위에서 우리들은 광의와 협의에 걸쳐 있는 4가지의 "한국말 공동체"들의 분류를 제안하였고, "화어 공동체, 소통 공동체"의 "통합 패턴"에 의한 3가지 분류를 제안하게 되었다. 그리하여 이들의 양대 기준에 의거하여 "한국말 공통체의 사회언어학적 패턴"을 설정하게 된다. 다음에 도시하여 둔다.

도표 2-4

한국말 공동체의 사회언어학적 패턴

통합 패턴 - 한국말 공동체	한국말 공동체1	한국말 공동체2	한국말 공동체3	한국말 공동체4
제1 패턴 - 남한 한국말 공동체	+	+	+	+
제2 패턴 ⌈ 북한 한국말 공동체	+	+	−	−
⌊ 교포 한국말 공동체	+	−	−	−
제3 패턴 - 거류 외국인 공동체	−	−	−	+

5. 화어 공동체의 충돌

　화어 공동체는 좀처럼 조화되지 않는다. 그러므로 다수 집단(majority)과 소수 집단(minority)으로 식별되는 언어 사용자들 사이에는 종종 "경쟁"(competition) 또는 "경합"(rivalry)과 "충돌"(conflict) 등의 다양한 양상이 나타나게 된다. 특히 충돌이란 행위자 사이의 긴장된 상태를 지칭하는 것인 바, 더욱 "현대 충돌 이론"(modern conflict theory)이란 계급간의 경쟁이라는 제한에서 벗어나, "인종, 종족, 종교, 민족" 등인 다른 사회 집단들 사이에 발생할 수 있다는 것(Cooper, 1989: 178~180)[78]이다. 그리하여 "범사회적 충돌"(pansocietal conflict)의 가설은 사회언어학에 있어서 "언어학적 변화"(linguistic change)가 사회의 어느 부문에서나 발생할 수 있다는 주장과 일치한다는 것이다.

　여기 "언어 충돌"(language conflict)이란 "언어, 방언, 화역"과 같은 "변종"을 비롯하여 "자소 체계, 정서법"과 같은 "표기법"의 충돌을 지칭하지만, 이들 "언어 공동체의 충돌"이란 "언어에 관한 사회적 충돌(social conflict)"

이기 때문에 "사회 충돌"의 한 유형으로 보아 "내부적 충돌"(internal conflict)과 "외부적 충돌"(external conflict)이 식별될 것이다. 실제로 "언어 충돌"은 언어학에서 흔히 "언어 전쟁"(language war)이라는 용어(Calvet, 1998)[79]로써 표현되기도 한다. 즉 파시스트 국가의 언어 정책 소개와 함께 "언어학적 야생 주의"(linguistic cannibalism)의 거론이 주목된다.

화어 공동체에서 보게 되는 "언어 충돌"의 사례는 선진 또는 후진의 어떤 사회를 막론하고, "언어 문제"(language problem)와 "언어 정책"(language policy)의 괴리 현상에서 발생한다. 여기 몇 가지 사례를 들면, 먼저 (1) 인도 마드라스주에서 1965년 1월 26일 힌두어 공용어 제정에 항의하여 큰 유혈 사건이 발생한 "어어 폭동"(매일신문, 1965. 8. 18.)이 있었다. 다음 (2) 구소련 몰디비아 공화국(현 몰도바 공화국)에서 1989년 8월 27일 일단의 민족 주의자들이 수도 키시네프에서 몰도바어를 공화국 공식어로 지정할 것과 스탈린에 의한 몰도바 강제 합병을 시인할 것을 요구하면서 다규모의 "언어 시위"(동아일보, 1989. 8. 29.)를 버렸다. 끝으로 (3) 캐나다 몬트리올에서, 1988년 12월 18일 퀘벡주 전역의 프랑스어 간판만을 법적으로 허용하고 있는 주법률의 위헌 시비에 맞서는, 프랑스계 주민 18,000명이 참가한 "간판 시위"(국민일보, 19988. 12. 23.)가 있었다. 여기, 캐나다 국기를 불태우는 극렬 양상을 보였다.

한편 "언어 충돌"의 유형(Neld, 1993, 1997)[80]에는 먼저 (1) "자연적 언어 충돌"(natural language conflict)이 있다. 이것은 "전통적 언어 충돌"(traditional language conflict)이라고도 하지만, 고유 다수집단(indigenous majority)과 고유 소수집단(indigenous minority) 사이에 전통적으로 존재하던 충돌 사건이다. 그리하여 이들 유형에 관한 사례는 많은 것인데, 특히 소수 집단어에는 다수 집단어인 공용어 민족어 혹은 지역어에 반대하는 상황이 있다. 이 충돌은 언어 접촉의 상황에서 빈번히 나타나는데, 그 까닭은 언어학적 소수집단(linguistic minority)이 동화될 처지가 아니기 때문이다. 한국말 공동체의 경우, 처음부터 심한 "내부 충돌"은 없었다. 이것은 "표준말 사정"에 잘 나타나 있다. 여기 "복수 표준화"에서 전형적인 어례(옥수수/강냉이)

를 보일 수 있다. 다음 (2) "인공적 언어 충돌"(artificial language conflict)이 있다. 이것은 "순수·창조 언어 충돌"(self-created language conflict) 또는 "순수 강요 언어 충돌"(self-imposed conflict)이라고 하는데, 이들은 냉대되는 하나 또는 더 많은 언어 공동체에 있어서 타협의 상황을 벗어나 발생한다는 것이다. 그러므로 화자 동수로써 균형 잡힌 다중 언어제(multilingualism)는 동등한 언어 권리(language right)가 부여되고, 언어 위신(language prestige)과 언어 주체(linguistic identity)가 조화되는 것이다. 그러므로 언어 집단이 언어 충돌 때문에 그 불가피한 결과인 오염(stigmatization)과 차별(discrimination)에 항상 지배되리란 것은 있을 수 없다.

일제기에 있어서 일본어의 강요에 따른 "갈등, 충돌, 폭행, 처벌" 등, 다양한 사건들(동아일보 참조)이 전세기 20년대부터 나타나는 것이다. 먼저 (1) 일본어 사용을 강요한 사건(1920. 9. 17.)이 있다. 즉 평남 안주군에서 일본인 교장이 졸업생 친목회에 일본어 사용을 강요한 것이다. 다음 (2) 일본어 사용의 반대를 결의한 사건(1921. 3. 1.)이다. 즉 "대전청년회"에서 일본어의 사용 기피를 결의한 것이다. 한편 (3) 조선어 사용의 의안 제출 사건(1924. 9. 13.)이다. 즉 "조선공직자대회"에서 보통학교 용어를 조선어로 변경하자는 의안을 제출한 것이다. 또한 (4) 일본어 사용의 비난으로 발생한 한국인 사이의 폭력 사건(1923. 10. 25.)이다. 즉 서울 관철동 술집에서 일본어를 사용하던 인쇄공(명륜동 곽찬호)을 한 시민이 구타한 것이다. 아울러 (5) 한글 사용을 방해한 사건(1926. 12. 22.)이다. 즉 일본인 순경이 "농민 야학"에서 "조선문 위주는 불필요하다"고 방해한 것이다. 그리고 경남 동래에서 한글 강습의 금지 사건(1927. 7. 29.)이 있었다. 끝으로 (6) 학교에 있어서 조선어 사용에 대하여, 교사의 폭행 사건(1925. 5. 10.)이 있었다. 경북 영양 보통학교 박모 교사가 조선어를 사용하던 학생을 구타하였다. 학생의 폭행 사건(1922. 1. 30.)이 있었다. 즉 일본어를 사용한다고 선생을 구타한 한 학생이 1심을 불복하였다. 학생에 대한 처벌 사건이 빈번하였다. 즉 함남 성진 보통학교에서 조선어 사용의 학생의 처벌(1924. 2. 29.)이 있었고, 충북 미원 보통학교에서 조선어 사용 일구에 1전 벌금(1925. 3. 20.),

경북 자인 보통학교에서 조선어 사용 일구에 10전 벌금(1931. 12. 2.) 등의 사건이 있었다. 그리하여 이들 양상은 1942년 "조선어학회사건"(김민수, 1973: 536)[81]으로 연결되는 것이라 하겠다.

여기 "언어 충돌"의 결과로서, 가장 악명 높은 "언어 정책"이 "언어 금지"(language banning)이다. 사회언어학에서 "언어 금지"는 흔히 적성국(적성 지역)에 적용되는 것이다. 그리하여 전형적 사례(Bell, 1976: 182)[82]로서 영국의 1745년 반란 이후 스코틀랜드에 있어서 게일어(Gaelic)의 금지와 영국해협 채늘 제도(Channel Islands)의 독일 점령 기간 놀먼-프랑스말 이어(Norman-Franch patois)의 금지 등을 들고 있다.

최근 "소수 민족어 금지"(동아일본, 1987. 3. 31.)의 예로서 루마니아정부가 트란실바니아 지방에 사는 헝가리계 주민 약 180만에 대한 "헝가리어 금지"가 있었고, "외국어 금지"(조선일본, 1975. 6. 11.)의 예로서 캄보디아를 장악한 크메르 루즈가 프랑스어, 영어를 포함한 외국어 사용을 금지한 것이다.

한국말의 경우, 일제 말기의 "조선어 금지"와 함께 스탈린에 의한 "재소 교포의 모국어 금지"및 문화 혁명기 중국에 있어서 "재중 교포의 모국어 금지"등과 같이 최악의 언어 정책을 겪은 바 있다.

미주 · 원문

1) Guy, G. R.(1988) Language and Social Class, In. Newmeyer, F. J. ed. *Linguistics : The Cambridge Survey*, IV Language : The Socio-Cultural Context, Cambridge, pp.37~63.

2) 장흥권(2000), 일반사회언어학, 심양, 445pp.

3) Saville-Troike, M.(1982) *The Ethnography of Communication : An Introduction*, Basic Blackwell, Oxford, p.18.

4) Bloomfield, L.(1933) *Language*, New York. (三宅鴻, 日野資純 譯, (1965), 言語, 東京.)

5) 柴田武(1978) 社會言語學の 課題, 東京, p.233.

6) Fishman, J. A.(1972) *The Sociology of Language : An Interdisciplinary Social Sience Approach to Language in Society*, Rowley, Mass : New-bury House. (湯川恭敏 譯, 1974, 言語社會學入門, 東京.)

7) Hymes, D.(1974) *Foundations in Sociolinguistics : An Ethnographic Approach*, Philadelphia : University of Pennsylvania Press. (唐須敎老 譯, 1979, ことばの民族誌, 社會言語學の基礎, 東京.)

8) Hudson, R. A.(1980) *Sociolinguistics*, Cambridge university Press, Cambridge. R. A. (松山幹秀, 生田少子 譯, 1988, 社會言語學, 東京./ 최현욱, 이원국 공역, 1986, 사회언어학, 서울.

9) Romaine, S.(1994) *Language in Society : An Introduction to Sociolinguistics*, Oxford University Press, Oxford. (土田滋, 高橋留美 譯, 1977, 社會のなかの言語, 現代社會言語學入門, 東京.)

10) 장흥권(2000), op. cit.

11) Hudson, R. A.(1980) op. cit.

12) Wardhaugh, R.(1992) *An Introduction to Sociolinguistics*, second edition, Oxford, UK. (박의재 역, 1994, 사회언어학, 서울.)

13) Fasold, R.(1992) *Sociolinguistics of Language*, Introduction to Sociolinguistics Volume Ⅱ, Basil Blackwell, Cambridge, UK. (황적륜 외 공역, 1994, 사회언어학, 서울.)

14) 이익섭(1994) 사회언어학, 서울.

15) 장태진(1977) 국어사회학, 서울, 153 pp.

16) 田中克彦(1970) 言語からみた民族と國家, 東京, p.242.

17) Gumperz, J. J.(1962) Types of Linguistic Community, *Anthropological Linguistics 4-4*, pp.28~40.

18) "A register, then, involves a combination of selections, potentially at all the levels of organization of the total linguistic repertoire which a sociolinguistic community shares ; hence a register has certain structural characteristics in common with whole languages."
Denision, N.(1971) Some observations on language variety and pluralingualism, In. Ardener, E. ed. *Social Anthropology and Language*, London, pp.157~183.

19) "What are the conflicts that confront the ethnolinguistic communities of Europe today. endangering the dynamics and vitality of some of them?"
Nelde, P. H.(1993) Contact or Conflict? Observations on the dynamics and vitality of European languages, In. Jahr, E. H. ed. *Language Conflict and Language Planning*, Mouton De Gruyter, pp.165~177.

20) Romaine, S.(1994) op. cit.

21) 허웅(1963) 언어학개론, 서울, p.26~27.

22) Bloomfield, L.(1933) op. cit., p.42.

23) Gumperz, J. J.(1964) Linguistic and Social Interaction in two communities, Gumperz, J. J., and Hymes, D. eds. '*The Ethnography of Communication*', Washington, D. C. pp.137~55.

24) Hartaung, W.(1981) Differenziertheit der Spracheals Ausdruck ihrer Gesellschaftlichkeit, In. *Autorenjollektiv : Kommunikation und Sprachevariation*, Berlin(DDR).

25) Hymes, D.(1974) op. cit.

26) Ager, D. E.(1990) *Sociolinguistics and Contemporary French*, Cambridge University Press, Cambridge, pp.5~6.

27) Canale, M.(1983) From communicative competence to communicative language pedagogy, In. Richards, G. C. and Schmidt, R. W. eds. *Language and Communication*, London. pp.3~5.

28) Hartung, W.(1981: 14) cf. Dittmar, N. and Schlobinski, p.eds.(1988) *The Sociolinguistics of Urban Vernaculars*, Walter de Gruyter, Berlin, p.39.

29) 여기 희랍어계 "diaspora"를 쓰는 교포말의 "이산"과 영어계 "dispersion"을 쓰는 "이산 공동체(dispersed communities), 이산 가족(dispersed families)" 등을 식별한다. "diaspora"에 대해서는 제5장을 참조하라.

30) Saville-Troike, M.(1982) op. cit.

31) Saville-Troike, M.(1982) op. cit., p.17.

32) Dittmar, N. Schlobinski, P. Wachs, I.(1988), The Social Significance of the Berlin Urban Vernacular, In Dittmar, N. · Schlobinski, P., (eds.)(1988), op. cit., p.36~37.

33) "speech community : all the people who use a given language (or dialect)"
Lyons. J.(1970) *New Horizons in Linguistics*, Harmondsworth, Middlesex : Penguin.(田中春美 監譯, 1973, 現代の言語學(上, 下) 東京.)

34) "the fiction of homogeneity… all members of the same language- community speak exactly the same language"
Lyons, J.(1981) *Language and Linguistics : An Introduction*, London.

35) "speech community … any human aggregate characterized by regular and frequent interaction by means of a shared body of verbal signs and set off from similar aggregates by significant differences in language usage"
Gumperz, J. J. (1968) The Speech Community, In. *International Encyclopedia of the Social Science 9.*, New York : Macmillan, pp.381~386.
"linguistic community … a social group which may be either monolingual or multilingual, held together by frequency of social interaction patterns and set off from the surrounding areas by weakness in the lines of communication."

36) Gumperz, J. J.(1962) <u>op. cit.</u>, pp.28~40.
cf. Gumperz, J. J.(1971) *Language in Social Groups*, Stanford University Press, Stanford, California, p.101.

37) "a speech community is one all of whoes members share at least a single speech variety and the norms for its appropriate use"
Fishman, J. A.(1970) *Sociolinguistics : A Brief Introduction*, Rowley, Massachusetts, p.28.

38) "a speech community is a group of people who do not necessarily share the same language, but share a set of norms and rules for the use of language."
Romaines, S.(1994) <u>op. cit.</u>

39) Hymes, D.(1974) <u>op. cit.</u>

40) "a speech community ··· a community sharing knowledge of rule for the conduct and interpretation of speech"
Hymes, D.(1974) <u>op. cit.</u> p.51.

41) "a speech community cannot be conceived as a group of speakers who all use the same form : it is best defined as a group who share the same norm in regard language."
Labov, W.(1972) Reflection of Social Processes in Linguistic Structures, *Sociolinguistic Pattern*, Philadelphia : University of Pennsylvania Press.

42) Labov, W.(1989) Exact Description of the speech community : Short A in Philadelphia, In. Fasold R. and Schiffrin, D.(eds.), *Language Change and Variation*, Amsterdam, pp.1~57.

43) "a speech community, in this idealized sense, is a group of people who (1)are linked by some form of social organization, (2)talk to each other, and (3)all speak alike."
Halliday, M. A. K.(1978) *Language as social semiotic, The social interpretation of language and meaning*, London, p.154.

44) Hudson, R. A.(1980) <u>op. cit.</u>

45) Hudson, R. A.(1996) *Sociolinguistics*, second edition, Cambridge University Press, Cambridge, 279pp.

46) 장홍권(2000) <u>op. cit.</u>, 445pp.

47) Dittmar, N. Schilobinski, P. Wachs, I.(1988), <u>op. cit.</u>, 275pp.

48) "a speech community is the totality of speakers who speak one language(as a rule) as the mother tongue and who(as a rule) are aware of the ethnic and/or cultural or as historical affinity inherent in this bond through the mother tongue"
Hartung, W.(1981) <u>op. cit.</u>, p.14.

49) Neumann, W.(ed.)(1976), *Theoretische Problome der Sprachwissenschaft*,

Berlin(GDR)., p.234.

50) 실제 국어의 경우, "화어공동체" 내부에서조차 "맥락 외 의미"의 소실을 들수 있다. 예를 들면, 요즘 인스턴트 식품에 익숙한 젊은 세대에서 "밥을 먹다"의 전통적인 "맥락 외 의미"가 거의 소실되어 있다. 따라서 여기 전통 사회의 "사회·문화적 의미"를 찾기 어렵다. 더욱 교포말의 경우도, 중앙 아시아 고려말에서 "진지"를 "멧밥"의 뜻으로 사용된다는 보고가 있다. 이들은 현대에 있어서 급격한 "사회·문화적 변동"의 결과이지만, 특히 "소통 공동체"에서 이들 현상은 거의 특징화되어 있다.

51) Hymes, D.(1972) On communicative competence, Pride, J. B. and Holmes, J. eds. _Sociolinguistics_, Penguin Books, Middle sex, England, pp.269~93.

52) Gumperz, J. J.(1972) Sociolinguistics and communication in small groups, Pride, J. B. and Holmes, J. eds. op. cit., pp.203~224.

53) "communicative competence … the underlying systems of knowledge and skill required for communication (e.g. knowledge of vocabulary and skill in using the sociolinguistic conventions for a given language)."
Canale, M. and Swain, M.(1980) Theoretical bases of communicative approaches to second language teaching and testing, _Applied Linguistics 1-1_, pp.1~47.

54) Canale, M.(1983) op. cit., pp. 2~27.

55) Saville-Troike, M.(1996) The ethnography of communication, In. Mckay, S. L. Hornberger, N. H. (eds.) _Sociolinguistics and Language Teaching_, Cambridge University Press, U.K., pp.351~382.

56) 남기심(1969) Tabu와 언어변화, 동산신태식박사 송수기념 논총, 계명대, 대구, pp.131~137.

57) Dittmar, N.(1976) _Sociolinguistics : A Critical Survey of Theory and Application_, London, 307pp.

58) "the verbal repertoire, the totality of linguistic forms regularly employed in the course of socially significant interaction"
Gumperz, J. J.(1964) Linguistic and social interaction in two communities, American Anthropologist 66: 6, Part 2.
Gumperz, J. J. and Hymes, D. H.(eds.) op. cit., pp. 137~52.

59) "the community linguistic repertoire... the totality of linguistic resources which speakers may employ in significant social interaction"
Blom, G-P. and Gumperz, J. J.(1972) Social meaning in linguistic structure : code-switching in Norway, In. Gumperz, J. J. and Hymes, D. (eds.), Directions in Sociolinguistics : The Ethnography of Communication, New York, pp.407~434.

60) "The totality of linguistic varieties used [in different social contexts]…by a particular community's verbal repertoire"

Trudgill, P.(1974) *Sociolinguistics, An Introduction to Language and Society, Penguin Book*, Middlesex, England, p.84.

61) "We… suggest the term speech repertoire for the repertoire of linguistic varieties utilized by a speech community which its speakers, as members of community, may appropriately use, and the verbal repertoire for the linguistic varieties which are at a particular speaker's disposal"
Platt, G. T. and Platt, H. K.(1975) *The Social Significance of Speech, An Introduction to and Workbook in Sociolinguistics*, Amsterdam : North-Holland, p.36.

62) Spolsky, B.(1998) <u>Sociolinguistics</u>, Oxford University Press, Oxford/New York. (김재원 이재근 김성찬 역, 2001, <u>사회언어학</u>, 서울.)

63) Schiffman, H. F.(1996) *Linguistic Culture and Language Policy*, London, p.42.

64) 제주대(1972) 창천리 학술조사, <u>국문학보</u> 제4집, 제주대, 제주, pp.83~172.

65) 제주대(1988) 제주도 남제주군 남원읍 하례리 현지학술조사보고, <u>백록어문</u>, 제주대, 제주, pp.249~360.

66) 제주대(1973) 우도학술조사, <u>국문학보</u> 제5집, 제주대, 제주, pp.53~173.

67) 國立國語硏究所(1981) <u>專門語の諸問題</u>(宮島達夫) 東京, p.23.

68) "a speech-community is a group of people who interact by means of speech".
Bloomfield, L.(1933) <u>op. cit.</u>, 564pp.

69) Bloomfield. L.(1933) <u>op. cit.</u>

70) "Each language defines a speech community : the whole set of people who communicate with each other, directly and indirectly, via the common language."
Hockett, C. F.(1958) *A Course in Modern Linguistics*, New York, 621pp.

71) "Linguicism is defined as ideologie, structures and paractices which are used to legitimate, effectuate and reproduce an unequal division of power and resources(both material and nonmatrial) between groups which are defined on the basis language."
Kachru, B. B.(1994) Speech Community, In. Asher, R. E. ed., *The Encyclopedia Language and Linguistics*, vol.8, Pergamon Press, Oxford, U. K.

72) Lyons, J.(1981) <u>op. cit.</u>

73) Romaines, S.(1994) *Language in Society : An Introduction to Sociolinguistics*, Oxford University Press, Oxford UK., p.23~24

74) Haugen, E.(1966) Linguistics and Language Planning, In. Bright, W.(ed.), *Sociolinguistics*, The Hague : Mouton, pp.50~71.

75) 장태진(1978) 사회방언에 대하여-전남방언의 경우-, <u>한글</u> 제161호, 서울,

pp.181~186.

76) Dittmar, N., et al.(1988) <u>op. cit.</u>, pp.39~40.

77) "one speech community divided into two communication communities based on two social systems."
Dittmar, N., et. al..(1988) <u>op. cit.</u>, p.40.

78) Cooper, R. L.(1989) *Language Planning and Social Change*, Cambridge University Press, Cambridge, pp.178~180.

79) Calvet, L-J.(1998) *Language Wars and Linguistic Politics*, Oxford University Press, Oxford, 212pp.

80) Nelde, P. H.(1993) Contact or Conflict? Observation on the dynamics and variety of European languages, In Jahr, E. H., ed. *Language Conflict and Language Planning*, Mouton de Gruyter, pp.165~177.
Nelde, P. H.(1997) Language Conflict, In ed. Coulmas, F., *The Handbook of Sociolinguistics*, Oxford : U.K., pp.285~300.

81) 김민수(1973) <u>국어정책사</u>, 서울, p.536.

82) Bell, R. T.(1976) *Sociolinguistics, goals, approaches and problems*, New York, p.182.

제**3**장 한국말 공동체의 주요 특징

우리들은 앞서 "남·북한, 교포, 거류 외국인" 등, 협의와 광의 또는 다양한 사회적 배경을 가진 구성원에 따라서 식별하는 "한국말 공동체"에 대하여 언급한 바 있다. 그런데 실제에 있어서 공동체 구성원으로서 어떤 개인은 겹겹으로 중복된 크고 작은 여러 공동체에 동시적으로 소속되어, 그들의 공동체 생활을 영위하고 있는 것이다. 따라서 여기 "한국말 공동체"도 예외 없이 같은 것이지만, 우리들은 기술의 편의를 위하여 "최대 한국말 공동체"에 대하여 "최소 한국말 공동체"라는 개념을 설정하게 된다. 여기 논급하는 것은 "한국말 공동체2"에 해당하는 것으로, 구체적으로는 "남·북한"을 함께 지칭하는 것이다.

이와 같은 태도에서 취하는 기술은 곧 분단 이전으로 환원된 "역사적 사회언어학"의 테두리에 들게 되며, 더욱 "거시 사회언어학"이 강조되는 것이다. 여기에는 한국말이 체험한 "언어 표준화"를 비롯하여, 다양한 "언어 지위"의 변동과 함께 특히 사회언어학에서 유명한 한국말의 "언어 부활"(language regenesis)에 대하여 기술하게 된다. 그리고 "최소 한국말 공동체"의 기술은 연전에 필자가 발표한 바 있는 전남 무안의 북한 피난민의

"정착 부락"인 한 작은 "방언 공동체"(장태진, 1978: 181~186)[1]를 대상으로 하는 것이다.

한편 공동체 문화의 측면에서 "한국 문화의 유형"은 "한국말 내셔널리즘"의 기초로서 자처하는 바이다.

1. 최대의 한국말 공동체

일제 패망과 한 반도의 조국 광복으로, "한국말 공동체2"는 다시 "국어"로서 부활된 언어학적 지위(linguistic status)를 도로 찾게 되었다. 그럼에도 미군과 소련군이 한 반도를 분할 점령함에 따라서 "분단된 한국말 공동체"가 형성되었다. 이들 분단 상태는 먼저 (1) 1945년 8월 15일, 일제 패망과 미·소 양군의 분할 점령과 다음 (2) 1948년 8월 15일 대한 민국 정부의 수립 및 동년 9월 북한 정권의 수립과 한편 (3) 1950년 6월 25일 한국동란의 발생 및 1953년 7월 27일 휴정 성립 등, 세 가지 과정을 겪어, 고정되어 왔다. 여기 한국은 대전 후, 몇 안되는 분단국으로서 "한국말 공동체"는 "분단된 화어 공동체"(divided speech-community)가 되었다. 그러나 "서울말"만은 굳건히 표준말의 지위를 보존함으로써, 그 내규범적 표준화(endonormatic standardization)의 특징에는 아무런 변동이 없었다.

(1) 한국말 공동체와 서울말

최대의 한국말 공동체에 있어서, 전통적으로 존재하는 "언어학적 규범"(linguistic norm)이 서울말[2]에 있음은 자명하다. 여기 "서울말 표준화"에 대한 동기의 기원은 "한양 정도"(태조3년: 1394년)에 있다. 따라서 서울말의 전신은 정도전의 신도가(녜논 楊州ㅣ 꼬흘히여…)처럼, "양주 방언"이다.

한편 서울의 관련 자료에서, 서울말의 전근대적인 사회언어학적 기반을 추정하게 된다. 즉 원초적으로는 풍수설(風水說)과 수선 5부제(首善 五部制)에 바탕한다. 그리고 기본적으로 도시화 과정에서 "남·북 양촌설"이 "3대 성층설"(우대·가운대·아래대)로 발전하여, "지역적 성층"으로서 "도시 방언"의 "계층적 구조"가 확립된다. 여기 "직주 근접"(職住 近接)의 원리가 제안되면서, 다양한 "기능적 변종"이 발달하게 된다. 그리하여 전통적인 "궁중 용어"를 비롯한 "반촌어, 민촌어"라는 "사회적 방언"(social dialect)이 추정되며, 아울러 많은 "직업 변종"들이 공존하는 것이다. 다음 개요를 보자.

전통적으로 "서울"은 종로를 중심으로 양분되고 있었는데, 이른 바 "북촌"(北村)과 "남촌"(南村)인 것이다. 그럼에도 개성부 한성부로 이어지는 수선 5부제(首善 五部制)와 같은 행정적 관점과 함께, 도시화의 측면에서 보는 "성층설"(成層說)이 공존함을 유의해야 한다. 먼저 (1) "남·북 양촌설"은 "황현"(黃玹, 1855~1910)[3]의 언급을 든다. 즉 정치적 지배층과 피지배층의 기준인데, "서울의 대로인 종각(鐘閣) 이북을 북촌이라 부르며, 노론들이 살았고, 남쪽은 남촌이라 말하며 소론 이하 삼색이 섞여 살았다"는 것이다. 여기에 대한 최근의 추론(이존희, 2001: 116~120)[4]은 여기 "전통적 보수성과 도시화, 근대화"의 특징을 추가하는 기술을 보이고 있다. 북부 지역은 궁궐, 관아, 교육 기관의 인접과 "배산임수"(背山臨水) 등 풍수설의 장점으로, 집권층 양반들이 많이 살면서 전통을 숭상하는 기풍이 이어진다. 반면 남부 지역에는 도시화의 모습을 갖추면서 남산 일대의 불우 양반과 함께 평민 노비들이 잡거하지만, 특히 청계천 일대에 중인들과 거상 부호가 살게 되고, 이익만 추구하여 인색하였다는 것이다. 오늘날, "북촌 마을"(조선일보, 2001. 7. 10.)로 불리는 "가회동, 계동"을 비롯하여 성북구의 보문동, 동대문구의 용두동, 제기동 등이 한옥의 밀집 지역이지만, "북촌 마을"을 제외하면 대부분의 한옥 마을은 최근 급속히 자취를 감추고 있다. 보문동 "한옥 마을"에는 현재 100여 가구만 남아 있으며, 제기동 인사동은 대부분 겉 모양만 한옥이고 상가와 음식점으로 바뀌고 있다. 대개 1930년대를 전후하여 집단적으로 조성된 북촌의 한옥들은 가옥 자체보다 한옥들이 모여 이루는 골목과 마을 경관이 가치가 있다고 한다. 그리고 주민이 살고 있는 곳은 아니지만, "남산골 한옥 마을"에는 전통 한옥을 전시하고 있다. 3년 전에 개장한 "한옥 마을"은 전국 각지에 흩어져 있던 한옥 5채를 옮겨 복원하여 조성한 것이다. 다음 (2) "동국여지비고"(東國興地備考)를 거론하고 있는 "서울특별시사편찬위원회"(1977: 973~974)[5]는 "서울 5부 성층설"(동부, 서부, 남부, 북부/중부)을 보인다. 즉 권문 세가(權門 勢家)가 모여 있는 중부 일대를 중심으로 "직주 근접"(職住 近接)를 원리로 기술한다. 즉 "권문 세가"는 궁궐에 가깝고, "아전"은 관아에 근접해 주거를 마련하고, 남부의 명철방(明哲坊)에 훈련원(訓練院)이 있어, 동대문, 광희문, 왕십리 근처에 "군교"들이 모여 살았다고 기술한다. 이들 "주민 성층"(상류층→U, 중류층→M, 하류층→L)을 다음과 같이 보이게 된다.

도표 3-1

(U)	(M)	(L)
중부 일대 권문세가 거주	관아 문전 중인, 서리 거주	남부 동대문, 광희문, 왕십리 군교 거주

끝으로 (3) "3대 성층설"이 있다. 즉 "서울대관"(정치신문사, 1955: 584~585)[6] 에 의하면 다음과 같이 언급된다. "옛날 서울 성내는 아래대(下臺) 우대(上臺) 가운대(中臺, 후에 中部) 등으로 정하여 불렀는데, 우대는 효자동(孝子洞)을 중심으로 하는 일대를, 가운대는 장사동(長沙洞)을 중심으로 하는 일대를, 아래대는 동대문 안과 광희문 안 일대를 중심으로 대별하였다. 여기 주민 분포는 우대에 대개 내시(內侍)들이 살았고, 가운대에 시정배

즉 상인들이 살았으며, 아래대에 대개 군노배들이 살았다. 또 사산(四山) 밑이라 하며 남산골 샌님 즉 불우한 양반들이 살았고, 동촌(東村) 즉 명륜동 일대는 관 사람(館人)이 살았는데, 대개 우육상을 경영하였다. …사투리는 아래대 말과 우대 말이 조금씩 다른데, 동촌 관사람 말은 더욱 유난하였다” 는 것이다. 이들 “주민 성층”은 다음과 같은 것이다.

(U)	(M)	(L)
우대(上臺) 효자동 중심 일대 내시 거주	가운데(中臺) 장사동 일대 시정배 거주	아래대(下臺) 동대문안, 광희문안 군노배 거주

위에서 보인 언급도 거의 전자와 같은 것이지만, 그 내용에는 일부 차이가 있다. 즉 지역 배정에서 “상류층 지역”과 “중류층 지역”에 차이가 있으나, “하류층 지역”은 같은 것으로 보인다. 그런데 “중류층 지역”의 주민에 전자는 “중인, 서리”를 들었고 이들 후자는 “시정배”를 들었다. 그리고 여기 “동촌 관 사람 말”의 후예는 오늘날 “백정 은어”(서정범: 1959, 118~120)[7]이다. 따라서 일부의 지역 추정에 차이가 있는 것이다. 그럼에도 불구하고, 이들의 제안은 대동소이하다고 보아야 한다. 그리하여 이들 “서울 구획설”은 서울말 쓰임에 대한 어례의 제시가 결여되어 있다. 여기 “서울말 공동체”의 구성원들이 오랜 공동체 생활의 체험에서, 공유된 “사회적 평론”을 가지며, 훗날의 연구자들이 자료 분석에서 제안을 보인다.

한편 지역적인 “직업 분포”(정치신문사, 1955)에 관한 자료를 보이고 있다. 이들은 거의 비농업 부문(장태진, 1975: 106)[8]이나, 반농 반공도 포함한다. 아래를 든다.

```
(상  인) (반  공) 누각골    (쌈지 장수) (상  인)       두모개 (콩나물 장수)
   〃   (반  농) 자하문 밖 (화초 장수)    〃   (반  공) 수구문 (끈목 장수)
   〃            잔다리    (게 장수)      〃            애고개 (눗갓 장수)
```

〃	(반 농)	용머리	(무 장수)	〃	숭동	(앵도 장수)
〃	(반 공)	무쇠골	(솔 장수)	〃	홍제원	(인절미 장수)
〃		청파동	(콩나물장수)	〃 (반 농)	제터골	(토란 장수)
〃		이태원	(승도 장수)	〃 〃	왕십리	(미나리 장수)
〃		전추골	(도육 장수)	〃	서빙고	(얼음 장수)
〃		갈우리	(청포 장수)	〃 (방 공)	공덕리	(소주 장수)
〃		동작동	(모래 장수)	〃	마포	(생선·젓갈 장수)
〃		동대문 안	(객주 장수)			
〃	(반 공)	창내	(망건쟁이)			
(도박사)		홍문골	(투전쟁이)			
(한 의)		구리개	(약방)			
(접 객)		다방골	(기생)			
(사 공)		오강	(뱃사람)			

우리들은 "언어 변이"에 대한 어떤 "사회적 평론"이 이들에 대한 언어학적 분석과 일치하는 사례(천시권, 1965: 1~12)[9]를 주목한다. 그리하여 여기 "서울 성층설"에 대한 "언어 변이"를 어떻게 볼 것인가는 앞날의 서울말 연구(이상억, 2000)[10]의 중요한 과제로 남게 되는 것이다.

(2) 사회언어학적 유형론과 한국말의 발달

근자 60년대 사회언어학에서 사회언어학적 유형론(sociolinguistic typology)의 발달(Fasold, 1989: 107)[11]이 있었는데, 주로 Stewart, W.와 Ferguson, C. A.에 의하여 주도되었다. 즉 60년대 동안은 여기 국가 간의 비교를 촉진하려는 국가적 다언어제(national multilingualism)에 있어서, 일반적 패턴(general pattern)을 발견하려는 노력이었다. 이 노력은 "국가적·사회언어학적 유형론"(national sociolinguistic typology)과 형식(formula)을 선도하였다. 사회언어학적 프로필 형식(sociolinguistic profile formula)의 발달은 Stewart,

W. A.(1962)[12]에 의하여 시작되었고, Ferguson, C. 자신의 초기 연구(Ferguson, 1962)[13]의 어떤 진전에 따른 후기 연구(Ferguson, 1966)[14]에 의하여 수정되었으며, 그리고 Stewart, W.(1968)[15]에 의하여 다시 수정되었다. 여기 Ferguson, W.과 Stewart, W.에 의하여 제안된 체계는 그 본질에 있어서 같지마는, 항목마다 상이하다는 것이다.

이들 사회언어학적 유형론에서는 먼저 "언어 유형"(language type)의 분류를 제안한다. 여기 Stewart, W.의 후기 제안(Stewart, 1968: 534~7)[16]을 보면, "표준어(Standard → S), 문헌어(Classical → C), 인공어(Artificial → A), 일상어(Vernacular → V), 방언(Dialect → D), 크리올(Creole → K), 피진(pidgin → P)" 등, "7유형"(7types)[17]을 들고 있다. 그리고 여기에 대한 "언어 속성"(language attribute)으로서, "1=표준화(standardization), 2=자율성(autonomy), 3=역사성(historicity), 4=활력성(vitality)"을 들고 있다. 여기 "미시 사회언어학"에서 언어의 "사회적 속성"인 "계급, 성, 세대, 종족" 등의 범주에서 "사회 변종"을 제안하는 것과 비교하여 보라. 우리들은 "상류층(표준화)과 하류층, 남성(활력성)과 여성, 연장층(역사성)과 연소층, 다수 종족(자율성)과 소수 종족" 등과 같이, 주요 속성을 기술할 수 있을 것이다.

한편 Ferguson, C.의 제안(Ferguson, 1966: 309~24)[18]은 "집단 기능(Group function → G), 공용적 사용(official use → O), 광역어(Language of wider communication → W), 교육적 사용(Educational use → E), 종교적 목적(Religious purpose → R), 국제적 사용(International use → I), 학교 과목 기능(School subject function → S)" 등, "7 기능"(7 functions)을 들고 있다. 그리하여 "사회언어학적 프로필"을 기술하는 것이다.

이들 "사회언어학적 유형론"에서 Ferguson, C. A.는 "속성, 기능"에 관한 "언어 발달의 이론"(Ferguson, 1968: 29~33)[19]을 제안하고 있다. 우리들은 이것을 받아들여, 한국말의 "언어 발달"을 기술할 수 있다. 즉 먼저 (1) "문자화"(graphization)가 있다. 여기 쓰기에 관한 상태를 의미한다. 여기 구두 변종에 대하여 표기 변종이라는 새로운 변종을 공급하게 된다. 그리하여 비로소 입말에 대하여 글말이 확립되는 것이다. 한국말의 문자화는 일찍 한자의 차용과 여기 향찰(鄕札)과 같은 표기 체계를 가진 바 있었지만, 전형적 문자화는 15세기에 "훈민정음"을 창제하여 실현되었다. 초기의 "정음 문헌"은 모두 서울말의 문자화이다. 다음 (2) 표준화(standardization)가 있다. 즉 언어에 관한 규범(norm)이 발달하며, 정서법과 표준말이 제정된다. 한국말의 표준화는 훈민정음의 창제 이래 오랜 소장 상태가 지속되지만, 현대적인 의미에서 공식적 표준화는 1930년대 이후에 진행되어 왔다. 끝으로 (3) 현대화(modernization)가 있다. 즉 특수화된 여러 영역(domain)에서 현대 문명의 질량을 표현할 수 있는 어휘 발달이 있으며, 현대의 다문화·다언어제에 적응할 수 있는 언어가 된다. 한국말의 현대화는 최근의 "세계화, 정보화" 등으로 표현되고 있다.

다음에 특히 "한국말의 표준말 제정"을 중심으로 상론을 보인다. 여기 사회언어학에서 "언어 표준화"(language standardization)의 이론(장태진, 1972: 441~442)[20]은 먼저 Stewart, W. A.가 제안한 정의(Stewart, 1968: 534)[21]를 보인다. 즉 "정확한 관용으로 규정하는 규범의 공식적인 집합으로서, 사용자의 공동체 내부의 규범화이며 승인이다"고 하였다. 그리하여 이들 유형으로서 먼저 (1) 공식적 표준화(formal standardization)와 비공식적 표준화(informal standardization)를 식별한다. 여기 전자는 성문화된 규칙에 대한 인위적 일치(deliberate conformity)를 통하여 확립된 것이며, 후자는 방언의 레벨에서 보는 지역적 선량층(local élit)의 말씨처럼, 높은 사회적 위신(social prestige)에 의거하여 통일성(uniformity)이 증가된 것이다. 그러나 어사의 다과를 막론하고 자율적 조정(automatic adjustment)에 의한 비공식적 표준화도 사회적으로 승인된 규범(socially preferred norm)임에 틀림없다. 다음 (2) 단중심적 표준화(monocentric standardization)와 다중심적 표준화(polycentric standardization)를 식별한다. 여기 전자가 어느 특정 시기에 있어서 일반적으로 승인된 단일한 집합으로 구성되는 데 대하여, 후자는 동시적으로 존재하는 상이한 복수의 집합으로 구성된다. 끝으로 (3) 내규범적 표준화(endonormative standardization)와 외규범적 표준화(exonormative standardization)를 식별한다. 여기 전자는 언어 표준화의 대상이 국내의 규범에 바탕하는 데 대하여, 후자는 외국의 규범에 바탕하는 외국 모델(foreign model)이 되는 것이다.

이와 같은 제안에서, 국어의 1·2차 표준화가 "한글 학회" 또는 "문교부" 등으로, "민간 차원, 정부 차원"에서 공식성의 차이가 있으며, 2차 표준화에서 일부 복수 표준화를 수용하게 된다. 그리고 북한이 독자적으로 표준화를 강행하여, 스스로 내규범적 표준화를 추구하게 된다. 다음에 지난날의 국어 표준화를 상론하기로 하자.

첫째 제1차 표준화(조선어학회, 1936: 1~3)[22]는 "한글맞춤법통일안"의 제정과 병행된 작업(1930. 12. 13.~1933. 10. 13.)으로 이들과 함께 1933년 10월 29일 발표되고, 1936년 "사정한 조선어 표준말 모음"으로 간행되었다. 여기 "표준말은 대체로 현재 중류 사회에서 쓰는 서울 말로 한다"고 규정하고 있다. 이들 "표준말 계층"으로 "중류 사회"[23]를 지정하는 것인데, 일제기 1930년대 "한국 계급 구조에 관한 통계(김영모, 1982: 253)[24]가 있지만, 이들 자료가 식민지 치하의 "피동적 성층"과 자생적인 "능동적 성층"의 양면이 있고, 더욱 비친일적인 후자의 "계층 의식"이 강조될 것이다. 그런데 여기 "중류 사회"를 잡는다면, "소산층, 화이트칼라"인 17%(30년), 32%(40년)정도로 보아 대과 없을 것이다. 여기 관련하여 1930년대 국어 학자들의 경우, "언어 성층"에 관한 변이(variation)에는 깊은 관심을 가지고 있었다. 최현배(1934)[25]의 경우, 언어의 "계급 변종"을 인정하여 그것을 "말씨"라 하였다. 즉 "귀족 계급에는 귀족의 말씨가 있고, … 하류 계급에는 하류 계급의 말씨가 있다"고 하였다. 그리고 표준말을 "대중말"로 대치하지만, 먼저 (1) 온 나라의 시골말 가운데 가장 널리 통하는 것을 들었다. 여기에 벌써 "광역어"(language of wider communication→LWC)를 거론하고 있다. 다음 (2) 온 나라의 시골말 가운데 가장 유력한 것을 들었다. 여기 "지배 언어"(dominant language)를 거론하고 있다. 끝으로 (3) 문학상의 말로 가장 잘 쓰이는 것을 들었다. 여기 "글말"(literary language)을 거론하고 있다. 그리하여 이들 세 가지를 갖춘 시골말에 "표준말"이라는 "언어 지위"(language status)가 가능하다는 것이다. 김병제(1934)[26]의 경우, "표준말"에는 상류 계급이나 하류 계급의 언어가 적합하지 않다는 까닭을 언급한다. 즉 "상류 사회의 말은 상류 계급의 특수한 말씨가 많을 뿐 아니라, 어태(語態)가 부자연한 것과 흔히 외국말의 혼용 등으로 표준말이 되기에 적당하지 아니하고, 그 반대의 하류 사회의 말은 하류 계급의 독특한 말씨가 많은 데다가 말의 품위가 낮은 것과 변화가 심한 것으로 말미암아 이 또한 표준말 되기에 적당하지 않다"고 하였다. 이희승(1937: 19)[27]의 경우, "표준말의 3대 조건"을 "지방적 조건, 계급적 조건, 시대적 조건"으로 들면서, 비록 서울말이라 하여도 궁중 용어와 함께 귀족 계급에만 쓰는 말, 한자어가 많은 지식 계급의 말, 상인 계급의 변말, 무식한 하류 계급에서 쓰는 비어 등 여러 변종들은 표준말에서 배제되어야 한다는 것이다. 그리하여 "중류 계급의 말"을 보다 구체적으로 기술하고 있다. 즉 "가장 일반성 즉 보편성을 가진 말은 중등 교육의 상식을 가진 사람들이나, 그들의 가족 되는 사람들이 사용하는 말"이라 제안하는 것이다.

둘째 제 2차 표준화(문교부, 1988: 60~98)[28]는 문교부에서 1970년에 착수한 이래, 79개정안(문교부 안), 84개정안(학술원 안), 87개정안(국어연구소 안) 등을 거쳐서 1988년 1월 19일 "문교부 고시 제 88-2호"로 "표준어 규정"을 발표하고, 1989년 3월 1일부터 시행한다고 하였다. 여기 "표준어는 교양 있는 사람들이 두루 쓰는 현대 서울말로 정함을 원칙으로 한다"고 규정하고 있다.

여기 "표준어 제정의 필요성"에 대한 공식적 견해(문교부, 1988: 9)[28]를 보면 먼저 (1) 재래의 표준말은 광복과 한국 동란을 겪으면서 50년 동안에 현대 국어와 많이 달라졌다고 하고, 다음 (2) 생활의 급격한 변화로 쓰이지 않는 말이 있으며, 한편 (3) 말소리의 변화로, 현대 국어에서 표준말로 쓸 수 없는 말이 많으며, 또한 (4) 출판물 사전 등에서 재래의 표준말을 따르지 않은 일이 많으며, 끝으로 (5) 표준 발음법의 제정이 없어, 국어 교육에 문제점이 있다는 것 등을 들고 있다. 여기 "언어 현실의 변화"를 합리적으로 수용하고, "국어 교육"의 차원에서 표준어 규정의 대폭적인 보완과 제정이 불가피하게 되었다는 것이다. 이와 같은 전제에서 시행된 "제2차 표준화"는 "개정의 기본 방침"(문교부,1988: 11~12)[28]에서 "(1) 언어 현실의 변천을 합리적으로 수용, (2) 균형성과 안정성 중시로 개정의 폭 극소화, (3) 국어 교육의 차원에서 미비점 보완, (4) 학계, 언론계 등 국민 여론 최대 수렴" 등을 밝히고 있지만, 전통 존중의 측면에서 "보완"을 하고 "언어 현실의 변천"을 합리적으로 수용한다는 것이다. 그리하여 표준말의 기본적 특징(장태진, 1972: 447)[29]인 유연적 안전성(flexible stablity)과 지성화(intelectualization)를 지향하고 있는 것이라 하겠다.

이들 표준화에 있어서, 간단한 그 내용 및 1차 표준화와 2차 표준화의 차이와 특징을 개관하기로 한다.

첫째 신규 제정인 "표준 발음법"은 먼저 (1) 10모음 체계와 음장에 대한 규정은 방언 차, 세대 차 등을 극복하면서 "보수적 태도"를 견지한 것이며, 다음 (2) 복자음(cluster)의 규정은 표준화로 승격될 수 있는 "-lp"(여덟)의 경우가 무시되어 있다. 끝으로 (3) 자음 접변의 "경음화"는 통설로서 당연하지만, 표기상으로 없는 사이시옷의 관형적 기능(문-고리[문꼬리])으로서 경음화는 형태음운론적 특징을 보이는 것이다.

둘째 표준어 사정 원칙에 있어서, 1차 표준화와 비교하면, 먼저 (1) 음운변화의 거센 소리화(끄나불→끄나풀)가 인정되면서도, 그것을 부정하는 어례의 공존(거시키→거시기)이 있다. 더욱 움라우트를 원칙적으로 부정하여, 보수성의 특징에서 일관된 태도이지만, "~장이/~쟁이"에서 전자를 "기술자"(미장이)로 제한하자는 제의는 실용성이 희박하다. 이것은 "갈비"에 대하여 "가리"(식용)의 식별을 폐지하는 예와 상치된다. 다음 (2) 어휘에서 새로운 관용을 존중하여 "푼전→푼돈, 빈자떡→빈대떡"과 같은 대치는 "광역어"의 원리에서 타당하다. 그리하여 (3) 지역 방언의 등장이 주목되는 바, 우선 오랜 표준어의 지위에 있던 "상치"가 "상추"로 교체된 경우다. 여기 역대 국어사전의 쓰임과 연장층의 변종을 고려할 것이다. 아울러 "멍개"에 대하여 "우렁쉥이"의 등장을 주목한다. 여기 "어미 멍개, 새끼 멍개" 등, 전자가 생산성을 주도함을 든다. 이것은 "알타리 무"에 대하여 "총각 무"를 표준화하는데, "총각 김치"와 같은 "생산성"을 고려한 것과 같은 것이다. 끝으로 (4) 복수 표준어를 인정한 것은 "경직화되지 않고, 유연성을 특징화하여 합리성을 강조한다"는 원리에서 중요하다. 즉 "땅-콩/호-콩, 옥수수/강냉이, 벌레/버러지" 등이다. 그리하여 표준어의 기능이 확대되어야 한다.

1) 언어 지위의 이론

최근에 있어서 "언어 지위"(language status)의 연구는 그 기능(function)이나 지위 변동(status change)을 과제로 삼고 있다. 여기 술어로서 "지위"(status)는 구조(structure) 혹은 "실체"(corpus)에 대한 대립으로서 묵시적으로 또는 명시적으로 빈번하게 사용되어 왔다. 뿐만 아니라 "지위"는 때때로 "기능, 역할(role), 사용(use)" 등과 교체 가능하게 사용되기도 하였다. 그리고 "지위 변동"에 관련된 성분은 화자의 "수, 종류, 그 사회적 지위", 언어의 지역적 분포와 사용되는 영역(domain) 및 표준화의 정도를 비롯하여, 화자의 교양화 정도와 그들 언어에 대한 태도(attitude), 신념(belief) 등이 함께 포함되는 것이다.

Ammon, U.(1989: 26)[30]에 의하면, 언어의 지위(status of language)를 정의함에서 "언어의 품위"(rank of language)와 "계급제 범위"(hierarchy extent)를 식별해야 한다고 전제하면서 정의하는데, 여기 "언어의 지위"란 "사회적 위치가 한 사회적 체계 내에서 한 언어의 품위, 혹은 같은 사회적 체계 내에서 별개의 계급제 범위 등으로부터 식별되어야 하는 바, 한 사회적 체계 내에 있어서 언어의 사회적 위치"라는 것이다.

이와 같은 재래의 "사회언어학적 유형론"의 연구가 "기능/속성 – 기저 이론"(function/attribute – based theory)에서 "기능/지위 – 기저 이론"(function/status – based theory)을 겪으면서, 프로필 방식(profile formula)의 제안으로 발전하는 것이다. 그리하여 최근에는 "기능/지위 변화"(funtion/status change)가 주요 과제(Ammon et. al., 1991)[31]로 등장한다. 이들 언어의 "기능, 지위" 간 차이(Mackey, 1989: 4)[32]란 "언어의 기능은 주민이 이것(언어)를 사용하여, 실제로 행동하는 것이다. 언어의 지위는 가능성으로서, 주민이 이것 (언어)을 사용할 수 있는가 없는가를 결정한다"는 것이다.

한편 언어 지위의 결정에 대한 제안(Hellinger, 1991: 270)[33]을 하나 빌려 보고, 여기 한국말의 경우를 들어 두자. 먼저 (1) 지위는 사회 체계 내의 행정적 그리고 혹은 법률적 조건(administrative and/or legal condition)의 범위 의 기초에 주어질 것이라 한다. 일제기 한국말에 주어진 몇 가지 지위는 조선 총독부에 의한 "조선 교육령"과 같은 법령에 의한 것이었다. 다음 (2) 지위는 언어에 관한 사용(use of the language) 즉 질적 차원(qualitative dimension)의 측정에 대한 기초에서 결정될 것이다. 일제기 한국말에 주어 진 지위는 기능에 관한 양적 차원(quantitative dimension)인 대다수 한국 사 람의 한국말 사용과 관계없이, 강요된 것이다. 끝으로 (3) 지위는 현실적 사용(actual use)과 다수 화자 속성(numerous speakers attributes)에 의거하지 않고 결정하지만, 화자가 언어와 연합하는 가치(value), 신념(belief) 그리고 태도(attitude)를 고려하여 결정할 것이다. 한국말의 경우, 한자어에 관한 지위와 같은 것이다.

일찍 Kloss, H.의 이 방면 연구(Kloss, 1968: 69~85)[34]에는 언어 계획과 관련된 "언어 지위"의 제고(enhance)와 감소(diminish)에 초점을 두고, 여기 변인의 네 가지 집합(sets of variables)이라는 범주를 제안하는 것이다. 다 음 그의 제안에서, "언어 지위"의 몇 가지 분류를 들어 둔다. 그리하여 한 국말의 특징도 함께 보인다.

첫째 공식적으로 사용되는 "언어의 지위"인데, 이들은 내부 언어적 국 가(endoglossic state), 외부 언어적 국가(exoglossic state), 혼합된 국가(mixed state) 등을 분류한다. 예로서 많은 유럽 국가, Ghana, Papua New Guinea 등을 든다. 여기 기술(Kloss, 1968: 71)[35]을 보면, 국가 공용어가 주민 대다 수에 의하여 말하여질 때, 내부 언어적 국가로 부를 것이다. 이들 언어는 "고유 언어"로 칭한다. 그리고 국가 공용어를 외국으로부터 가져 왔을 때, 외부 언어학적 국가로 부를 것이다. 그리고 이들 소수인 토착 화자들은 어느 지방 혹은 주요 지역에 있어서, 주민의 다수 집단이 되지 않는다. 이들 언어를 "수입 언어"(imported language)라 칭한다. 여기 한국말의 특징으로 보아, 한국은 "내부 언어학적 국가"가 됨은 물론이다. 그러나 일제기에 "외부 언어학적 특징"으로서, 일본어를 "수입 언어"로서 경험한 바 있었다.

둘째 언어의 "발달적 지위"(developmental status)인데, 정밀화의 정도(degree of elaboration)를 기준으로, 여섯 가지의 지위 유형을 분류한다. 여기에는 먼저 (1) 충분히 현대화된 표준말이 있어, 현대 사회의 모든 요구를 성취한다는 것이다. 프랑스어를 든다. 다음 (2) 상대적으로 작은 집단에 의하여 말하여지는 표준말이 있어, 그 까닭은 제한된 범위를 가지며 많은 화자가 사용하지 않는다는 것이다. Welsh를 든다. 한편 (3) 고대어(archaic language)가 있어, 고대에는 과시되었지만, 현대 과학과 기술에 대처하는 지식이 주어지지 않는다. 라틴어를 든다. 또한 (4) 젊은 표준말(young standard language)이 있어, 어떤 특수화된 목적(예, 교육)을 위하여 근래에 기호화되고 표준화된다. Uganda에서 LuGanda를 든다. 또한 (5) 비표준화 언어(unstandardized language)가 있어, 알파벳화가 이룩된다. 최근 Somalia에 있어서 Somali에 실현되었다. 끝으로 (6) 전문자 언어(preliterate language)가 있어, 자소화(graphization)를 경험하지 못하였다. Ethiopia에 있어서 Gallah를 든다. 여기서 한국말의 경우, 비록 식민지 시대의 불운 속에 표준화를 실현하였지만, 광복 이후 급속한 "질적 발달"(qualitative development)을 수행하여, "충분히 현대화된 표준말"을 가진 것이다.

셋째 "법적 위치"(legal position)에 관하여 언어를 고려하는 "언어 지위"인데, 언어계획 결정(language-planning decision)의 결과처럼 언어를 인식한다. 여기 여섯 가지의 지위 유형을 분류하는 것이다. 즉 먼저 (1) 유일 국가 공용어(sole national official language)가 있다. 프랑스에서 프랑스어를 든다. 다음 (2) 합동 공용어(joint official language)가 있다. 이것은 정부 기능을 위한 사용 용어에 있어서 동등하다. 벨기에에서 왈룬어(Walloon)와 프래망어(Flemish)를 든다. 한편 (3) 지역 공용어(regional official language)가 있다. 이것은 지역적 기반에서 공적 지위를 누린다. 카탈로니아에서 카탈로니아어(Catalan)를 든다. 또한 (4) 장려 언어(promoted language)가 있다. 이것은 특수화된 목적 때문에 여러 당국에 의하여 사용된다. 여기 오스트레일리아의 예(Kaplan,1991: 143~168)[36]는 중국어, 인도네시아어, 일본어와 함께 한국어를 말하는 무역 파트너를 위하여 개선할 의사 소통이 되도록, 이들 외국어 교육을 장려하게 되었다. 이것은 오스트레일리아 정부협의회(Council of Australian Goverment)가 1994년에 발표한 "아시아의 언어와 오스트레일리아 경제의 장래"(Asian Language and Australia's Economic Future)라는 제목의 보고서에 의거한다. 따라서 이 경우는 언어계획의 목표가 경제적 목표(economic goal)에 있는 것이다. 아울러 (5) 관용 언어(tolerated language)가 있다. 이것은 공적 기관에 의하여 공식적으로 지지되지도 않고, 박탈되지도 않는다. 프랑스에서 바스크어(Basque)를 든다. 끝으로 (6) 금지 언어(proscribed language)를 든다. 이것은 정부의 제한과 제재가 존재한다. 프랑코 스페인에서 카타로니아어와 바스크를 든다. 여기 "금지 언어"는 "저지 언어"(discouraged language)라는 쓰임(Bell, 1976: 182)[37]이 있다. 보복이 두려워 화자가 공적인 언어 사용에 현념하여, 자치권의 부정(denial of autonomy)이 된다. 그리하여 1745년 반란 이후 "스코틀랜드 게일어의 금지"(the Banning of Scots Gaelic) 등을 예시한다. 최근에도, 중국 정부(조선일보, 2002. 5. 31.)가 신장(新疆) 위구르 자치구의 우루무치(烏魯木齊)대학에 "중국 표준어로만 강의할 것"을 지시한 예가 보도된다.

넷째 전 국민에 대한 언어 사용자의 비율(ratio of language user)이 있다. 이것은 Kloss의 마지막 요인으로, 언어 지위에 영향을 미칠 수 있다. 그러나 수량화에 바탕된 기준(quantification-based criteria)의 어떤 종류로도 설정되지 않았다. 다음 예시하여 둔다.

도표 3-2

언어 국가의 분류

국가유형	국명	고유언어/수입언어	공용어
내부언어적 국가	Denmark Eire	모　어$_1$＝Danish (98%) 모　어$_1$＝English (97%) 모　어$_2$＝Irish （3%)	국가공용어＝모어$_1$ 국가공용어＝모어$_1$ 모어$_2$
외부언어적 국가	Uganda	외국어$_1$＝English 모　어$_1$＝Luganda(38%) 모　어$_2$＝Nyoro （11%) 모　어$_3$＝Teso （9%)	국가공용어＝외국어$_1$ 지역공용어＝모어1 모어$_2$ 모어$_3$

이와 같은 "언어 지위"의 분류에 대하여 최근 Mackey, W. F.의 제안 (Mackey, 1989: 7~13)[38]이 있다 그리하여 먼저 (1) 언어학적 지위(linguistic status)가 있다. 여기에는 표준말과 방언, 표기법 등의 지위를 지칭하지만, Kloss, H.의 "발달적 지위"는 여기 포함될 것이다. 다음 (2) 민세적 지위 (demographic status)가 있다. 여기에는 언어 사용자의 수를 비롯하여, 이들 식자 능력(literacy) 등을 지칭하지만, Kloss, H.의 "언어 사용자의 비율"은 여기에 든다. 한편 (3) 문화적 지위(cultural status)가 있다. 이것은 보다 특수화된 문화적 행동(cultural activity)이 광범하게 포함된다. 예를 들면 "문헌, 서적 출판, 매스컴, 정보화…" 등이 포함될 것이다. Kloss, H.의 "발달적 지위"에서 "현대화"가 여기에 든다. 끝으로 (4) 법적 지위(legal status)가 있어, 많은 "언어 법"(language act)을 지칭한다. Kloss, H.도 같은 것이다.

2) 현대 국어의 지위 변동

최근 Hellinger, M.의 제안(Hellinger, 1991: 270)[39]에 의하면, 주어진 지위의 변화(change of given status)를 두 가지로 식별하고 있다. 먼저 (1) 자연적 언어학적 변화(natural linguistic change)가 있다. 피진화(pidginization), 크

리올화(creolization)를 지칭한다. 서울말의 경우, 표준말 또는 방언과는 달리 그들 일상어(vernacular)의 쓰임(Milroy, 1987)[40]에는 "옥수수(삶은 것) / 강냉이(튀긴 것)"는 각기 별개의 단어이다. 이것은 도시의 "상인, 소비자"들이 "생산자"들의 지역 방언을 수용한 예이다. 다음 (2) 계획된 언어학적 변화(planned linguistic change)가 있다. 실체 계획(corpus planning)이나 어휘의 표준화(standardization)를 든다. 한국말의 경우, "제1차 표준말"에서 "벼, 옥수수, 멍개…" 등의 "단일 표준화"가 있었다. 그런데 "제2차 표준화"에서, 여기 "나락, 강냉이, 우렁쉥이…" 등이 "복수 표준화"로서 합류되었다. 여기 후자들은 "계획된 언어학적 변화"로서 "언어 지위"가 변동되었다. 그렇지만 "어미 멍개, 새끼 멍개…"처럼 어휘 확대에서 생산성의 차이가 있어 보인다.

　현대 국어는 "갑오경장"(1894년) 이후, "일제기"를 겪음으로서 광복(1945년) 이후 오늘(2004. 현재)에까지 한국말은 다양한 "지위 변동"을 경험한 것이다. 여기서 Kloss, H.의 제안(Kloss, 1968: 79~80)[41]을 수용하여, 다음과 같은 "3시기 · 5지위 변동"을 보인다.

도표 3-3

현대 국어의 지위 변동〈1〉

(시기)	(개화기)		(일제기)				(광복 · 독립기)
지위	유일	합동	관	장려 용	금지	합동	유일
햇수	10	6	28	(16)	7	3	56
	16		35				59

다음 시대 구분과 시기별 기술을 보인다.

첫째 개화기(1894~1910) … 16년 간이다. 즉 대개 현대 국어의 기점을 갑오경장을 계기로 하여, 1894년 11월 21일(음) 칙령 제1호 공문식 "法令勅令 總以國文爲本 漢文附譯 或混用國漢文"으로 잡는다. 여기에는 (1) "유일 공용어"(1894~1904)가 제1차 한일협약(1904. 8. 22.) 이전까지 10년 간 계속된다. 그리하여 한국말이 대한제국의 "유일 공용어" 또는 "국어"로 쓰인다. 그리고 (2) 한일협약에 따라서 "합동 공용어"(1904~1910)로서 일본어가 제2 공용어로 추가된다. 여기 한국말은 계속하여 "대한제국"의 "국어"로 쓰인다. 이것은 한일합병(1910)까지 6년 간 계속 된다. 이와 같이, "개화기"의 햇수는 16년 간에 이르고 있다.

둘째 일제기(1910~1945) … 35년 간이다. 여기 1910년 8월 28일, "한일 합병"으로 일제기가 되어, 국권이 일본 제국에게 박탈당한다. 따라서 한국말은 "국어"의 "언어 지위"가 상실되어, "민족어"로 추락되고 만다. 그리하여 먼저 (1) "관용 언어"의 지위로서, 여느 식민지 언어와 마찬가지로 장려되거나 금지되지 않은 방임 상태가 된다. 따라서 식민지 당국의 소극적인 "언어 정책"이 있을 뿐이다. 이것은 "제3차 조선교육령"(1938. 3. 3.)까지 계속되었다. 이 시기는 이른 바 조선총독부의 "무단 정책"이 시행되고 있다. 다음 (2) "장려 언어"의 지위는 "3·1운동"을 계기로 하여, 조선총독부가 이른 바 "문화 정책"으로 전환한 시기이다. 즉 일본인 총독부 관리를 대상으로 "조선어 장려 규정"(조선총독부급 소속관서직원 조선어 장려규정, 총독부 훈령 제28호, 1921. 5.)의 시행(梶井陟, 1980: 96~121)[42]이 있어, "이중 지위"를 취하게 된다. 따라서 제3차 조선교육령(1938)까지 "한국인=관용 언어/일본인=장려 언어"와 같은 등식이다. 한편 (3) "금지 언어"의 지위는 제3차 조선교육령(1938)부터 일제 패망까지 계속되어, 한국어의 "공적 사용과 교육"이 전면적으로 금지되었다. 이와 같이 "일제기"의 햇수는 35년 간에 이르고 있다.

셋째 광복·독립기(1945~현재) … 59년 간이다. 이 시기는 먼저 (1) "합동 공용어"는 광복 이후 한국말이 민족어로서 공용어로 사용되는데, 태평양 미육군총사령부의 "조선 주민에게 포고함"이라는 포고령 제1호(1945. 9. 9.)에 의하여 대한민국 정부 수립(1948년)까지 3년간 영어도 함께 공용어로 사용된다. 그럼에도 엄밀하게는 남조선과도정부의 발족(1947. 6. 28.)과 함께, Helmick 준장에 의한 "포고령 제1호 제5조"의 "단 1947년 7월 1일부터는 남조선과도정부의 공용어는 조선어로 함"이라는 단서를 붙인 "행정명령 제4호"에 근거를 두고, 한국말의 공용어화가 공식화되었다. 다음 (2) "유일 공용어"는 1948년 8월 15일 대한민국 정부 수립부터 현재까지 한국말이 "국어"로 공식화되고, 유일 공용어로 사용된다. 이것은 한국말이 1910년 국권 상실과 함께 "국어"의 지위가 박탈된 지 38년만의 일이다. 이와 같이 "광복·독립기"의 햇수는 현재(2004년)까지 59년 간에 이르고 있다.

이와 같은 "현대 국어"가 겪은 "지위 변화"를 앞서 보인 두 가지의 변화 유형으로 대별하여 보기로 한다.

첫째, "자연적 언어학적 변화"가 있었다. 즉 먼저 (1) 개화기에 있어서, "합동 공용어"는 "제1차 한일협약"(1904)에 의거한 변화이다. 다음 (2) 일제기에 있어서, "관용 언어"는 "한일합병"(1910)에 의거한 변화이다. 끝으로 (3) 광복·독립기에 있어서, "유일 공용어"는 "대한민국 정부 수립"(1948)에 의한 것이다.

둘째, "계획된 언어 변화"가 있었다. 즉 먼저 (1) 개화기에 있어서, "유일 공용어"는 "칙령 제1호"(1984)에 의한 것이다. 다음 (2) 일제기에 있어서, "장려 언어"는 일본인 총독부 관리를 대상으로 하는 "총독부 훈령 제28호"(1921)에, 그리고 "금지 언어"는 "제3차 조선교육령"(1938)에 각기 의거한다. 끝으로 (3) 광복·독립기에 있어서 "합동 공용어"는 "포고령 제1호"(1945)에, "남조선 과도정부 공용어"는 "행정명령 제1호"(1947)에 의거한다. 따라서 이들은 모두 "법률적 지위, 명령적 지위"에 속한 것이다.

위에서 보인 바와 같이, 한국말의 "현대 국어"가 겪고 있는 다양한 "지위 변동"은 물론 "법적 지위"가 중심인데, 이것을 다음과 같이 도시하여 둔다.

도표 3-4

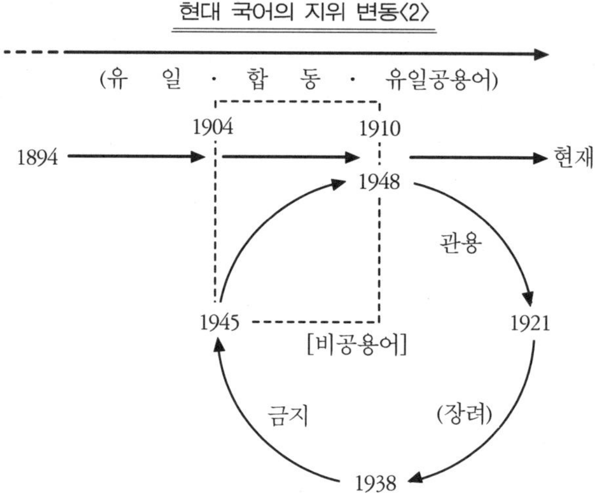

(3) 언어 부활의 이론과 한국말

사회언어학에서 "언어 부활"(language regenesis)의 이론은 재래의 언어 보존(language maintenance)과 언어 전환(language shift) 또는 언어 소실(language loss)의 연구에 이어지는 최근의 중요한 연구 동향이다. 그리하여 이들 언어 부활에 관한 다양한 하위 분류는 거시적인 언어 상황(language situation)의 기준과 조건에 의거하게 된다. 더욱 근래의 언어 정책 혹은 언어 계획과의 관련하여 관심을 보이고 있다. 특히 이스라엘의 "히브리어 재생"(revital of Hebew)은 "현대의 기적"(modern miracle)으로 일컬어지고, "한국말의 부활"도 사회언어학에서 유명한 것이다. 이것이 큰 스케일의 측면에는 38년만의 "회귀형"으로 보이지만, 작은 스케일의 측면에서는 1945년 광복을 전후하여 급격한 "역전형"(법적 역전)을 보이는 것이다. 따라서 이들 하위 개념에 따른 분석적 연구가 강조된다. 특히 광복 직후 전개된

"우리말 도로찾기 운동"도 이 관점에서 재평가되어야 한다. 여기 "한국말 내셔널리즘"(熊谷明泰, 1997)[43]에 대한 우리들의 연구가 절실하게 된다.

1) 언어 부활의 이론

이들 "언어 부활"에 관한 이론을 보자. 이것은 재래의 "언어 재성, 언어 부흥, 언어 역전"등을 포괄한 개념인데, 정의로서 Paulston, C. B.의 제안(Paulston, 1994: 92)[44]을 볼 수 있다. 즉 "그들의 사멸 언어, 빈사 언어, 무시되거나 혹은 쓸모 없이 된 언어의 증가된 사용에 관한 에스닉 집단의 행동"이라 한다. 그리하여 이들의 특수화된 의미는 후술에서 보는 세 가지 하위 범주에서 찾아보겠지만, 이들의 일반적 의미를 앞선 제안이 유일한 것이다. 여기 잠정적으로 "사멸한 언어를 되살리고 쇠퇴한 언어를 회복하며, 그 쓰임에 활기를 찾은 모습"이라 언급하여 두자.

한편 이들 "언어 재생, 언어 부흥"의 상위 개념 또는 중립 개념으로 "언어 복구"(language restoration)가 가능하다. 이것은 1992년 Niedzielski, H. Z.가 토착 소수집단의 문화와 언어의 부흥(revitalization)을 위한 하와이 모델의 제안(Niedzielski, 1992: 369~384)[45]에서 쓴 용어이다. 그리하여 우리들은 "언어 복구"를 "언어 재생"의 후속 개념인 동시에 "언어 부흥"의 선행 개념이며, 또한 " 언어 복구"의 소극적 개념이 "언어 재생"이며 그 적극적 개념이 "언어 부흥"이 되는 것이다. 따라서 이들에는 언의 지위에 관한 "회귀"(recurrence)를 보게 된다. 여기 하와이어 복구, 히브리어 재생(revival), 핀어 부흥 등을 예시하게 된다. 따라서 우리들을 이들을 언어 지위의 변동형으로 보아 "회귀형"이라 불러 두자. 그리하여 후술의 "카탈로니아, 마오리어, 싱가포르의 중국어 등의 역전"(reversal)과 대칭하며, 여기 "역전형"으로 제안하여 둔다. 이것을 다음과 같이 도시한다.

도표 3-5

언어 부활의 분류

큰 분류	작은 분류	언어 예
언어 복구	언어 재생	히브리어
	언어 부흥	핀어
언어 역전	법적 역전	카탈로니아어
	전환 역전	마오리어
	외부언어적 반동	중국어(싱가포르)

여기 "현대 한국말"의 경우, 일제기 그들 "동화 정책"으로 억압된 언어(suppressed language)가 되어서 언어 쇠퇴(language decline)에 몰린다. 그리하여 거의 빈사 직전의 상태에서 광복과 독립을 맞이하게 되며, "대한제국 국어"를 "대한민국 국어"로서 38년 만에 되찾게 된다. 여기 한국말에서 전형적인 "회귀형"의 지위 변동을 제안하지만, 부활한 이 언어는 활기 찬 언어(vibrant language)로 발달하는 것이다.

다음 위에서 논급한 "언어 부활"의 양대별로서, "언어 복구"와 "언어 역전"에 대하여 기술하게 된다. 그리하여 포괄적인 논급과 함께, 이들의 하위 분류를 구체적인 언어 사례로써 보이게 된다. 특히 이들은 거시 사회언어학의 자료이므로, 내용을 위한 장문의 기술이 불가피하다.

첫째 "언어 복구는 언어 실체(language corpus)에 있어서 언어 마멸(language attrition)에 따른 복원을 비롯하여, 언어 지위의 회복을 뜻한다"고 제안하여 두자. 그리고 우선 이들에 관하여, 하와이의 예를 보인다. 즉, 하와이(Niedzielski, 1992: 369~384)[46]는 1778년 1월 18일, 영국인 Cook, G.(1728~1779) 선장에 의하여 발견되어, "Sandwich Islands"로 명명되었다. 그 당시, 인구 약 30만 명으로 알려진 하와이 왕국은 1826년 미국과의 보호조약으로 그들 지배하에 들고, 1898년에는 미국에 편입되어 1900년에는 그 속령이 된다. 그리하여 1959년 합중국 50번째의 주(state)로 승격하게 된다. 여

기 하와이 원주민들은 백인들을 통한 질병에 면역성이 없어, 많이 죽어
갔고, 막심한 종족 혼혈로서 혼혈인(hapahaule)이 급증하여 취약한 토착 문
화와 하와이어는 백인들의 중압을 이겨내지 못하였다. 따라서 하와이어는
20세기 중기이면 이미 사멸 직전의 모습에 이른다.

　1970년대에 형성된 하와이 문화 복권(Hawaiian Renaisance)의 풍조를 계
기로 하여, 80년대에는 하와이어 부흥(Hawaiian Revitalization)의 운동이 전
개 된다. 특히 마오리어 보육원(Kōhangar Reo)의 제도에 촉발되어, 그들 언
어 보육원(Pūnana Leo : Hawaiian language immersion preschool)[47]이 80년대 중
기에는 주요 도서에 설립된다. 그리고 후기에는 모든 교과를 하와이어로
수업하는 "하와이어 집중 프로그램"(Papahana Kaiapuni Hawai'i : Hawaiian
Language Immersion Program)이 각 공립 초등학교에 설립되고 있다. 이것도
뉴질랜드 마오리어 학교(Kura Kaupapa Māori)의 모방이라 한다. 이와 같은
추세는 2001년 8월 현재(松原好次, 2002: 27)[48] 18개 학교에서 수업 받는 학
생이 약 1,800명에 이른다는 것이다. 따라서 10개의 언어 보육원을 포함할
때, 총수 약 2,000명에 된다고 한다. 더욱 현재에는 고등 교육에도 파급되
어, 이들 제도를 따른 대학이 출현하고, 대학원에서 석사 과정 수료자까
지 배출되고 있다는 소식이다.

　이들 "언어 복구"를 상술한다. 먼저 (1) "언어 재생"이 있다. 여기 Nahir,
M.의 제안(Nahir, 1984: 301)[49]을 들자. 즉 "공동체에 있어서 의사 소통의 적
극적 방법에 역행되는 조금 밖에 없는 또는 살아남지 못한 토착 화자의
언어를 선회시키는 시도"라 하였다. 여기 근소하게 생존한 화자라 하여
"언어 자살"에 해당하거나 전무한 화자라 하여 "언어 모살"에 해당하는
두 가지 경우의 "언어 사멸"을 전제로 하지만, "언어의 선회"를 구체적으
로 언급하지 않았다. 그리하여 Chen, P. C. 등의 제안(Chen, et al., 1994:
92)[50]을 들자. 즉 "사어에 대한 새 생명의 부여, 혹은 폐기 이후의 언어를
재생시키는 행동, 그리고 화어 공동체에 있어서 의사 소통의 정규적 방법
을 만든다"는 학문적 해결책을 시도한다는 것이다. 따라서 사멸 언어, 폐
기 언어에 대한 재생과 의사 소통의 방법 개선 등을 명시한다. 이들 언어

예로서 고대 히브리어(Hebrew)는 왕국 멸망(587 BC.) 이후, 언중의 대이동으로 "언어 쇠퇴"가 시작되었다. 그리하여 아람어(Aramaic)를 비롯하여 후기 희랍어와 2중 언어제가 되었다. 실제로 예수와 그 제자들의 모어도 이 아람어였다. 그리하여 수백 년 동안 히브리어는 일상 언어에서 소멸되었으며, 오직 그 쓰임은 히브리 경전과 그들 승려들에 의하여 "글말"로 이어지는 것이다. 19세기 후반 반-유태주의(anti-semitism)에 대한 자구책으로 그들 시오니즘(zionism) 운동이 고조되었다. 아울러 1차 세계대전(1914~9)에서 터키 지배로부터 해방된 팔레스타인이 영국의 위임 통치를 받을 때, 여기 유태인들의 대규모 이주가 실현되었다. 그리하여 1914년에는 사실상 히브리어 재생은 완성되고 있었다. 1917년에 그들 56,000명 중에서 34,000명(60.7%)이 거의 히브리어를 말하게 되어, "언어 복구"를 실현하고 있다. 더욱 이스라엘 건국(1948)과 함께 "공용어"의 지위가 부여되고, 오늘날 "활력적 언어"(vital language)가 되었다. 여기 히브리어의 재생은 "역사적 재난"(historical accident) 또는 "현대적 기적"이라 부른다.

다음 (2) "언어 부흥"의 정의에 대한 Chen, P. C. 등의 제안(Chen and Connerty, 1994: 92)[51]은 "영역의 확장으로 증대한 사용 때문에, 가장 공통적으로는, 아직 한정되거나 제한된 사용 중의 언어에 대하여, 새로운 활력의 첨가"를 의미한다는 것이다. 그리하여 "언어 부흥"은 "언어 재생"과의 대조에 있어서 "사멸 언어"의 재출생(rebirth)를 지시하지 않고, 오히려 사용에 있어서 "언어의 새로 발견한 활력"(new-found vigor of language)이라는 것이다.

여기 "언어 부흥"에 관한 예로서 "핀어"(Finnish)를 보자. 핀란드는 인구 512만(외교통상부, 2000: 282)[52]에서 핀어 화자(93.5%)인 다수 집단(over-whelming majority)과 중·상류층의 유력한 스웨덴어 화자(6.3%)로 거의 양분된다. 그리하여 이들에 있어서 스웨덴어의 지위는 초등 교육에까지도 필수적이며, 핀어는 노동자나 농민의 이어(patois)로 생각되고 있었다. 이와 같은 언어 상황에서도, 1821년에 핀어의 신문이 Arwidsson, A. I.에 의하여 창간된다. 그는 시인이며 역사 학자이며 신문인으로서, "핀어 운동"

(Finnish language movement)의 제1인자였다. 그는 러시아어를 위험시하고, 스웨덴어도 피하려 하였다. 그는 민족 운동(national movement)에 있어서, 언어 문제의 중요성을 확신하고 있었다. 1840년대에 이르면 "핀어 민족주의"(Finnish nationalism)가 급속히 발전한다. 그리하여 1850년에 핀어 교수직이 신설되고, 1858년에는 더욱 행정 언어로 지정되며 지방 정부에 핀어 번역자가 임명된다. 핀어는 교회를 비롯하여 군 의회(county assembly)의사록의 공용어로 지정되었다. 그럼에도 "핀어·스웨덴어 동등"(Finnish-Swedish equality)은 완전하게 실현되지 못하였다. 1919년 "러시아 혁명"의 틈을 타서, 핀란드는 독립을 선언하고, 핀어는 국어가 되었다. 그리고 스웨덴어는 제2 공용어가 되었다. 1923년 "대학법"이 제정되어, 대학마다 언어 사정을 고려하지만, 핀어 사용의 학생들 불만으로 유명한 "언어 항쟁"(Kielitaistelu)이 발생하게 된다. 이와 같은 과정으로 오늘날 핀어의 "언어 부흥"이 이룩되지만, 지금도 Ahvenanmaa섬과 Aland섬에는 스웨덴어를 고수하는 화자들(24,000명)이 거주한다는 것이다.

둘째 "언어 역전"의 정의(Chen, et. al., 1994: 100)[53]을 보면, "재생과 부흥으로부터 식별하는 언어 역전은 특정 언어의 관용에 있어서, 경향으로 존재하는 주변의 전복을 함의한다"는 것이다. 이들이 "언어 부활"과 다른 것은 언어 역전이 "영역 확장"(expansion of domain)의 과정에 초점을 두지 않으며, 이것은 보다 탁월한 사용으로 회복되는 국가 언어(language of state)가 처하고 있는 환경에 초점을 두게 된다. 그러므로 이것은 다른 언어와 관련되어 역전을 보이는 국가 내의 한 언어의 관계이다. 이 상황에 관한 기준과 조건은 부흥으로부터 역전뿐만 아니라, 역전의 종류로 식별하는 것이다. 다음 하위 분류를 보인다.

먼저 (1) "법적 역전"(legal revelsal)이 있다. 이것은 "언어 역전"을 규정하는 언어 상황의 기준과 조건이 법률적 기준에 관한 것이다. 그 예(Paulston, 1994: 51~54)[54]를 스페인의 카탈로니아어(Catalon)로써 보인다. 즉 15세기 후반 이성인 한 쌍의 두 통치자가 결혼함으로써 왕국의 합병이 이루어진다. 여기 소수 집단어로 전락한 한 쪽의 언어가 그 후에는 왕명으로 사용이 금지된다. 20세기에 들어, 이들 언어 상황은 그들 한 독재자의 죽음으로 종식되지만, 곧 개정된 헌법에 의거하여 국내 공용어로 지정된 사례이다.

중세에 있어서 캐털로우니아는 프랑스와 무수림 스페인(Muslim Spain) 사이의 완충 지역으로 발달하였고, 여기 1992년 올림픽 도시 바르셀로나(Barcelona)는 13~14세기에 지중해 상업 국가로서 크게 발달하였으며, 13~15세기에는 과학과 철학의 중요한 업적이 나타나 크게 번영하였다. 더욱 캐털런어는 행정과 법률에 관하여 쓰이게 된다. 1469년 캐스틸러(Castilla)의 이사벨라 여왕(Isabella, 1451~1509)이 아라곤의 페르디난드 2세(Ferdinand Ⅱ, 1452~1526)와 결혼하고, 1479년 양국 합병으로 정치적 중심이 마드리드(Madrid)와 캐스틸러로 옮겨진다. 여기 중요한 "지중해 국가"(Mediterranean state)는 비독립 공국(dependent principality)으로 전락하고 캐털런어는 결국 "스페인어 어역의 한 군집"(a cluster of Spanish provinces)으로 흡수된다. 캐털런어 화자들의 상류층은 캐스틸러의 엘리트들과 접촉이 증가하게 되며, 그들은 경제적 문제로 인하여 스페인어 사용을 선호하게 되는 것이다. 1716년 필립 5세(Philip, Ⅴ, 재위: 1700~1746)는 프랑스어 언어학적 단일성 모델(French model of linguistic unity)를 모방하여 캐털런어 사용을 금지하는 법령을 발포하였다. 즉 "캐털런어 책은 금지되어야 하고 학교에서 이것이 말하여지고 쓰여져서도 안되며, 그리고 기독교 교리의 전수는 캐스틸러어로 해야 한다"는 것이다. 캐털런어는 1975년 프랑코 총통(General Franco)의 죽음에까지 정치적으로 억압되면서 살아남았다. 그럼에도 18세기에 있어서 산업화의 출현과 함께 캐털로우니아는 결국 스페인에 있어서 가장 번영된 지역이 되었다. 경제적 회복에 의한 공존, 문화적 그리고 언어학적 부흥(linguistic renaissance)이 일어나 캐털런 주의(Catalanisim) - 신중류 계급에 의하여 자극되는 공동체 의식 - 와 합병된다. 1978년 스페인 헌법 제3조에 캐스틸러어(Castilian: 본국 스페인어)와 캐털런어의 지역적인 2자 공용어제를 선포하게 된다. "캐털로우니아 자치주 법령"(the statutes of Autonomy of Catalunya)이 1979년(Siguan, 1984: 109)[55]에 공포되었다. 이들 캐털로우니아의 역사 이래, 그 발달(Paulston, 1992: 56~60)[56]에는 많은 에스닉 집단을 포함한다는 것이다. 즉 로마인, 서고드인, 옥시단인, 프랑스인, 스페인인, 이태리인, 유태인 등을 들고 있다. 이와 같은 의미에서 캐털로우니아의 내셔널리즘은 에스닉이 아니고, 지역적으로 확립되었다는 것이다.

현대 한국말의 경우, 광복 이후에 보이는 언어 지위의 역전은 당연히 "법적 역전"으로 특징화된다. 이것은 태평양 미육군 최고지휘관의 "조선 주민에게 고함"이라는 포고령 제1호(1945. 9. 7.)를 비롯하여, 남조선 과도 정부 수립(1947. 6. 28.)에 따른 "포고 제1호 제5조"에 의거한다. 즉 "단 1947년 7월 1일부터는 남조선 과도 정부의 공용어는 조선어로 함" 이라는 단서와 함께 발효된 "행정 명령 제4호"가 있다. 그리하여 대한민국 정부 수립(1948. 8. 15.)과 함께 "국어"로서 언어 지위가 회복되고 있다. 그리고 대한민국 정부에 의하여 "한글전용에 관한 법률"(1948. 10. 9. 법률 제6호)이 공포되는 것이다.

다음 (2) "전환의 역전"(reversal of shift)이 있다. 먼저 이들 정의(Chen, et. al, 1994: 101)[57]를 보면 "전환의 역전은 소멸되었다가 출현하는 언어의 상황을 지시하는 바, 부흥을 겪으며 증대된 사용에 의하여 소멸로부터 구출된다"는 것이다. 그리하여 이들 "언어 역전"을 규정하는 언어 상황의 기준과 조건이 언어적 기준에 관한 것으로, 그 예(Chen, et. al., 1994: 101~102)[57]를 뉴질랜드의 마오리어(Maori)로써 보인다. 즉 구식민지 독립국에서 원주민 언어가 지배 언어인 식민지 종주국 언어에 밀려 거의 빈사 상태를 겪지만, 20세기 후반기에 들어 꾸준한 원주민의 지위 향상이 실현된다. 그리하여 고유 공용어의 인정과 같은 언어 계획이나 "수의적 언어 학급"(optional language class)의 운영과 같은 언어 교육으로, 언어 전환에서 역전된 사례이다.

마오리족은 1769년에 Cook, G.(1728~1779)가 도착하였을 때, 총계 약 25만 명이 "촌락 주거 사회"(village-dwelling society)를 구성하고 있었다 한다. 그 익년까지 5개월 간 체류하면서 남·북도를 정밀 측량한 Cook 선장은

1770년 1월 31일 영국기를 계양하여 대영 제국의 영토임을 선언한다. 그리고 1840년 2월 5일 Hobson, W.(1792~1842)와 52명의 마오리 수장들이 유명한 "와이탄기 조약"(Treaty of Waitangi)을 맺고, 빅토리아 여왕(Victoria, A. 재위 1837~1901)의 주권임을 확인하였다. 그럼에도 마오리족과 백인들 개척민 사이에는 1860년대까지 긴 유혈의 투쟁이 계속된다. 특히 2차의 마오리 전쟁(1843~1848, 1860~1870)으로 그들 인구는 급속히 감소되어, 1896년에는 최저 총계 42,000명에 불과하였다고 한다. 그럼에도 1860년대 이래, 이들은 어느 만큼 안정세를 회복하여 갔고, 1907년에는 "자치령"의 지위를, 그리고 31년에는 영본국과 대등한 지위의 "자치국"이 되었으며, 그들 족외 결혼(exogamy)의 증가와 백인과의 혼혈이 많아져 인종 문제는 거의 해소된다. 그러나 도시화 공업화의 발달과 겹쳐, 마오리어는 "언어 빈사"(language dying)의 위기[58]를 맞는다. 1950년, 선주민 모리오리족을 정복하고 이 땅에 정착한 마오리족은 "입도 600년제"를 축하하였고, 1967년에는 처음으로 의회에서 정치적 대표권을 획득하게 된다. 특히 1986년에는 마오리어가 뉴질랜드의 고유 언어 및 공용어로 인정을 받는다.

이들 정부 교육부는 사회과 학급에서 마오리 문화에 관해서 공부하는 학생들을 위하여, 소수 집단과 다른 문화를 존중하고 평등 의식을 육성하는 것이 중요하다고 생각하였다. 더욱 1981년에는 언어 보육원(kōhanga Reo: language nest)[59]를 설치하여, 유아기 어린이들의 마오리어 교육을 전담하게 된다. 그리하여 이 제도가 전국적으로 보급되어, 10년 후에는 700개소에 이르게 된다. 그리고 초등학교에 집중 프로그램(immersion program)을 세우고, 여기 미달하는 학생들은 "수의적 마오리어 학급"(optional maori language class)에 들어갈 수 있게 하였다. 이와 같이 마오리어를 사용하고 있는 보육원, 유치원, 초등 학교나 중·고등 학교가 많이 설치되어 있지만, 이 프로그램은 아직 충분한 성과를 올리지 못한다고 한다. 최근의 한 보고에 의하면 특히 많은 마오리 아동들이 마오리어·영어의 혼종어인 크리올을 쓴다는 것이다. 오늘날 마오리 젊은이들은 직장을 찾아 도시로 이주해야 하며, 여기 그들의 "고유어 보존"으로는 아무런 이익이 없다는

것이다. 더욱 족외 결혼과 이주가 증가하여, 살아 남을 언어로서의 기회
는 보다 낮다고 한다. 지금의 마오리족의 총수는 약 53만 명으로, 뉴질랜
드 전 인구는 381만 명(외교통상부. 2000: 86)[60]인데, 그 14%에 해당하지만,
마오리어 사용자는 거의 절반에 불과하다. 특히 젊은이의 일부만이 그들
언어를 배우고 있다는 것이다.

끝으로 (3) "외부적 언어의 반동"(rebound of exoglossic language)이 있다.
먼저 이들 정의(Chen, etal., 1994: 105)를 보면 "외부언어적 반동은 거절기
이후 재승인 받은 국가의 비토착어에 있어서 환경의 특수화 집합을 필요
로 하고, 그리고 주로 경제적 이익과 세계 공동체와의 의사 소통을 위하
여 사용된다"는 것이다. 그리하여 이들 "언어 역전"을 규정하는 언어 상
황의 기준과 조건은 비토착 언어에 관한 것으로, 그 예(Chen, etal., 1994: 103
~105)[61]를 싱가포르로써 보인다. 즉 식민지 독립 국가이며 항만 무역의
다언어 도시 국가의 경우, 고유 언어에 우선하는 특정의 식민지 지배 언
어가 오늘날 경제 활동에 관한 개인 생존의 언어이며 교육과 국가 통치의
상용어로서 크게 기능하고 있다는 사례이다.

이들의 단언어·다문화의 역사적 배경(アジア·エートス研究會, 1969: 43~
212)[62]을 보자. 즉 19세기 서구 열강의 동남아 식민지 경영에서 핵심적인
말래카 해협(strait of Malacca)의 역사와 연계된다. 여기는 7세기부터 13세
기까지 수마트라(Sumatra)의 파렘방(Palembang)을 중심으로 해상 거점을
집약한 스리비자야왕국(Kingdom of Srivijaya)이 지배하고 있었다. 1414년 이
나라의 왕 Parameswara가 이슬람으로 개종함에 따라 말래카는 모슬렘 상
인들이 모이는 중심지가 된다. 여기 중국 명의 영락제(재위 1403~1424)가
1403년에서 34년까지 7회에 거쳐 정화(鄭和)를 보내면서 친선을 도모하였
고, 1407년에는 그들도 명에 특사를 보낸다. 여기 화교의 동남아 진출의
단서가 열려 오늘날 푸지안(福建), 차오조우(潮州), 구앙동(廣東) 등 제어의
순으로, 남부 지방의 출신이 주류를 이룬다. 그런데, 1511년 포르투갈의
인도 총독 Albuquerque, A. d'(1453~1515)가 이 곳을 점령하고, 항구에 성
새(fort)를 쌓고 언덕에 교회를 지어, "동양 전도의 성지"가 된다. 그러나

1641년에 화란이 포르투갈을 격파하여 점령하지만, 1795년 다시 영국이 말래카를 점령하고 패낭(Penang)섬도 양보 받는다. 싱가포르 건설자로 알려진 Raffles, Sir T. S.,(1781~1826)는 1805년에 패낭에 왔으며, 1811년에는 말래카에 있었다. 이 때만 해도 싱가포르는 인구 150명 정도의 작은 어촌이었다는 것이다. 영국은 1819년 싱가포르를 점령한다. 그리고 1824년에는 영국은 화란과 협정하여 적도 이북을 분할 받는다. 그리하여 1826년에는 "싱가포르, 말래카, 패낭"을 잇는 영국의 "해협 식민지"가 편성된다. 이 때부터 싱가포르는 급성장을 수행하여, 곧 중국계가 다수 집단으로 역전(京都大學東南アジア硏究センター, 1995: 350)[63]을 보인다. 여기 영국 "동인도회사"가 진출함에 따라서, 인도계 마드래스(Madras)사람과 타밀족이 진출하며, 소수의 시크족(Sikh)이 포함된다.

한편 "싱가포르"(Chen, et. al., 1994: 105)[64]는 4개의 공용어를 가진다. 영어는 "생존의 언어"(language of survival)이며, 국가의 생계(nation's livelihood)를 만들고 있는 모든 경제적 척규(economic sector)의 발달과 보존 그리고 국제적·지역적 의사 소통의 유지와 정보에 대하여 결정적이다. 다른 한편으로 정부, 무역 그리고 교육의 언어이다. 또한 주민 대다수를 위한 사실상의 통치 상용어(de facto working language)이다.

2) 한국말 부활과 우리말 도로 찾기

위에서 언급한 "언어 부활"과 관련하여, 사회언어학에서 논하는 한국말의 사례는 유명한 것이다. 여기 Chen, P. C.와 Connerty, M. C.(1994: 97)[65]는 다음과 같이 언급하고 있다. 즉 "한국말은 중국어에 의하여 영향을 받은 후년에, 일본어에 의하여 억압되었으며, 지식인들 주변이 재기의 기치(rallying point)가 되고 반식민지 행동이 독립을 위한 그들의 요구에 집중되었다. 표기 체계의 전파에 있어서 한국말의 신문과 잡지는 중요한 역할을 행하였는데, 그렇지만 이것은 2차 세계대전 직후까지만 하여도 한국말은 교수 매체, 법정과 매스컴의 공용어가 되지 못하였다"는 것이다.

한국말 부활에 관하여, 남광우(1961: 123~129)[66]의 "고어의 재생은 가능한가?"라는 논문이 있다. 이것은 문학 잡지에 기고한 글로서, 오랫동안 주목을 끌지 못하였다. 그리하여 "우리 고어에서 한자어로 대치되었거나 다른 비슷한 뜻을 가진 고유어를 대용하게 될 말들이나 아주 없어진 말들에서 일부를 추려 소개하고 약간의 해설을 덧붙임으로써, 혹 되살려 쓰거나 이제까지 있는 말로서는 적절한 표현이 불가능하여 새말이라도 만들어 써야 될 필요성이 있을 경우는 어색하고 생경한 신어를 만들지 말고, 우리말 조어법에 따라서 곧 사회의 공감을 얻을 수 있는 새말을 만들어 쓰는 데 일조가 되게 하고자 하는 데 목적이 있다"고 집필 동기를 밝힌다. 그리하여 "서느럽다(서느렇다), 시드럽다(피곤하다), 바드럽다(위태롭다), 겨르롭다(한가하다), 어리롭다(어리다)" 등의 옛말은 "조어법에 따라, 현대어에 뜯어 맞추면 재생할 수 있는 말"이라고 제안하고 있다. 따라서 "어휘 재생"의 좋은 길잡이를 보인 것이라 하겠다. 이들 "우리말 도로 찾기"는 1946년 6월에 문교부장의 지시로 편수국에서 시행한 주요 국어 정책이다. 그리하여 이들 개요는 1948년에 미군정청이 간행한 "우리말도로 찾기"(문교부공포 1948. 6. 2.)[67]의 전문에 수록된다. 이 책의 머리말에 실려 있는 "나랏말을 깨끗이 하자"의 글은 편수국 부국장이었던 장지영의 논문(장지영, 1946: 22~7, 1947: 49~56)[68]이 원문이다. 즉 수록된 글을 근간으로 문체를 약간 수정하고 많이 가필 개고된다. 이것은 1946년 6월의 "편수국안"(김민수, 1973: 573~576)[69]인데, 교육·문필·언론·실업·출판 등 각계 인사로 구성된 "국어정화위원회"(128명)가 그 동안 "심사위원"(18명)이 "심의위원회"(11번, 1947. 2.~10.: 8개월 간)를 열어 확정한 "심의안"을 1948년 1월 12일에 총회 통과로써 발표한 것이다. 다음에는 원문이 되는 위 논문을 분석하여 둔다.

첫째 "반–식민지 주의"(anticolonialism)이다. 즉 "지난 40년 동안 모진 왜정 밑에서 민족 동화 정책에 엎어 눌리어 우리가 지녔던 문화의 빛나는 자취는 점점 벗어지고, 까다롭고 지저분한 왜국 습속에 물들게 되어 거의 본래의 면목을 잃게 되었는데, 더욱 민족 정신의 표현인 말에 있어 우심하였다"는 것이다. 그리하여 "우리는 일본에게 나라를 빼앗기고 민족의 말과 문화의 말살을 당하여 잔악한 동화 정책 밑에서 우리 어미말을 버려 가면서 일어를 국어로 쓰게 된 것이니, 이는 패망자의 굴복적 퇴보였던 것이다"고 하였다. 그리하여 이것은 "일본말 안 쓰기"가 중요한 주제이다.

둘째 언어 복구이다. 즉 "우리의 뜻을 나타냄에 들어맞는 우리말이 있지만 구태여 일본말을 쓰는 일이 많았고, 또 한자어를 씀에도 참다운 한어식의 한자어가 아니요, 왜식의 한자어를 써서 그 말이 가진 바 뜻이 한자의 본뜻과는 아주 달라진 것이 많다"는 것이다. 그리하여 "우리는 이럼을 생각하여, 한시 바삐 일본말을 쓸어버리고 우리말을 살려야 할 것이다. 그리하여 잠을 자던 우리 만족 혼을 깨워 내고 우리의 맑은 정신을 우리의 깨끗한 우리말로 나타내서, 이 세상에서 우리는 이것이라는 것을 뚜렷이 들어내 뵈어야 할 것이다"고 하였다. 그리하여 이것은 "한국말 쓰기"가 중요한 주제이다.

셋째 언어 순화(language purification)이다. 즉 "이제 우리는 왜정의 더러운 자취를 말끔히 씻어버리고 우리 겨레의 특색을 다시 살려 만년의 빛나는 새 나라를 새우려 하는 이 때에, 우리로서는 우리의 정신을 나타내는 우리말에서부터 씻어내지 아니하면 아니 될 것이다."고 하였다. 그리고 "우리말 가운데 한 마디라도 일본말이 남아있는 동안에는 곧 일본 정신이 우리에게 한 토막 남아 있다는 표징이 될 것이다"고 한다. 특히 이들 "언어 순화"와 관련하여, "옛말 찾기"의 "언어 재생"과 "새말 만들기"(néologism)의 "언어 창조"(language creation)에 언급한 것을 각별히 유의하여 두자.

넷째 언어 계획(language planning)이다. 즉 여기에는 다음의 네 가지 기준을 제안하고 있다. 즉 먼저 (1) 우리말이 있는데 일본말을 쓰는 것은 일본말을 버리고 우리말을 쓴다. 다음 (2) 우리말이 없고 일본말을 쓰는 것은 우리 옛말이라도 찾아보아 비슷한 것이 있으면 이를 끌어다가 그 뜻을 새로 작정하고 쓰기로 한다. 한편 (3) 옛말도 찾아낼 수 없는 말이 일본어로 있어온 것은 다른 말에서 비슷한 것을 얻어 가지고 새말을 만들어 그 뜻을 작정하고 쓰기로 한다. 끝으로 (4) "한자로 된 일본말은 일본식 한자어를 버리고 우리가 전부터 써오던 식의 한자어로 쓰기로 한다"는 것이다.

2. 최소의 한국말 공동체

여기 최소의 "한국말 공동체"에 관한 기술을 전술과 같이, "월남 동포 공동체"인 "정착부락"에 대한 연구(장태진, 1978: 181~186)[70]로써 보인다. 즉 전남 무안군 망운면 피서리 3구는 통칭 "정착부락"인데, 북한 피난민만으로 구성되어 작은 "방언 공동체"를 이루고 있다. 그런데 1957년의 정착 이후, 약 20년이 지난 오늘날, 이 마을에 있어서 "방언 공동체"의 구조는 대체로 "연장층"에서만 북한 방언이 사용되고 있으며, "연소층"에서는 "전남 방언"이 사용되고 있다. 따라서 이들의 모습은 다중 방언(multidialectal)인 것이다. 다음 이들 "방언 공동체"의 형성에 관한 연혁을 보인다.

1) 1945. 8. 15. : 일제의 패망으로 이 지역에 펼쳐진 군용 비행장의 공사가 중단되다.

2) 1955. 2. 20. : 월남한 피난민 대표 10명의 회의 결의로써, 인근 피난민들을 모아 '정착 농장'이 발족되다.

3) 1955. 2. 22. : 정부에 인가 신청서를 제출하다.

4) 1956. 2. 28. : 농장 개척이 시작되다.

5) 1957. 7. 7. : 34동의 건축물이 완성되어, 100세대 497명을 수용하다.

6) 1966. 7. - : 정착 부락이 인가되고, 행정 구역으로서 피서리 3구에 편입되다.

7) 1967.~1968. : 막심한 한해로 인하여, 주민의 타지역 전출이 심하다.

8) 1977. 8. 31. 현재 : 61세대 366명(남 178명, 여 188명)이 거주한다.

(1) 방언 공동체

이 "방언 공동체"의 구성원에 관한 연령 구조는 1세부터 19세까지가

"정착부락"의 출생이며, 20세 이상은 타지역 출생자들이다. 그러나 타지역 출생자들도 "연소층"의 경우는 "변종 전환"을 겪어, 오늘날 전라 방언의 화자가 되었다. 그리하여 이들 화자들의 "사용 방언"에 관한 분포는 다음과 같다.

도표 3-6

정착부락 화자의 사용 방언

북한 방언	중부 방언 (황해) 48명 평안 방언 (평북) 11명 함경 방언 (함남) 1명	60명
전라 방언	———————	306명

여기 이들 "방언 공동체" 안에서, 또는 그들 "가족 집단"내에서 "전라 방언"과 "북한 방언"이 모두 "사용 변종" 아니면 "이해 변종"으로 함께 기능하고 있지만, 그들의 의사 소통의 특징은 "연장층"(年長層)의 "사용 변종"이 북한 방언이며 "이해 변종"이 전라 방언인 데 반하여, "연소층"(年少層)의 "사용 변종"이 전라 방언이며 "이해 변종"이 북한 방언인 것이다. 따라서 "북한 방언"즉 중부(C) 평안(NW) 함경(NE) 제 방언은 "연장층"의 ":사용 변종"인 동시에, "연소층"의 "이해 변종"인데 반하여, 전라 방언(SW)은 "연소층"의 "사용 변종"인 동시에 "연장층"의 "이해 변종"인 것이다. 이것을 다음과 같이 도시하게 된다.

도표 3-7

정착부락 화자의 사용 · 이해 변종

방언의 화자/종류		C, NW, NE	SW
세 대	연장층	사용 변종	이해 변종
	연소층	이해 변종	사용 변종

이들 "방언 공동체"의 언중 구조는 전라 방언의 화자가 수적으로 우세하지만 "연소층"의 방언이고, 북한 방언의 화자가 수적으로 열세이지만 "연장층"의 방언이다. 따라서 전남 방언의 차원에서는 북한 방언의 화자가 "소수 집단어"(minority language)이지만, 이들 "방언 공동체"의 차원에서는 오히려 "다수 집단어"(majority language)가 되는 것이다.

(2) 사회 방언의 특징

위와 같은 방언적 상황에도 불구하고, 북한 방언의 "언어 지위"는 그들 연장층 화자들의 노쇠와 연소층 화자들의 진출에 따라서 급격한 변동을 입고 있다. 즉 이 작은 "방언 공동체"는 전남 방언인 지배 방언(dominant dialect)의 압력에 노출되어 있기 때문이다. 여기 자료 제공자로서 평북 선천군의 출신자 9명을 선정하였다. 다음 자료제공자의 목록을 보인다.

도표 3-8

정착 부락의 자료제공자 목록

번호·성명	성별	연령·월남	교육	종교	사회활동
① 임자익	남	70살·44살	국졸	없음	있음
② 계옥상	여	65살·39살	무학	〃	없음
③ 이문일	남	62살·36살	〃	〃	〃
④ 김경선	여	60살·34살	〃	기독교 집사	〃
⑤ 장효순	〃	57살·31살	〃	〃 〃	〃
⑥ 한숙영	〃	53살·27살	한글 해독	기독교	〃
⑦ 문기연	남	41살·15살	무학	없음	〃
⑧ 임세만	〃	33살· 7살	국졸(남한에서)	〃	〃
⑨ 문기성	〃	31살· 5살	〃 (〃)	〃	〃

　여기 방언 자료는 이들 지역 방언의 음운론적 특징을 고려하여, "ㄷ구개음화, ㄱ중간 자음"에 관한 어례를 조사하기로 하였다. 이들 어례를 들어 둔다.

　　　　(ㄷ 구개음화) : 절, 전기, 지렁이, 고치다, 닫히다
　　　　(ㄱ 중간 자음) : 머루, 시렁, 개울, 벌레, 심다

　이들 제보자의 개인별 조사 결과를 녹음 자료에서 취록하였다. 다음 간단히 정리하여 보인다.

도표 3-9

정착 부락의 방언 자료

자료	①	②	③	④	⑤	⑥	⑦	⑧	⑨
절	덜	〃	〃	〃	〃	〃	덜~절	절	〃
전기	던기	〃	〃	〃	〃	던기~전기	전기	〃	〃
지렁이	디렁이	〃	〃	〃	디렁이~지렁이	〃	지렁이	〃	〃
고치다	고티다	〃	〃	〃	고티다~고치다	〃	고치다	〃	〃
닫히다	다티다	〃	〃	다티다~다치다	〃	〃	다치다	〃	〃
머루	멀구	〃	〃	멀구~머루	〃	〃	머루	〃	〃
시렁	실경	〃	〃	〃	실경~시렁	〃	시렁	〃	〃
개울	개굴	〃	〃	개굴~개울	〃	〃	개울	〃	〃
벌레	버러지~벼르지~벌레	벌거지	벌거지~버러지	벌거지	〃	벌거지~벌러지	버러지	〃	〃
심다	심그다	〃	〃	〃	〃	〃	심다	〃	〃

　　여기 정리한 조사 어례들의 음운론적 특징들을 표준말을 기준으로 하여, 그 음운 변이의 결과를 간결한 범렬표(matrix)로 작성하여 보인다.

도표 3-10

정착 부락의 방언 특징〈1〉

		①	②	③	④	⑤	⑥	⑦	⑧	⑨
ㄷ 구개음화	절	−	−	−	−	−	−	±	+	+
	전기	−	−	−	−	−	±	+	+	+
	지렁이	−	−	−	−	±	±	+	+	+
	고치다	−	−	−	−	±	±	+	+	+
	닫히다	−	−	−	±	±	±	+	+	+

도표 3-11

정착 부락의 방언 특징〈2〉

		①	②	③	④	⑤	⑥	⑦	⑧	⑨
ㄱ 중간 자음	머루	+	+	+	±	±	±	−	−	−
	시렁	+	+	+	+	±	±	−	−	−
	개울	+	+	+	±	±	±	−	−	−
	벌레	−	+	±	+	+	±	−	−	−
	심다	+	+	+	+	+	+	−	−	−

　　한편 제보자 개인별로 나타나는 음운 변이의 백분율을 다음과 같이 정리하여 둔다.

도표 3-12

정착 부락의 방언 특징〈3〉

(제보자)	①	②	③	④	⑤	⑥	⑦	⑧	⑨
ㄷ 구개음화 (%)	0	0	0	10	30	40	90	100	100
ㄱ 중간 자음 (%)	80	100	90	80	70	60	0	0	0

   우리들은 방언 특징의 자료제공자인 이 "방언 공동체"의 구성원들을 우선 3가지 "연령 집단"으로 나누어 보지만, 이것은 그들이 보존하고 있는 방언 특징의 자료와 긴밀하게 관련됨을 알게 된다. 그리하여 이들의 "현재 연령, 월남시 연령"을 기준으로 다음과 같이, 분류하고 거주 연수도 함께 보인다.

도표 3-13

정착 부락의 방언 특징〈4〉

(제보자)	(현재 연령층)	(월남시 연령층)	(거주 연수)
① ② ③	고로층(62~72세)	장년층(36~44살)	26~28년
④ ⑤ ⑥	초로층(51~60세)	청년층(27~34살)	24~26년
⑦ ⑧ ⑨	장년층(31~41세)	아동층(5~15살)	24~26년

   이들 자료에서 보아, 20여 년간(24~28년간)에 이르는 거주 연수를 가지고 있지만, 그 사이 자료제공자들은 "장년층→고로층, 청년층→초로층, 아동층→장년층"과 같은 세대 변동을 겪은 셈이다. 그리하여 이들에 있어서는 먼저 (1) 월남 당시의 연령이 중요하고, 다음 (2) 학교 교육의 수학 유무가 고려되며, 아울러 (3) 종교 활동을 포함한 사회 활동의 경력 유무가 고려되는 것이라 하겠다.

   다음 이들 방언 자료의 "음운론적 특징"을 중심으로 "ㄷ 구개음화, ㄱ 중간 자음" 등에 관한 기술을 보인다.

   첫째 "ㄷ 구개음화"의 경우, 알려진 바와 같이 "평안 방언"이 반모음 [j]의 삭제를 전제로 이들 "구개음화"를 거부하는 방언 특징을 가진 것이다. 그리고 "황해 방언"의 예는 이들 전이 지역(transition area)의 특징을 보인 것으로 알려진다. 다음 자료를 든다.

도표 3-14

정착 부락의 방언 특징〈5〉

(유형)	(개인별)	(성별)	(현재 연령층)	(월남시 연령층)	(음운변동)
1	① ② ③	남·여	고로층 : 62~70세	장년층 : 36~44세	0 %
2	④ ⑤ ⑥	여	초로층 : 51~60세	청년층 : 27~34세	10~ 4%
3	⑦ ⑧ ⑨	남	장년층 : 31~41세	아동층 : 5~15세	90~100%

우리들은 여기 세 가지 유형을 식별한다. 먼저 (1) 음운 변동이 없는데, 이것은 월남시 "장년층"에서 나타난다. 다음 (2) 음운 변동이 일부 있는데, 이것은 월남시 "청녕층"에서 나타난다. 끝으로 (3) 음운 변동이 전부 또는 대부분 있는데, 이것은 월남시 "아동층"에서 나타난다. 아울러 제보자 ⑦이 무학이며, ① ⑧ ⑨가 한국에서 국졸의 정규 교육을 받았고, ④ ⑤ ⑥이 종교 활동을 하고 있어 참조할 것이다.

이와 같은 "세대 변인"과 함께, "음운 변인"에 있어서 "ㄷ 구개음화"의 거부에서 수용으로 이행하는 음운론적 특징이 곧 "전남 방언"으로의 정착을 나타내는 표지(marker)인 것이다.

둘째 "ㄱ 중간 자음"의 경우, 알려진 바와 같이 "북한 방언"이 보다 전형적이다. 그리하여 평안 방언에서도 평북 방언에 현저한 것이다. 물론 "전남 방언"에도 "돌가지(도라지)"와 같은 어례가 있지만, 어휘 목록의 차이와 규모의 범위가 다름을 주의하자. 다음 자료를 든다.

도표 3-15

정착 부락의 방언 특징〈6〉

(유형)	(개인별)	(성별)	(현재 연령층)	(월남시 연령층)	(음운변동)
1	① ② ③	남·여	고로층 : 62~70세	장년층 : 36~44세	80~100%
2	④ ⑤ ⑥	여	초로층 : 51~60세	청년층 : 27~34세	60~ 80%
3	⑦ ⑧ ⑨	남	장년층 : 31~41세	아동층 : 5~15세	0 %

이들의 경우 "ㄷ 구개음화"와 연령 변인은 같지만, 음운 변동의 비율은 정반대의 현상이다. 따라서 "ㄱ 중간 자음"을 보존하는 음운 현상이 방언적 특징임을 유의하자. 그리고 자료제공자의 인적 사항은 위의 기술에 유념하여 두자. 여기 사회언어학적 과제가 있을 것이다.

3. 공동체 문화의 유형

"한국말 공동체"는 스스로 그 나름의 "코드 체계"를 가지고 있다. 그리하여 이것은 "비언어적 코드"에 있어서도, 물론 "교통 신호"와 같은 보편적인 것, "금줄"과 같은 개별적인 것이 있으며, 아울러 특정 지역에 제한되는 제주도의 "정낭"(대문 출입 표시)과 같은 예를 보일 수 있다. 그런데 "언어적 코드"에 있어서는 "최대 한국말 공동체"로부터 "최소 한국말 공동체"에 이르기까지, 다양한 크기의 화어 공동체들이 겹겹으로 분포하고 있는 것이다. 그리하여 이들에게는 제각기 어떤 다른 모습으로 "공동체 언어"가 발달하고 있는 것이다.

"한국말 공동체"를 지탱하면서 존속하는 "공동체 문화"는 어떤 특징으로 기술되며, 그 유형화가 가능할 것인가? 이것을 한국인들은 한국말로써 어떻게 표현하고 있는가?

여기 첫 번째 물음에서, "한국 문화"를 "한국 사람들의 행동 양식"으로 제안(Kroeber and Kluckhohn, 1952)[71]을 들어 두자. 여기 "행동 양식"을 "버릇"으로 본다면, "마음이나 몸에 배어 굳어 버린 것"(이희승, 1961)[72]으로 보게 된다. 여기 "버릇"은 "뻘<*벌"(조카뻘)과 동계어인데, "*벌"(촌수, 항렬)이란 "제도"의 뜻으로 "문화"의 뜻에 포함된 말이다. 그리고 두 번째 물음에서, 우리들은 한국말로써의 "한국 문화"를 보는 것이다. 이것은 우리가 지각하는 "고유 문화"와 "외래 문화"가 일정한 관계로써 접촉하는

데, 이들은 역사적으로 변하여 왔다. 그 주체로서 우리도 변하여 왔지만, 다이내믹한 이들 현실을 한국말로써 스태틱하게 파악하는 것이다. 그리하여 여기에 관한 기왕의 제안(장태진, 1973: 18~27)[73]을 가필 요약하여 두자.

여기 우리들은 먼저 "고유 문화, 외래 문화"라는 용어를 쓰고 있지만, 이들의 식별이란, 문화의 계통에 관한 공시론적 기술이 된다. 어떤 하나의 공동체가 가지는 "고유 문화"가 새로운 다른 공동체·문화에 접촉하게 되어 그 문화를 수용하게 되면, 이것을 "외래 문화"라 할 수 있다. 그리하여 이들 "문화 접촉"에는 필시 "언어 접촉"이 수반하지만, 또한 그 과정에서 "공동체 문화"는 스스로 "문화적 충격"을 받게 되는 것이다. 이와 같은 충격이 "언어 접촉"에 어떤 동기화를 유발하였을 때, 그들 "화어 공동체"에는 이른 바 "새말"이 발생하여 그 충격에 대응하게 된다. 그런데 "새말"이 이들 충격을 외적인 측면으로 대응하게 되면 "차용어" 또는 "외래어"가 되고, 내적인 측면으로 대응하게 되면 "번역어"가 된다. 더욱 여기 "사회·문화적 의미"(sociocultural meaning)를 강조할 때, 우리들이 주장하는 "문화 유형의 표현"이 될 것이다.

(1) 한국 문화의 유형

"한국말 공동체"는 그 스스로 오랜 역사를 통하여, "고유 문화"를 발달시켜 왔다. 그리하여 이것은 항상 "외래 문화"와의 접촉에서 주어진 것이며, 또한 끊임 없는 "고유 문화"에 대한 자각에서 이룩된 것이다. 그리고 이들 모습은 한국말이 가진 "차용어, 외래어"의 쓰임에 반영될 뿐 아니라, 고유한 조어법(word-formation)에 체계적으로 반영되어 있다.

한국말의 조어법에 있어서, 접두어적 요소에서, "한국 문화의 유형" 또는 "외래 문화"를 나타내는 "계합적 성분"(paradigmatic component)이 "고대 문화, 중세 문화, 현대 문화"와 같은 문화의 "시대적 변용"을 나타내는 "분류적 성분"(taxonomic componert)을 함께 보이는 것이다. 우선 이것을 다음과 같이 도시하여 두자.

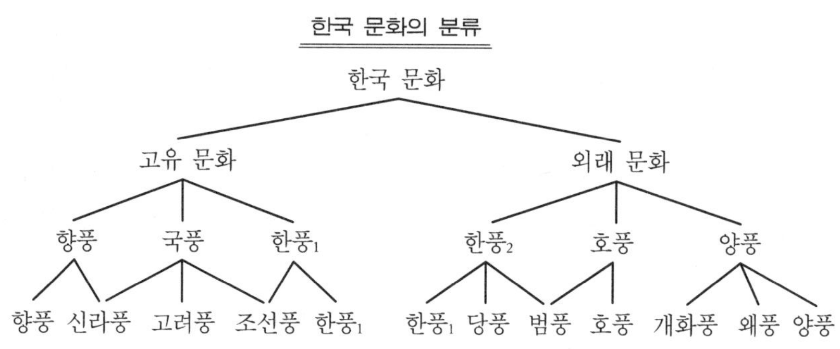

다음 자료 출처에 관한 텍스트의 문제는 물론 "삼국사기, 삼국유사"가 상한선이며, 그 출전과 연대 자료(신라, 고려)가 일치하는 것도 아니다. 따라서 자료의 배열과는 별개의 것인 바, "국풍, 호풍"의 어례가 "삼국사기, 삼국유사"의 출전인 것과 같은 것이다. 여기 "한국한자어사전"(단국대 동양학연구소, 1996)[74]에 거의 고전은 의뢰하지만, "조선풍, 한풍" 등 근래의 자료들은 현행하는 국어 사전에 의존하게 된다. 따라서 누적된 어휘 자료이나, 현대 국어의 쓰임에 초점을 두는 것이라 하겠다.

한편 이들 어휘의 특징에 있어서, 먼저 (1) 그 쓰임에 관하여, "자칭, 타칭, 객칭" 등에 주의할 것이다. 여기 한국측 자료에 "한국말"을 "향언"(鄕言)이라고 칭하는 한국측 자료(삼국유사)는 "자칭"이다. 더욱 여기 유념할 것은 "신라 문화"를 지칭하던 "향풍"이 그 천년의 역사에 있어서, 초창기 "건국 설화"에서부터 국가 체제를 갖추었던 "3국 정립기"까지는 역시 "지역 문화"의 뜻을 면할 수 없다. 그럼에도 "3국 통일기"(677~935)에 있어서, 8세기 전성기 당 현종(玄宗, 712~56)의 "군자지풍, 군자지국"(김민수, 1980: 65)[75]이라는 찬양은 명실공히 "한국 문화"를 지칭하는 것이다. 그러므로 기술의 초점을 어디에 두느냐에 따라서 "향풍"의 뜻은 전혀 달라질

수 밖에 없다.

양주동(1965: 49)[76]의 경우, 적어도 "전기 문화"에 초점을 두었기 때문에 "자기 폄시(貶視)인 중세의 시속 관념이 농후하다"는 것이며, 유창균(1959: 26)[77]의 경우, "후기 문화"에 관심을 두고 "향언이란… 내 것이라는 강력한 민족 의식이 작용하고 있었음"과 같은 것이다. 이것을 다음과 같이 보인다.

(향풍)   중세적 시속 관념 / 근대적 민족 의식

여기 "국풍"(國風)의 경우를 보자. 이들 자료에서 "신라풍, 고려풍" 등으로 "신라기(新羅伎), 고려기(高麗伎)"는 모두 중국 수서(隨書)의 자료인즉, "타칭"에 속한다. 그러나 한국측 자료인 "증보 문헌비고"의 "고려악"(高麗樂)의 출전은 "자칭"이며, "객칭"일 수 있다. 다음 (2) "고유 문화"에 관한 어례는 거의 "한자어계"이다. 물론 "조선 옷"과 같은 쓰임이 있다. 이들 어례를 든다.

도표 3-17

고유 문화

고유 문화	(고유어계)	(한자어계)
향풍(鄕風)		향 가(鄕歌)
국풍(國風)		국 자(國子)
신라풍		신라검(新羅劍)
고려풍		고려장(高麗葬)
조선풍	조선옷	조선종(朝鮮鐘)
한풍(韓風)		한 복(韓服)

이들에 대하여, "외래 문화"에 관한 어례를 보자. 여기에는 이들 계통으로 "고유어계, 한자어계, 외래어계" 등으로, 표현이 제한되지 않는다. 어례를 든다.

도표 3-18

외래 문화

(외래 문화)	(고유어계)	(한자어계)	(방언계 외래어)
한 풍(漢風)		한 약(漢藥)	
당 풍(唐風)	당나귀	당 목(唐木)	당감자
범 풍(梵風)		범 찬(梵讚)	
호 풍(胡風)	호 떡	호 복(胡服)	호감자, 호감재 호빵
	되 놈		되감재
개화풍(開化風)	개화주머니	개화복(開化服)	
왜 풍(倭風)	외 말	왜 복(倭服)	왜감재
	일본말		일본감재
양 풍(洋風)	양되지	양 복(洋服)	양감재 양담배

여기 "고유어계"의 어례와 함께 "고구마"를 뜻하는 "방언계"의 어례를
보였다. 그 출처(小倉進平, 1944: 195~6)[78]를 든다.

    당 감 재 : 평남(순천)
    호 감 자 : 황해(해주, 옹진, 태탄, 장연, 은율, 안악, 재령, 황주, 서흥, 수안)
               경기(개성)
    호 감 재 : 평남(평양, 순천, 안주)
    되 감 재 : 평남(안주)   평북(박천)
    왜 감 재 : 황해(해주)
               평북(박천, 숙천)
               평남(평양)
    일본감재 : 함북(무산)
    양 감 재 : 평북(영변, 박천)

이들 어례들은 "고구마 전파의 세계성"에 기인한 "어차용"의 "다원적
표현"이지만, 다음 "성냥"의 경우 오직 "당풍"에 의거한 수입선의 "단원적
표현"이 되는 것이다. 어례를 든다.

    당성냥 : 전남(여수)
             경남(진주, 하동)

                    충남(공주, 강경 , 영동, 충주, 단양)
        당성낭 : 전남(순천, 보성, 강진, 영암, 목포, 나주, 광주, 장성, 담양)
                    전북(남원, 순창, 정읍, 김해, 전주)
                    경남(함양)
        당 황 : 경북(영천, 영덕, 의성, 안동, 영주, 청송)
                    강원(양양, 강릉, 삼척, 평해)
        당 항 : 경남(울산)
                    경북(포항, 대구, 울진)
        당 각 : 전남(나주)
        당 봇 : 전북(안동)

이들 어휘 자료에서 "외래 문화"에 관한 한, "고유어계, 한자어계, 방언계" 등의 쓰임과 같이, 넓은 기능을 보이고 있다. 특히 이들 표현은 고대의 "당풍"을 절정으로 하고, 가까이는 "호풍"(호감재)의 표현이 "되풍"(되감재)와 공존하여 더욱 그런 것이다. 따라서 외래 문화를 예민하게 반응하는 모습이다.

(2) 한국 문화의 구조

여기 "한국 문화의 구조"는 위에서 보인 "한국 문화의 유형"을 "고유 문화"를 중심으로, 더욱 역사적 측면에서 구조화시킨 기술이다. 그리하여 여기 "향풍·국풍·한풍" 등, 고유 문화의 질적 전환의 모습들을 보다 구체적으로 상론하게 된다. 그리하여 여기 "새로운 한국 문화"의 구조를 검토하게 되는 것이라 하겠다.

1) 향풍의 구조

이들 "향풍"은 유사이래, 최초의 "고유 문화"를 뜻한다. 그리하여 이들 특징은 넓게 "외래 문화"에 대한 "고유 문화"의 뜻으로 받아들여진다. 따라서 "한풍"과의 대립 관계로써 "향풍"을 규정한다. 아울러 비록 "국풍"

과의 공존 예도 고려하지만, 이것은 원칙적으로 "향풍"의 전환체가 될 것이다.

일반적으로 "향풍"의 쓰임이 "신라 문화"의 출전이고, 또한 "국풍"의 기원이 된다. 그리고 "삼국 통일"(677)을 전후하면 시대에 따른 "어의 변화"도 고려된다. 여기에 몇 가지 문헌어의 출전을 예시하자. 즉 "삼국사기, 삼국유사, 제왕운기" 등에서 "한국 문화"의 뜻으로, 또는 "향약집성방, 구황촬요" 등에서 "한국 고유의 산물과 명칭" 그리고 "용비어천가, 정속언해"에서 "시골"의 뜻으로 기술하여 두자. 다음 어례와 출전(단국대 동양학연구소, 1996)[79]을 보인다.

<pre>
향악(鄕樂), 향비파(鄕琵琶)   (삼국사기)   1145년
향칭(鄕稱), 향언(鄕言), 향가(鄕歌)(삼국유사)   1285년
향어(鄕語)   (제왕운기)   1214～1259년
향병(鄕兵)   (용비어천가)   1445년
향약(鄕藥)   (향약집성방)   1448년
향전(鄕田)   (정속언해)   1518년
향명(鄕名)   (구황촬요)   1554년
</pre>

이와 같이 "향언, 향어"란 "한국말"을 지칭하며, "향가와 한시, 향악과 한약" 등이 대립되는 것이다. 더욱 불교 전래에 따라 인도의 "범찬"(梵讚)이 중국에서 "한찬"(漢讚)이 되며, 한국에서 "향찬"(鄕讚)이 된다. 그리하여 "외래 문화"로서 "범풍"(梵風)이 "인도 문화, 불교 문화"를 지칭하는데, 여기 "범어"(梵語)란 Sanskrit의 뜻이다. 한편으로 같은 시기에 "국풍"(國風)이 등장함을 유의하자. 여기 어례를 보인다.

<pre>
국학(國學), 국호(國號), 국인(國人), 국통(國統)   (삼국사기) 1145년
국선(國仙), 국사(國師), 국제(國除)   (삼국유사) 1285년
</pre>

이들 "향풍"에 대립되는 "외래 문화"는 "한풍"으로 범칭하지만, 여기에는 "한풍, 당풍"을 비롯하여 "범풍" 등이 식별된다.

"한풍"의 역사적 배경은 "위만 조선"(衛滿 朝鮮)의 건국(기원전190)이나

"한사군"(漢四郡)의 설치(기원전10)그리고 "낙랑"(樂浪)의 멸망(313)까지, 약 4세기 동안 한반도의 일각에서 식민지를 경영하던 한족 문화(漢族 文化)가 침투한다. 여기 조숙된 고도의 중국 문화는 후진의 "향풍 사회"에 강하게 파급되어, 뿌리 박기 시작한다. 이 시기, "한자의 전래"는 한국말로 하여금 "문자 없는 언어"로부터 "문자를 가진(차용한) 언어"로 큰 문화적 전환을 겪게 하였다. "한풍에 의한 향풍의 한화"는 "통일 신라 시대"에 첫 단계가 완료한 것으로 보인다. 즉 6세기 초(503)에 중국 연호가 사용되고, 8세기 중기(757)에는 지명과 관직명이 중국식으로 개정되었다. 그러므로 이것은 곧 "신라풍"을 뜻하게 되므로, 실제에 있어서 "향풍"과 "신라풍"은 시기적으로 연속되며 내용적으로 표리 관계에 있는 것이다. 다음 "한풍"의 어례와 출전을 보인다.

(인물)	한병(漢兵)	(삼국사기)	1145년
(자연)	한지(漢地)	(삼국유사)	1285년
(건물)	한사(漢肆)	(삼국유사)	1285년
(기구)	한두(漢斗)	(고려사)	1451년
(음악)	한악(漢樂)	(고려사)	1451년
(음식)	한과(漢果)	(성호사설)	1675년~1721년
(문학)	한장(漢章)	(숙종실록10년)	1684년
(동물)	한려(漢驪)	(재물보)	1798년

이와 같이 "한풍"의 어례는 풍부한 것이며, 영역도 다양한 것이다.

한편 "한풍"이 "당풍"으로 계승되면, 한화의 모습이 "초창기"에서 "성숙기"로 전환된다. 여기 "향풍"에 있어서 "당풍"으로 표현되는 것들은 "진귀한 것"으로, 선망의 대상이다. 예를 들면 "당 같다"(매우 아름답다), "당금 아기"(귀하게 키운 아기)와 같은 것이다. 그리하여 "당풍"은 "어휘"에서 광범하게 쓰이지만, 여기 우리들은 다음과 같은 "의미 변동"에 유의해야 한다.

첫째 시대에 따른 "어의 변천"인데, 최소한 당왕조(618~907)의 "시대적 의미"에는 "당나라 문화"를 뜻하게 된다. 따라서 대개 "삼국사기, 삼국유사"의 자료가 여기에 든다.

(직물)   당견(唐絹)   (삼국사기)   1195년
(음악)   당악(唐樂)   (삼국사기)   1195년
(문학)   당사(唐辭)   (삼국유사)   1285년

둘째 당왕조 이후에는 일반적인 "중국 문화"를 지칭하게 된다. 그리하여 "당풍"에 관한 어례는 광범한 영역에 나타나게 된다. 다음 어례를 들어 보인다.

분류	어휘	출전	연도
(야채)	당번(唐蕃)	(향약구급방)	1417년
(인물)	당인(唐人)	(이조 태종실록17년)	1417년
(건물)	당점(唐店)	(고려사)	1451년
(가축)	당계(唐鷄)	(고려사)	1451년
(과일)	당추자(唐楸子)	(향약채취월령)	1431년
(벽돌)	당전(唐甎)	(이조 문종실록원년)	1451년
(직물)	당목(唐木)	(이조 성종실록5년)	1474년
(약재)	당약(唐藥)	(이조 성종실록9년)	1478년
(인물)	당녀(唐女)	(이조 성종실록15년)	1484년
(〃)	당관(唐官)	(이조 중종실록37년)	1542년
(기구)	당승(唐升)	(이조 성종실록30년)	1597년
(과일)	당감자(唐柑子)	(속대전)	1744년
(장신구)	당혜(唐鞋)	(경도잡기)	1749~1800?년
(화초)	당가화(唐假花)	(이조 순조실록29년)	1829년

셋째 처음에는 "당풍"에 속하는 "중국 문화"로 지속하다가, 이것이 한국화로 동화되어서 실제적인 "향풍"으로 전환된다. 여기 "唐笛"(삼국사기)은 원래 당악계 음악에 사용되는 악기의 일종인데, 후대에 향악기화(단국대 동양학연구소, 1992: 1~863)로 되었다는 것이다.

넷째 "당풍"과 관계 없이, 일반적 의미로 쓰는 것이다. 예를 들면 "唐紅疫"(이조 광해군일기5년)은 "홍역의 한 가지"를 뜻한다. 많은 경우, "어원적 의미"와 식별하여 "일반적 의미"로 관용하는 어례들이 있다. 다음 어례를 보인다.

(식물)   당근, 당초, 당콩, 당파
(동물)   당닭, 당나귀
(기구)   당황(唐黃)
(무술)   당수(唐手)
(질병)   당창(唐瘡)

한편 "범풍"은 "불교 문화"의 뜻이다. 그리하여 같은 "외래 문화"로서, "한풍"과도 대립적으로 쓰이는 것이다. 그러므로 "漢文, 漢書, 漢學"에 대해서, "梵文, 梵書, 梵學"의 어례를 들게 된다. 다음 어례와 출전을 보자.

범웅 (梵雄) (부처의 별칭) (삼국유사)   1285년
범채 (梵采) (불사의 별칭) (고려사)   1451년

아울러 다음 어례가 추가된다.

범처(梵妻)   범납(梵衲)   범경(梵境)   범체(梵砌)

이와 같이 "향풍"의 특징은 "단원적인 고유 문화의 유형"에 대해서, "다원적인 외래 문화의 유형"이라는 구조를 가지고 있다. 따라서 "향풍"은 많은 "외래 문화"를 수용하게 된다. 이것을 다음과 같이 보이게 된다.

도표 3-19

향풍/한풍

(고유 문화)		(외래 문화)	
	* 신라풍		(한풍)
향풍	(향풍)	한풍	당풍
	* 국풍		범풍

2) 국풍의 구조

이들 "국풍"은 통합된 "고유 문화"를 뜻한다. 이것은 "국풍"으로 범칭하지만, 여기에는 "신라풍, 고려풍, 조선풍" 등이 식별된다. 그리하여 이 특징은 "외래 문화"인 "호풍"과의 대조 관계로써 규정되며, 한편으로 전기의 "향풍"과 중복되기도 하나, 원칙적으로 "향풍"의 발달에 따른 "질적 전환"을 뜻하게 된다.

대개 "국풍"의 쓰임은 특히 15세기 "훈민정음"의 제정을 전후한 문헌에서, "국어"와의 관련으로 빈번하게 나타난다. 특히 "국어"(國語)를 비롯한 "동국(東國), 본국(本國), 아국(我國)" 등이 중요하다. 다음 어례를 보자.

(국어)	於國語無用	(훈민정음 해례)
(〃)	國語多用溪母	(동국정운 서)
(동국)	東國正韻	(동국정운 서)
(〃)	吾東國世事中華	(홍무정운 역훈 서)
(본국)	本國之音	(사성통고 범례)
(아국)	我國語音	(동국정운 서)

일반적으로 "국풍"은 부정적인 "외래 문화"가 되는 "호풍"과의 "대립 관계"에 형성되는 것인데, 그 내용은 "신라풍, 고려풍, 조선풍"들을 시대적으로 통합한 것이다. 그럼에도 여기 주의하는 것은 "신라풍, 백제풍, 고려(고구려)풍" 등이 거의 "타칭"으로 쓰이며, 또는 "자칭"으로 "전승 문화"가 되거나 "가야풍"에서 보는 "보통 명사"가 있다.

(신 라 풍)	신라기(新羅伎)	(隨書)
(〃)	신라악(新羅樂)	(일본에서)
(〃)	신라검(新羅劍)	(唐에서)
(백 제 풍)	백제기(百濟伎)	(隨書)
(〃)	백제금(百濟琴)	(倭名類聚抄)
(〃)	백제악(百濟樂)	(일본에서)
(고구려풍)	고구려무(高句麗舞)	(進爵儀軌)
(고 려 풍)	고려장(高麗葬)	(松南雜識)
(〃)	고려악(高麗樂)	(일본에서)

(가 야 풍)   가야금(伽倻琴)   (고유현악기)
(〃   )   가야수(伽倻繡)   (權本典型花煎歌)

여기 "고구려무"는 "고구려 궁중에서 행하던 것을 이조 순조 때 개작한 궁중무"로 알려져 "전승 문화"이며, 더욱 "가야금, 가야수"는 보통 명사가 된다. 그런데 "가야수"는 "권본전형화전가"(권영철·주정항, 1981: 52)[80]에 "가야수 겹저고리"와 같이, 반촌 부녀층에 애용되지만, 자세한 것은 알 수 없다.

다음 "고려풍"에도, 비록 "타칭"으로 "고려양"(高麗樣)을 전하고 있으나, 거의 "보통 명사"로 쓰이는 것들이다. 어례를 든다.

(자연)   고려석(高麗石)   (보통명사)
(식물)   고려 엉겅퀴   (학명)
(〃)   〃   조릿대   (〃)
(동물)   〃   뒤지   (〃)
(〃)   〃   박쥐   (〃)
(음식)   〃   밤떡   (보통명사)
(기구)   〃   자기   (〃   )
(풍속)   고려양(高麗樣)   (원나라에서)

여기 "고려양"은 "당"(唐)에서 "신라검"이라 부르는 것과 유사하다. 즉 여말에 "몽고풍"이 고려에 성행하던 것과 같이, 원(元)의 왕조에 고려인이 몇 만명 진출한다. 여기 의복·음식 등 고려 풍속이 그들 사회 전반에 유행되었는데, 이것을 당시 "고려양"이라 일컬었다는 것이다.

한편 "조선풍"의 출전을 "성호사설"에서 보인다.

조선묵(朝鮮墨)   (성호사설)1681~1763

이들 특징으로 "보통 명사, 왜풍 대립, 한풍 혼용, 한국화" 등의 특징이 있다. 어례를 든다.

(식물)	조선 골람초	(학명)
(조류)	〃 뜸보기	(〃)
(곤충)	〃 지네	(〃)
(동물)	조선소(한우)	(한풍 혼용)
(의복)	조선옷(한복)	(〃 〃)
(주거)	조선집(한옥)	(〃 〃)
(건재)	조선 기와(한와)	(〃 〃)
(문필)	〃 종이(한지)	(〃 〃)
(기구)	조선낫(왜낫에)	(왜풍과 대립)
(〃)	조선종(범종의 일종)	(한국화)

이들 "국풍"에 대립되는 "호풍"은 "외래 문화" 낮추어 총칭하지만, 이
것은 원래의 쓰임이 중국 기원이다. 그리하여 한국말의 관용도 거의 일치
하는데, 한편으로 "당풍" 또는 "범풍"과 혼용되고 있다. 따라서 "중국, 외
국의 뜻"이라 하겠다. 어례를 보인다.

(호풍~당풍)	호면(胡麵)~당면(唐麵)
(되풍~당풍)	되감재(고구마)~당감재(고구마)
(호풍~범풍)	호승(胡僧)~범승(梵僧)

여기 "되감재, 당감재"는 평안 방언(김영배, 1997: 4)[81]의 어례이다.

다음 한국말에 있어서 "호풍"은 특정의 지역에 관한 것, 또는 특정 종
족을 지칭한다. 먼저 (1) 북방의 특정 종족인 "오랑캐"를 뜻한다. 이것은
"元良哈"(uriangkha)로 알려져 명대에 만주 응안현(興安縣) 동부의 야만족을
지칭한다. 즉 "호락"(胡落, 오랑캐 마을)과 같은 것이다. 다음 (2) "만주"의
뜻이다. 즉 "호녀"(胡女, 만주 여자)와 같은 것이다. 여기 주의할 것은 "되"
는 옛날 두만강 동쪽에 살던 미개족을 지칭하였으나, 훗날 "오랑캐"와 동
의어가 되었다. 그리하여 함께 "미개 야만족"을 범칭하게 된 것이다. 한편
(3) "중국"을 뜻하며, "원, 명, 청"을 지칭한다. 즉 "호금"(胡琴, 중국 원, 명,
청에서 쓰던 악기)과 같은 것이다. 끝으로 (4) "외국"을 뜻한다. 즉 "호로"(胡
虜, 외국인을 얕잡아 이르는 말)와 같은 것이다.

이들에 대하여, 한편 "호풍"은 "부정적 의미"를 표현하고 있다. 먼저

(1) 낮추어 얕잡아 부를 때, 쓴다. 특히 이조 시대의 "배불 정책"으로 다음의 어례가 쓰인다.

호승(胡僧) (외국승, 호신승)
호사(胡祠) (불당을 낮추어 말함)
호상(胡像) (불상을 낮추어 말함)
호신(胡神) (부처를 낮추어 말함)

다음 (2) 질서가 없고, 격식이 없고, 무례한 것을 표현한다. 어례를 든다.

호론(胡論) (함부로 말함)
호초(胡草) (함부로 쓴 초고)

또한 "호풍"은 "긍정적 의미"를 표현하고 있다. 먼저 (1) 외국계 개량종을 뜻한다. 어례를 든다.

호면(胡綿) (품질이 좋은 풀솜)
호배추   (개량종 배추)

다음 (2) "큰 것"을 뜻한다. 즉 "호금"(胡琴)은 "대금"(大笒)을 뜻한다.

끝으로 (3) "중립적 의미"를 표현한다. 즉 "호연"(胡燕)은 "명매기"를 뜻한다. 앞에서 언급한 어례와 출전을 든다.

(음악)	호금	(胡琴)	고려도감		1123년
(불교)	호신	(胡神)	용비어천가		1447년
(무용)	호무	(胡舞)	고려사		1451년
(음악)	호악	(胡樂)	〃		1451년
(예의)	호례	(好禮)	〃		1451년
(음악)	호적	(胡笛)	〃		1451년
(언론)	호론	(胡論)	이조 선조실록31년		1598년
(인물)	호추	(胡雛)	〃 〃 38년		1605년
(취락)	호락	(胡落)	〃 광해군일기 즉위원년		1609년

(인물)	호차 (胡差)	이조 광해군일기 즉위10년	1618년
(장신구)	호화 (胡靴)	〃 〃 〃 12년	1620년
(필법)	호초 (胡草)	농포집	1758년
(농업)	호리 (胡犁)	산림경제	1766년
(불교)	호사 (胡枻)	반계수록	1770년
(식물)	호박 (胡朴)	추관지	1781년
(동물)	호연 (胡燕)	재물보	1798년
(무기)	호검 (胡劍)	만기요람	1808년
(음악)	호적 (胡笛)	증보문헌비고	1908년

이와 같이 "국풍"의 특징은 "다원적인 고유 문화"에 대해서, "단원적인 외래 문화의 유형"이라는 구조를 가지고 있다. 따라서 "국풍"은 많은 "고유 문화의 전환체"를 가지고 있다. 그리하여 더욱 발달된 모습이 된다. 이것을 다음과 같이 보이게 된다.

도표 3-20

국풍/호풍

(고유 문화)		호풍	(외래 문화)
국풍	신라풍	호풍	(호풍)
	고려풍		
	조선풍		되풍

3) 한풍의 구조

셋째 "한풍"은 현대화된 "고유 문화"를 뜻한다. 그리하여 "외래 문화"인 "양풍"과의 대조 관계로써 규정되며, 한편으로 전기의 "국풍"을 계승하여 "질적 전환"을 실현한 것이다. 그럼에도 우리가 특히 유의하는 것은 "한풍"이 고대 "삼한"(三韓)에 역사적 기원을 가지기 때문에 오늘에까지 다음의 어례를 남긴다.

한복 (韓服, 삼한의 땅)　　　　　　　　 (삼국유사)　　1145
한골 (韓骨, 신라시대 왕과 동성인 귀족)　 (아언각비)　　1819

오늘날 "한풍"은 먼저 (1) 국풍과 긴밀한 관계로서 "한국, 한국말, 한국 사람…"으로 크게 기능을 보인다. 다음 (2) 스스로의 통합의 기능을 강화하면서, "한교(韓僑), 한복(韓服), 한식(韓食), 한과(韓果), 한옥(韓屋), 한우(韓牛)…" 등으로 크게 생산성을 강화하고 있는 것이다. 끝으로 (3) "한풍"은 새로운 흐름인 "한류"(韓流)로서, 오늘날 아시아 일대를 휩쓸고 있다는 것이다.

이들 "한풍"에 대조되는 "외래 문화"는 "양풍"으로 범칭하지만, 여기에는 "개화풍, 왜풍"을 비롯하여 "양풍" 등이 식별된다.

첫째 "개화풍"은 한국에서 "안으로 대청 사대(對淸事大)로부터 독립 자강을 주장하고 밖으로 서구화"를 표방하였다. 그리하여 "갑오경장"(1984)을 중심으로 하여 시기적으로 짧은 기간이었다. 따라서 반사된 언어 자료도 적은 것이 전할 뿐이다. 여기 어례를 든다.

개화복 (開化服)　　개화모(開化帽)　　개화경(開化鏡)　　개화장(開化杖)

이들 어사도 "양풍 대치"(洋服) 또는 "비개화풍 환원"(眼鏡)의 현상을 보였을 뿐이다. 따라서 극히 제한적이었다.

둘째 "왜풍"은 한·일 양국의 오랜 접촉과 그들 침략으로 많은 어례를 남겨 놓았다. 그리고 종종 이것이 "양풍"의 매개체로 기능하는 일이 있어 "왜초, 양초"는 동의어였고, 아울러 잘못 규정하여 "왜기름(石油)"과 같은 어례도 남겼다. 그리고 당시 새로운 공업 제품을 뜻하여 "왜못, 왜지"와 같은 쓰임이 있었지만, "당풍, 양풍"에 대비한 조제품을 뜻하였다. 즉 "왜목"은 "광목"(廣木)을 뜻하는데 "당목"(唐木)보다 올이 곱지 않으며, "양목"(洋木)은 "옥양목"(玉洋木)을 뜻하여 정제품이며 "왜모시"보다 "당모시"가 올이 곱다는 것이다. 더욱 "왜풍"이 중세에 있어서 "일본, 유구, 대마도"등, 넓게 지칭하는 "광의 왜풍"(倭客, 성종실록)이 있음을 주의할 것이다. 다음 어례를 든다.

(관청)	왜전	(倭典)	(삼국사기)	1145년
(인물)	왜객	(倭客)	(이조 성종실록8년)	1447년
(〃)	왜기	(倭奇)	(〃 선조실록31년)	1598년
(음식)	왜면	(倭麪)	(송남잡식)	1675~1720년
(의약)	왜약	(倭藥)	(잡동산이)	1725~1776년
(무기)	왜검	(倭劍)	(무예도 보통지)	1759년
(음식)	왜초	(倭椒)	(산림경제)	1766년
(사건)	왜난	(倭難)	(반계수록)	1770년
(식물)	왜도	(倭堵)	(〃)	1770년
(금속)	왜동	(倭銅)	(추관지)	1781년
(〃)	왜연	(倭鉛)	(광재문보)	1798년
(색문)	왜홍	(倭紅)	(물명고)	1801~1834년
(식물)	왜두	(倭豆)	(임원십육지)	1801~1834년
(〃)	왜감	(倭柑)	(물명고)	1801~1834년
(금속)	왜은	(倭銀)	(만기요람)	1808년

이와 같이, "왜풍"은 어례가 풍부할 뿐 아니라, 오랜 시대에 걸쳐 있다. 따라서 "시대적 명칭"이 제안된다. 어례를 든다.

(신라 시대) 왜전 (倭典)   (조선 시대) 왜관 (倭館)

한편 "왜풍"은 "예풍"이라는 이칭을 가지고 있음을 주의하자. 이것은 "왜"를 뜻하는 고유한 "옛말"이다. 어례를 든다.

(왜풍~예풍) 왜두 (倭豆)~예팥   (임원십육지) 1801~1834년

셋째 "양풍"은 "전형적 의미"에서 "현대 문화"를 대표하며, "한풍"과 대립된다. 그럼에도 "초기 양풍"이 남긴 어례에는 다분히 근세풍의 과도기 자료를 보인다. 어례를 보자.

양창 (洋槍) → 총   양회 (洋灰) → 시멘트

양표 (洋表) → 시계   양등 (洋燈) → 램프
양칠 (洋漆) → 페인트

이들 "양풍"이 먼저 (1) 서구 기원의 사물을 지칭하는 출전을 든다.

양목 (洋木)   송남잡지   1675～1720년
양금 (洋琴)   연암집   1777～1800년
양면 (洋綿)   매천야록   1864～1910년
양요 (洋擾)   양요기   1868년

다음 (2) 크고 넓다는 뜻이다. 전형적 어례가 있다.

양사 (洋肆, 탁 트이고 넓고 크다)   이조 광해군일기4년   1612년

끝으로 (3) 보통 명사로 쓰인다. 전형적 어례가 있다.

양철 (洋鐵, 철판의 한가지)   진연의궤   1892년

이와 같이 "한풍"의 특징은 "다원적인 외래 문화"에 대하여, "단원적인 고유 문화의 유형"이라는 구조를 가지고 있다. 따라서 이들 "외래 문화"는 다양한 전환체의 모습을 보이고 있다. 이것을 다음과 같이 도시하여 둔다.

도표 3-21

한풍/양풍

(고유 문화)		(외래 문화)	
한풍	(한풍)	양풍	개화풍
			왜풍
			(양풍)

(3) 한국 문화의 발전

이와 같이 "지난날"에는 "고유 문화"에 대한 "외래 문화"의 식별 기능이 강화되어, 공동체 언어에 있어서 "새말"에 관한 "생산성"이 활발히 실현되고 있었다. 따라서 이들 어휘 목론은 상당수를 남겨 놓은 것이다. 그러나 "오늘날"에는 그 모습이 많이 변모되고 있음을 찾아보게 된다. 즉 "고유 문화"가 서구화(westernization)를 고도로 수용함에 따라서 공동체에 널리 "문화 확산"(cultural diffusion)으로 이어진다. 그리하여 여기 몇 가지 제안한다. 먼저 (1) 이들 문화 유형을 표현하는 기능이 극도로 약화되었다. 예를 들면, "양주"라고 표현하지 않고, "위스키(wisky), 꼬냐끄(cognac), 워트카(vodka)"와 같이 쓰인다. 다음 (2) 여기 역기능으로서 "고유 문화"를 표현하는 "한풍"의 기능이 강화되고 있다. 예를 들면 "유과, 약과, 다식" 등을 "한과"로 총칭한다. 한편 (3) "고유 문화"를 특수화하여 표현하는 기능이 발생하게 된다. 예를 들면, "토종풍"이 있는데, "토종닭, 토종돼지, 토종개" 등과 같이 표현하고 있다. 끝으로 (4) "한풍"에 대한 외적 표현으로서 "한류"(Korean wave)의 열풍(조선일보 2002. 2. 10.)은 오늘날 아시아 일대를 휩쓸고 있다고 영국 "파이낸션 타임스"(FT)가 보도하였다는 것이다. 즉 "이 같은 흐름은 1980년대 아시아 음악 · 영화 시장에 침투한 서구 문화에 대한 한국 대중의 반격을 상징하는 것"이라 하고, "한국의 창작 산업은 이웃 아시아 시장으로 팽창하면서 그들 나름의 제국 주의를 구현하고 있다."고 하고 그 최대 잠재 시장이자 종착지는 이웃 중국이라는 것이다.

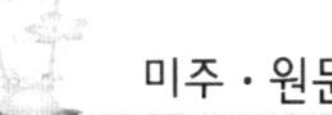

미주 · 원문

1) 장태진(1978) 사회 방언에 대하여, 전남 방언의 경우, <u>한글</u> 제161호, 서울, pp.181~186.

2) 오늘날 서울말에서 전통적인 토박이 화자는 극소수이다. 여기 "선주민, 본주민, 이주민"을 식별하자. 국립국어연구원(1997) 머리말, <u>서울토박이말 자료집 (1)</u>, 서울.
   "서울말 사용자: 옛 사대문 안 성내 거주자…"를 "서울말 선주민"이라 부르자.
   이상억(2000) 편집 후기, <u>서울말 연구</u>, 서울. p.246.

3) "京師大路 鐘閣以北 謂之北村 老論居之 南曰南村 少論以下 三色雜居之"
   황현(1959) <u>매천야록 卷1(상)</u>, 국사편찬위원회, 서울.

4) 이존희 (2001) <u>조선시대의 한양과 경기</u>, 서울, pp.116~120.

5) "漢城 5部"의 제택을 예시한다.
   (동부) 麟坪大君第 在建德坊 (1622~1658, 인조의 3남)
   (남부) 南在第 在明哲坊   (1351~1419, 개국공신)
   (서부) 閔維重第 一在盤松坊 (1460~1687, 숙종의 장인)
   (북부) 許琮第 在社稷前路傍 (1434~94, 우의정)
   (중부) 貝壽永第 在堅平坊   (1456~1524, 영응대군의 사위)
   東國輿地備考 卷二 第宅條
   서울특별시사편찬위원회(1977) <u>서울육백년사</u> 제1권, 서울, pp.973~974.

6) 정치신문사 편(1955) <u>서울대관</u>, 서울.

7) 서정범(1959) 특수어 명칭고, <u>고황</u> 제3권 제2호, 신흥대학교, 서울, pp.113~129.

8) 장태진(1975) 국어의 직업 범주에 관한 사회언어학적 구조와 유형, <u>국어국문학</u> 제 68 · 69, 서울, pp.97~120

9) "경북 방언의 화자들이 "안동 껑껑이, 상주 지랄이, 대구 문둥이"등으로 분류하는 속설은 천시권의 경북 방언 구획설과 일치한다."
   천시권(1965) 경북지방의 방언구획, <u>어문학</u> 제13집, 대구, pp.1~12.

10) 이상억 편(2000) <u>서울말연구</u> 1, 서울.

11) Fasold, R.W.(1989) Naturalism and the search for a theory of language types and funtions, In. Ammon, U, ed., <u>Stataus and Function of Languages and Language Varieties</u>, Berlin/New York, pp.107~121.

12) Stewart W.A.(1962), An Outline of linguistic typology for describing multilingualsim, In. Rice, F.A.(ed.) <u>Study of the Role of Second Languages in Asia, Africa and Latin America</u>, Washington DC : Center for Applied Linguistics. pp.15~25.

13) Ferguson, C. A.(1962) The linguistic factor in national development, In. Rice, F. A.(ed.) <u>op. cit.</u>, pp.8~14.

14) Ferguson, C. A.(1966), National sociolinguistic profile formulas, In. Brigh, W. (ed.)(1966) <u>Sociolinguistic</u>, The Hague : Mouton, pp.309~324.

15) Stewart, W. A.(1968) Sociolingustic typology for describing national multilingualism, In. Fishman, J. A. (ed.) <u>Readings in the Sociology of language</u>, The Hague : Mouton, pp.531~545.

16) Stewart, W.A.(1968) <u>op. cit.</u>, p.537.

17) <u>사회언어학적 유형의 속성</u>

ATTRIBUTES				TYPE	SYMBOL
1	2	3	4		
+	+	+	+	Standard	S
+	+	+	−	Classical	C
+	+	−	−	Artificial	A
−	+	+	+	Vernacular	V
−	−	+	+	Dialect	D
−	−	−	+	Creole	K
−	−	−	−	Pidgin	P

18) 그는 "Paraguay"의 프로필을 보이고, 읽어둔다.

$3L=2L \ maj(So, \ Vg)+0Lmin+1Lspec(Cr)$

파라과이는 3개의 언어(3L)를 가지고 있는데, 2개는 다수 언어(2Lmaj)이고 , 하나의 표준어는 공용적 기능(So)을 이행하며, 다른 일상어는 집단 기능(Vg)을 이행하며, 소수 언어는 아무 것(0min)도 없으며, 하나의 특수 지위의 언어(1Lspec)인데, 한 문헌어는 종교적 기능(Cr)을 이행한다.

Ferguson, C. A.(1966), National sociolinguistic profile formulas, In. Brigh, W. (ed.) <u>op. cit.</u>, pp.309~324.

19) ____________(1968), Language development, In. Fishman, J. A. Ferguson, C. A. Das Gupta, J.(eds.) <u>Language Problems of Developing Nations</u>, New York/London, pp.27~35.

20) 장태진(1972) 표준어에 대한 언어사회학적 고찰, <u>상산 이재수 박사 환력기념 논문집</u>, 대구, pp.439~451.

21) "the codification and acceptance, within the community of users, of a formal set of norms defining correct usage."
Stewart, W. A.(1968) <u>op. cit.</u>, pp.531~45.

22) 조선어학회(1936) <u>사정한 조선어 표준말 모음</u>, 서울.

23) <u>조선총독부 국세조사</u>

	(1930년)	(1940년)
경영자	0.07%	0.02%
소산층	16.84%	29.92%
화이트 칼라	0.63%	1.97%
기능공	8.79%	6.54%
미상	0.19%	0.02%
무직	73.47%	61.52%
(합계)	99.99%	99.99%

24) 김영모(1982) <u>한국사회 계층구조</u>, 서울. p.253.

25) 최현배의 대중말은 대중(기준)의 뜻으로 볼 수 있어, 문세영(1938) 이희승(1961) 은 표제어로 수용한다. 그러나 한글학회는 새산전(1965)에 와서 수용하고 있다.

26) 김병제(1934) 표준말, <u>한글</u> Vol.2 No.5, 서울.

27) 이희승(1937) 표준어 이야기, <u>한글</u> Vol.5 No.7, 서울. pp.15~20.

28) 문교부(1988) <u>편수자료</u> II-4, <u>한글맞춤법·표준어규정·국어의 로마자 표기 법(표기용례)</u>, 서울.

29) 장태진 (1972) <u>op. cit.</u>

30) "The status of a language as its social position in a social system, where social position must be distinguished from rank of a language in a social or hierarchy extant in the same social system."
Ammon, U.(1989) towards a descriptive framework for the status/function(social position) of a language within a country, In, Ammon, U. ed. <u>Status and Funtion of languages and language Varieties</u>, Berlin : Mouton de Gruyter, pp.21~106.

31) Ammon, U. and Hellinger, M.(1991) <u>Status Change of Languages</u>, Berlin : Mouton de Gruyter, 547pp.

32) "The function of language is what people actually do with it. The status of language depends on what people can do with it, its potential."
Mackey, W.F.(1989) <u>op. cit.</u>, pp.3~20.

33) Hellinger, M.(1991) Function and status change of pidgin and creole language, In, Ammon, U. and Hellinger M. eds. <u>op. cit.</u>, pp.264~281.

34) Kloss, H. (1968) Notes concerning a language-nation typology, In. Fishman, J. A., Ferguson, C. A., Das Gupta, J. (eds.) *Language Problems of Developing Nations*, New York, 521pp.

35) "We may call a country endoglossic when the national official language (s) is spoken natively by a sizeable segment of the population (here after called an "indigenous language"). We may call a country exoglossic when the national official language has keen brought in from abroad, and its few native speakers do not grom the majority of the inhabitants in any

district or major locality(here after called "imported language")."
Kloss, H. (1968) op. cit., pp.69~84.

36) Kaplan, R. B. (1991) Applied Linguistics and language policy and plan-
ning, In. Grabe, W. and Kaplan, R. (eds.) *Introduction to applied lingui-
stics*, pp.143~168.

37) Bell, R.T. (1976) *Sociolinguistics*, New York, 252pp.

38) Mackey, W.F.(1989) op. cit., pp.5~20.

39) Hellinger, M.(1991) op. cit., p.270.

40) Milroy, L.는 "일상어"에 대하여, Labov, W.가 말하는 "청년기 이전에 획득
한 변종", Hudson, R.A.가 말하는 "고위 변종(표준어), 하위 변종(일상어)"의
식별을 거론하고, 여기 영국의 Liverpool 방언인 Scouse, Tyneside 방언인
Geordi, London 방언인 cockney 등과 미국의 흑인 영어(Black English)등도
포함시킨다.
Milroy, L.(1987), Observing and Analysing Natural Language : A critical
account of sociolingusitic method, Oxford : Basil Blackwell.(太田一郎 陣內
正敬 富治弘明 松田謙次郎 ダニエル・ロング 譯 2000, 生きたことばをつか
まへる, 東京, pp.89~93.)

41) Kloss, H.(1968) op. cit.

42) 梶井陟 (1980) 朝鮮語を考える, 東京, 304pp.

43) 熊谷明泰(1997) 朝鮮語 ナショナズムと, 日本語, 言語・國家, そして 權力, 東京,
pp.164~193.

44) "the behavior of ethnic group in their increased use of dead, dying, ne-
glected or underutilized languages."
Paulston, C. B.(1994) *Linguistic Minorities in Multilingual Settings*,
Amsterdam / Philadelphia, p.92.

45) Niedzeilski, H. Z.(1992) The Hawaiian model for the revitalization of
native minority cultures and languages, In. Fase,W., Jaspaert, K., Kroon,
S. (eds). *Maintenance and Loss of Minority Languages*, Amsterdam,
403pp.

46) Niedzielski, H.Z.(1992) op. cit.

47) "Pūnana Leo" "pūnana(nest), leo(speech sound, speech)"

48) 松原好次(2002a) アメリカの公用語は英語?ー多言語社會アメリカの言語論争,
河原俊昭 編著, 世界の言語政策, 東京, pp.9~40.
松原好次(2002b) ハワイ語の 衰退と 復權, ことばと社會, 多言語社會研究 6
號, 東京, pp.170~187.

49) 여기 마오리어의 언어 보육원(language nest)이 1982년에 창설되지만, 이 제
도는 곧 하와이어에 전파되어, 익년인 83년에 "Pūnana Leo 협회"가 창립되
고 84년에는 카우아이에 그들 언어 보육원이 세워진다.
Nahir, M. (1984) *Language Planning Goals : A Classification, Language*

Problems and Language Planning, Vol.3, No.3, pp.294~327.

50) "the attempt to turn a language with few or no surviving native speakers back into a normal means of communication in community."
Chen, P. C. and Connerty M.C.(1994) Language Regenesis, language revival, revitalization and reversal, In. Paulston, C. B., op. cit., pp.90~106.

51) "the giving of new life to a dead language, or the act of reviving a language after discontinuance, and making it the normal means of communication in a speech community"
Chen, P. C. and Connerty. M. C.(1994: 92) op. cit.

52) "the imparting of new vigor to a language still in limited or restricted use, mast commonly by increased use through the expansion of domains."
외교통상부 (2000) op. cit.

53) "distinct from revival and revitalization, language reversal implies the turning around of existing trends in the usage of a particular language."
Chen, P. C. and Connerty, M. C.(1994) op. cit.

54) Paulston, C. B. (1994) op. cit.

55) "The Spanish language is the official language throughout the Spanish state. The Generalitat(Autonomous Governmnment) of Catalonia will guarantee the normal and official use of both languages. It will take the necessary measures to ensure knowledge of them and will establish conditions such as will bring about their complete equality with respect to the duties and rights of the citizens of Catalonia."
Siguan, M. (1984), *Language and Education in Catalonia, Prospects : Quarterly Review of Education*(Unesco) 14-1, pp.107~119.

56) Paulston, C. B.(1992) Linguistic minorties and language policies four case studies, Fase, W. Jaspsert, K. Kroon, S. (eds.) *Maintenance and Loss of Minority Language*, Amsterdam / Philadelphia, pp.55~79.

57) "reversal of shift refers to a situation where a language, which appears to disappearing, has a renaissance and is saved from extinction by increased use."
Chen, P. C. and Connerty, M. C.(1994) op. cit., pp.100~105.

58) 최근 "위기 언어"(endangered language)라는 개념으로, "언어 빈사"의 모습을 기술한다. 따라서 "위협받은 언어"(threatened language)와 평행할 것이다. 그러나 "소수 언어"의 재활성화를 "역행적 언어 추이"(reversing language shift → RLS)로 기술할 수 있다. 또한 남아프리카 공화국에서 600만의 화자를 가진 Afrikaans가 영어에 의하여 심각한 위협을 받고 있다는 것이다.
多言語社會硏究會(2003) 特集 危機言語, ことばと 社會 7號, 東京, 186pp.

59) 앞서 언급된 바, 언어 보육원(language nest)에 관한 제도는 곧 하와이어에 전파되지만, 오늘날 노르웨이의 Sami어에도 1993년부터 시도되고 있다.
山川亞古(1999) 北歐の サーミ語 事情, ことばと 社會, 多言語社會研究 2號, 東京, p.120.

60) 외교통상부(2000) op. cit., 5.

61) "rebound of an exoglossic language requires a specific set of circoms-tances in which a language, not native to the state, becomes re-accepted after a period of rejection and is used primarily for economic advantage and communication with the world community"
Chen, R. C. and Connerty, M. C. (1994) op. cit., p.91~106.

62) アジア・エートス研究會(1969) アジア近代化の研究, 東京, 499+11pp.

63) 京都大學東南アジア研究センター編(1995) 事典 東南アジア, 東京, 617pp.

64) Chen, P. C. and Connerty, M. C.(1994) op. cit.

65) Chen, P. C. and Connerty, M. C.(1994) op. cit., pp.91~129.

66) 남광우(1961) 고어의 재생은 가능한가? 자유문학 46호, 서울, pp.123~129.

67) 문교부(1948) 우리말 도로찾기, 서울, 44pp.

68) 장지영(1946) 나랏말을 깨끗이 하자(2) 한글 98, 서울, pp.22~27.
_______(1947) 나랏말을 깨끗이 하자(2) 한글 100, 서울, pp.49~56.

69) 김민수(1973) 국어정책론. 서울. 1012pp.

70) 장태진(1978) op. cit., pp.181~6.

71) Kroeber, A.L. and Kluckhohn, C.(1952) A Critical Review of Concepts and Definitions, *Papers of the Peabody Museum of American Archaeology and Ethnology*, Vol.47, No.1.

72) 이희승(1961) 국어대사전, 서울.

73) 장태진(1973) 한국문화의 유형과 분석, 국어국문학 제1집, 조선대, 광주, 161pp.

74) 단국대 동양학연구소(1996) 한국한자어사전, 1~4, 서울.

75) 김민수 (1980) 신국어학사, 전정판, 서울, 368pp.

76) 양주동(1965) 증정 고가연구, 서울, 898+80pp.

77) 유창균(1959) 국어학사, 대구, 440pp.

78) 小倉進平 (1944) 朝鮮語方言의 研究, 上 資料篇, 東京, 514+31pp.

79) 단국대 동양학연구소(1996) op. cit.

80) 권영철·주정항(1981) 화전가연구, 서울, 277pp.

81) 김영배(1997) op. cit.

제**4**장 북한 조선말 공동체와 국어 이질화

  우리들은 앞에서 "언어 부활의 이론과 한국말"을 기술하였다. 즉, 일제의 "한국말 말살 정책"을 겪고서, "언어 부활"을 실현하였다는 사회언어학적 평론을 언급하였다. 그리고 제2차 표준화를 겪고서 "언어 현대화"를 실현하고 있음도 언급한 바 있다. 그럼에도 오늘에 있어서 한국말은 제2차 대전 이후라는 "식민지 후기"에 있어서 "마지막 남은 유일한 분단 국가"라는 부정적 이미지도 함께 가지게 된다. 그리하여 여기 "한국말 이질화"라는 피할 수 없는 "언어 문제"가 주어지는 것이라 하겠다. 이것은 "냉엄하게 대립하고 있는 공산 주의와 반공산 주의 체제 사이에 분단되었던 한국"(Rustow, 1968: 93)[1]으로, 명백하게 "민족어 문제"(national language problem)라는 인식을 보이고 있다. 물론 모든 화어 공동체에는 완전히 거절할 수 없는 언어 문제와 언어 정책(irrecusive language problem and policies)이 상존하기 마련이지만, 특히 한국말 공동체의 경우는 이들 모습을 가로질러 "분단국의 언어 문제와 언어 정책"이라는 또 다른 실제가 상존하게 된다. 이것은 적어도 "통일된 한국말"에 제한되지만, 또한 피할 수 없는 과제이기도 하다.

　　최근 "언어 문제(language problem)(Kaplan, 1992)[2]에 대하여 "현실 세계 사건이 광범한 변종 때문에 발생한 결과라"고 제안하지만, 예를 들면 한 나라가 다른 나라를 침략하고 이것을 점령할 때 언어 문제가 발생한다고 하였다. 그리하여 허다한 "소수 민족"의 언어 문제가 발생하였을 뿐 아니라, 금세기 후반에는 많은 신생 식민지 독립 국가들의 공용어 또는 국어 문제가 있었다. 더욱 지난날 미국에 있어서 "유일 영어 운동"(English-only movement)과 같은 다수 집단의 "언어 운동"이 새로운 언어 문제를 만들기도 하였다. 나아가 여기 취급되는 "언어 현안"(language question)의 범위가 광범하며, 더욱 많은 쟁점(issue)이 생기게 된다.

　　한국말의 "언어 문제론"(language problemics)은 그 자체가 광범하지만, 현대 국어에서 제기된 기술(한글학회, 1971)[3]이나 국내 현안의 개관(이기문 et. al., 1983)[4] 또는 남·북한 언어 문제(고영근, 1994)[5] 등으로, 지적하여 두자. 그리하여 여기에는 "남·북한 분단과 한국말 이질화"를 고찰하게 된다.

　　한국말 공동체의 개념에 있어서 "북한 조선말 공동체"라는 용어의 쓰임 그 자체가 곧 "분단 국가"를 전제로 하는데, 여기에 상응하여 "분단 언어"(divided language)를 거론하며, 아울러 필수적으로 언어에 관한 이질성(heterogeneity)도 함께 기술되는 것이라 하겠다. 따라서 이들 "북한 조선말 공동체의 국어 이질화"에 관한 고찰로서 먼저 (1) 분단 국가와 분단 언어에 대하여 제안하고, 다음 (2) 북한 언어의 이질화를 최대 특징인 "두음법칙"을 중심으로 논급하게 된다.

1. 분단 국가와 분단 언어

　　사회언어학에서 이들에 관한 연구는 "사회적 분단(social division)과 언어”라는 항목(Ben-Rafael, 1994)[6]으로 기술하고 있다. 즉 “이민, 도시화, 관광, 산업화, 경제적 번영, 위기, 전쟁, 국제적 동맹” 등을 경험한 어떤 사회에서도 코드의 넓은 변종(variety)을 발견하지만, 일찍 Gumperz, J. J.(1987: 220)[7]는 “언어학적으로 동질적 사회에 있어서 사회적 구별의 입말 표지가 구조적으로 음운론, 통사론과 어휘의 주변적 특징에 제한되는 경향이 있다. 다른 경우, 이들은 표준 글말과 문법적으로 분기된 사회적 방언을 함께 포함할 것이다”고 언급한다.

더욱 사회언어학이 “분단 언어”라는 술어를 따로 사용하지 않았지만, 이른 시기의 Yiddish(Ben-Rafael, 1994: 50)[8]에 언급하고 있다. 그럼에도 현대적 의미에서는 1950년대부터 “독일, 한국, 베트남”에 분단(division)의 개념(Deutsch, 1953: 29, Rustow, 1968: 93)[10]을 적용하고 있다. 그리하여 이들은 먼저 (1) 1945년 이후에 제한되고, 다음 (2) 하나의 언어 내부에서 나타나고, 한편 (3) 이데올로기의 대립과 일치하며, 끝으로 (4) 오늘날 한국말에 한하여 적용된다는 특수성을 가지고 있다. 그럼에도 이들 언어(河原俊昭, 2002: 100~102)[11]는 한국말과 같은 “분단 언어”의 경험을 겪었다는 것을 유념하여 두자.

우선 우리들은 “분단 언어, 이산 언어”와 같은 개념들을 앞서 보인 “사회 언어학적 유형론”에서 “특수 유형”(special type)으로 취급할 것이다. 그리하여 이들 “언어 속성”(language attribute)이 무엇인가를 결정할 것이다. 여기 언어에 있어서 “분단, 이산”이라는 개념이 “언어 접촉”(language contact)의 단절에 따른 결과이고, 더욱 그것이 최대의 화어 공동체 또는 국가(nation-state)를 전제로 한다. 그러므로 “언어 접촉 이론”에서 “대량 접촉”에 관계된다. 따라서 이들은 함께 “접촉 없음 → con0”와 같은 “속성”을 결정하게 된다. 그리고 한편으로 “분리 지향, 통일 지향”이라는 “주관적 속성”에 있어서, 특히 “정치적으로 분리를 지향하고, 언어적으로 통일을 지향하는 국가들”에 관심을 두게 된다.

다음 “말레이지아”와 “인도네시아”에 관하여 장황하게 언급하지만, 이것을 “분기 언어”라 하며 “분단 언어”와 식별함을 각별히 유의하자.

첫째, "말레이어"의 중요한 특징(龜山建吉, 1969: 120~121)[12]은 우선 고유 문자가 없는데, 15세기에 세워진 아랍 문자의 비문이 유명하다. 물론 수마트라에 7세기의 비문이 알려지기는 하지만, 사료는 거의 인도와 중국의 기록에 의존한다는 것이다. 고고학에서 말레인의 가까운 조상은 기원전 300년경 중국 운남성에서 남하한 금속인으로서 "제2 말레이"(Deutero - Maly)이라 하며, 먼 조상은 기원전 2500년~1500년경 같은 운남 지방에서 남하하여 원주민 "네그리토"(Negrito)를 정복하여 산지로 추방한 석기인 "원시 말레이"(Proto-Maly)로 알려진다. 그리고 이들의 후예들이 기원전 7세기에 수마트라에 Mulayu 왕국을 세우고 있다. 따라서 말레이어의 옛 이름은 "물라유어"라 한다.

뒤에 7세기~13세기경의 사료에는 수마트라의 Palembang을 중심으로 세워진 Sririjaya 왕국이 알려진다. 그러나 이 왕국은 1400년경이면 급속히 쇠퇴하지만, 이 왕조의 한 왕자(parameswara)가 말레이로 탈출하여 Malacca 왕국을 세운다. 여기 15세기에 말레이는 이슬람 문화를 자발적으로 수용하고, 왕도 자진 개종한다. 1470년대 말래카 왕국은 동남아 최강국이 되지만, 왕은 거대한 부와 권력을 배경으로 이슬람 종교 문화의 발전에 주력하며, 웅장한 궁전과 도읍을 건설하여 왕위를 장식한다. 왕은 외지 용병을 널리 채용하지만, 특히 자바에서 많은 지원병을 얻는다. 그들은 화려한 말래카 문화와 함께 이슬람교를 배워 귀국하지만, 이것이 동인도 제도에 이슬람교 전파의 큰 계기가 된다. 여기 말레이어는 아랍 문자로 표기되고, 수도는 이슬람 보급의 중심지가 된다. 그리하여 말레이어의 아랍화가 급속히 진전된다. 그리고 이 왕국은 1511년 포르투갈의 침략을 받는데, 130년간 유지된다. 그리고 1641년 화란에 의하여 격파된다. 그 후 1795년 영국이 말래카를 점령하고 피냉섬(Pinang)을 양보 받으며, 1819년 싱가포르를 점령한다. 그리고 1824년 영국은 화란과 협정하여 적도 이북을 분할 받는다.

둘째, 오늘날 "인도네시아어"(Bahasa Indonesia)는 "말레이·리오어"(Rhio)가 그 기원이다. 여기 "리오 왕국"은 말래카 왕국[13]의 계보를 가진 말레이인의 왕국이었다. 17세기에 들면서 부기인(Buginese)이 용병·상인·해적으로 크게 등장하는데, 이들이 1721년 왕국에 침입하여, 왕을 살해하고 왕위를 찬탈하여 왕자를 신왕으로 추대하고 실권을 쥐게 된다. 18세기 후반에 "리오"는 수마트라, 자바, 보르네오, 세레베스 등 동방 제도와 샴, 캄보디아. 안남 등에서 많은 선박들이 내도하여 중국·인도 무역과 동인도 무역을 잇는 중계지가 된다. 그리고 이들이 말래카 해협에서 자바해에 이르는 제해권을 장악하는데, 한 때 그 세력은 250척의 군선과 만명의 수군을 거느린다. 그러나 18세기말 화란 함대에 의하여 "리오"는 점령된다. 오늘날 "리오 제도"(Riau islands)는 인도네시아 영토에 속한다.

이들 인도네시아는 화란이 1602년 포르투갈과 스페인을 물리친 이래, 그들 독립(1945. 8. 17.) 때까지 줄곧 화란의 식민지로 있다가 일본군에 의하여 점령되는 것이다. 그 사이 이들 "말레이·리오어"는 인도네시아의 대소 13,677개의 최대 도서권에 널리 전파되는데, 그 요인에 관한 제안(豊田國夫, 1968: 348~349)[14]을 보면 먼저 (1) 남방 제도로 통하는 관문이라는 지리적 요인이 해상 교역의 상업어(Bazar language)로 발달하는데 크게 기여하고, 다음 (2) 언어 구조의 특징으로 발음·문법에 풍부한 융통성이 있어, 여러 종족들이 선호하여 널리 보급된 것이라 한다. 그리하여 이 언어는 약 7,800만 명(독립시) 인도네시아 국민들의 국어가 된 것이다.

셋째, 이들 언어는 함께 서구 열강의 언어 지배를 받지만, 그 차이(cloulmas, 1985: 山下公子, 1987: 320~321)[15]는 각기 "영어형 정서법"또는 "화란어형 정서법"을 모범으로 표기법을 발달시킨다는 특징과 함께, 더욱 전자가 아랍에 편향된 어휘 확장을 보인다. 따라서 두 언어에 괴리 현상이 심화되지만, 특히 1942년 이후 인도네시아에서 내셔널리즘[16]의 발달과 함께 1947년 그들 "인도네시아 정서법"을 먼저 발표하게 된다. 그리고 이들 두 나라는 모두 "언어 계획"(language planning)을 추진하고 언어 계획 기관(장태진, 1987: 217~220)[17]을 설치하는데, 각기 Kuala Lumpur 소재 "언어·문학 연구소"(Dewan Bahasa dan Pustaka: language and Literary Angency of Malaysia, 1959~)와 Jakarta 소재 "언어 발달 센터"(Pusat Pembinaan dan

Pengembangan Bahasa‐Pusat Bahasa‐: National Center for Language Devel-opment‐and Cultivation‐, 1975~)를 세운다. 그리고 이들 두 언어의 표기법 통일을 위하여 1972년에 "상설 합동 위원회"(The Bermanent Joint Committee on Bahasa Malaysia and Bahasa Indonesia)를 구성하고, 매년 2회씩 회동하는 데, 서로 교대로 주최한다는 것이다.

이와 같이, 1972년부터 그들 언어 통일(Katzner, 2002 : 229)[18]이 실현되지만, 많은 경우 말레이어 변이형으로 양보된다. 즉 인도네시아어 j는 말레이어 y(Kaju‐wood)를, dj는 j(gajah‐elephant)를 취한다. 음성 ch는 말레이어 ch이지만, 인도네시아어에는 tj인데, 문자 c(kucing‐cat)로 표시된다. 그런데 음성 sh는 말레이어에서 sh이지만 인도네시아어에서 sj인데, 지금은 sy(syarat‐condition)이다.

위에서 우리들은 "분기 언어"와 엄밀히 식별되는 "분단 언어"가 오늘날 유일하게 "한국말"에만 해당되기 때문에, 그 "언어 문제의 이론"도 오로지 한국말에서만 도출될 수밖에 없을 것이다. 그리하여 "언어 이질성"의 특징도 특수화되어 있음을 유의하게 된다. 더욱 이들 "언어 문제"는 "언어 정책" 또는 "언어 계획"과의 관계에 있어서, 상호 부정적인 대립 관계임을 주의해야 한다. 따라서 지금까지의 많은 분단국의 "언어 정책"이 적극적으로 해당 언어 사이의 이질성을 창출하고 있다는 사실이다. 이것은 일제기 한국말의 "언어 문제"가 "언어 정책, 언어 운동"등의 관계에 있어서, 일본의 "식민지 언어 정책"과 한반도의 "식민지 언어 문제" 또는 "식민지 언어 운동" 등의 관계와 같이, "지배-피지배"로 표현되는 부정적 관계와 맥을 같이 하는 것이다. 따라서 우리들은 특히 북한의 언어 정책을 개관함으로써, 한국말 이질성의 본질을 파악하려는 것이다.

여기에 우리들이 더욱 부연하는 "분단국 언어 문제"란 그것이 "언어 통일"에 보다 부정적으로 기능할 수밖에 없다는, 대립적 관계가 강화된다. 그리고 특정의 정치적 목적에 봉사할 수 있도록 그리고 어떤 정칙적 목적과 일치하는 "언어 정책"의 창조물이다. 그러므로 "분단국 언어 규범"이 강화되면 그 만큼 "언어 이질성"도 심화될 수밖에 없음은 자명한 것이다.

따라서 서로 상대방의 "언어 규범"에 배타적 태도를 보이게 된다.

이와 같이, "분단 언어"의 특수성에 주의를 환기하였지만, 이들의 "사회언어학적 특징"은 먼저 (1) "원초적 이질성"으로, 지역 방언의 특징을 들게 된다. 즉 평안·함경 방언, 기타를 근간으로 하는 북한 방언의 이질성은 자연 언어(natural language)가 가지고 있는 다양성(diversity)에 의한 것이다. 따라서 이것은 어디까지나 능동적 특징(active feature)이라 하겠다. 다음 (2) "정책적 이질성"으로, 표준 변종(문화어)의 특징을 들게 된다. 즉 평양말을 중심으로 하는 북한 특유의 "문화어"의 이질성은 인공 언어(artificial language)가 가지고 있는 통일성(unifermity)의 기능을 가진다. 단 그것은 분단국 특유의 폐쇄성으로 제한됨을 유의할 것이다. 따라서 이것은 중요한 피동적 특징(passive feature)이 되는 것이다. 그리하여 이들의 기본 개념을 염두에 두고, "북한 말의 이질화"를 두 가지 레벨로 식별하여 고찰 할 수 있을 것이다.

앞서 언급한 두 나라의 개요에서, 먼저 (1) "언어 사용자"(language user)의 측면을 제안한다. 여기 중요한 것은 이들 언어에 관한 민세적 요인(demographic factor)에 관한 "다수 집단(majority), 소수 집단(minority)의 이론"(후술)이 중요하다. 그리하여 "목표 언어"(target language)의 사용자에 관한 속성을 결정한다. 따라서 위의 두 나라의 경우, 어느 쪽이나 "다수 집단(→ maj)"에 관한 것이다. 다음 (2) 언어의 측면에서, 그것이 생득적 언어인 "모어"(mother tongue)를 기준으로 "제1 언어"(first language → L1)와 "제2 언어"(second language → L2)를 결정한다. 여기 상대적 의미에서 말레이시아는 "제1 언어"이며, 인도네시아는 "제2 언어"에 관한 것이다. 끝으로 (3) "정치적 통금"에 따른 "민세적 접촉의 없음"이 중요하다. 여기 최근의 일부 해금은 논외로 친다.

다음 남·북한과 말레이시아·인도네시아의 예로써, "분단 언어, 분기 언어"의 언어 접촉(contact → con0, con1)을 함께 보이는 사회언어학적 프로필(sociolinguistic profile)[19)]을 제안한다.

> 분단 언어 : (1) Con0 + maj/maj + L1/L1   (남한/북한)
> 분기 언어 : (2) Con1 + maj/maj + L1/L2   (말레이시아/인도네시아)

아울러 "중국·대만"의 예는 "대만을 중국의 일부로 보는 경우에 한정한 것으로 "이산 언어"로 처리되고, 쿠르드어(Kurdish) 내부의 예는 "국가 없는 소수 민족"(장태진, 1971: 316)[20]에 해당한다. 여기 "정치적 통금" 및 민세적 접촉의 없음: Con0"에 대하여서는 후술한다. 특히 주의할 것을 후술하는 Kachru, B. B.의 "언어 이산"보다 협의의 제안이 된다. 따라서 이것은 소수 집단에 전용하는 것이다. 다음 여타의 유형을 기술한다.

> 분기 언어 : (3) Con2 + maj/maj + L1/L1   (영국/미국)
> 이산 언어 : (4) Con0 + maj/min + L1/L1   (중국/대만)
> 이산 언어 : (5) Con0 + min/min + L1/L1   (쿠르드족)

2. 북한말의 이질화

국어학에서 남·북한 언어에 관한 이질성(heterogeneity)과 동질성(homogeneity) 또는 이질화(heterogenization)라는 개념을 언급하기 시작한 것은 1971년의 "남북 대화"이후, 북한어 연구의 해금에서 비롯되었다. 이것은 70년대(홍연숙, 1977)[21], 80년대(북한언어연구회, 1989[22] 이응백, 1989)[23], 90년대 (고영근, 1994)[24]에 계속되었다. 그리하여 광의로 "문법 체계"(학문 연구)에도 언급된 것이다. 따라서 남·북한의 "언어 분단"은 국어학의 언어 문제론(language problematics)으로서 당면한 최대 과제가 되어 있다.

국어학에서 "북한말의 이질화"에 관한 기술은 일반적 제안(진태하, 1989)[25]으로 "음운, 어휘, 문법" 등의 측면으로 보거나, 주제별 제안(최호철, 1999: 35~85)[26]으로 "어휘 부문, 표기 부문"으로 된 "입말, 글말"의 측면으로 보인다. 이들에 대한 연구는 "구조적 접근"(structural approach)과 "질적 접근"(qualitative approach) 또는 "양적 접근"(quantitative approach)으로 대별되는데, 여기 전자의 측면에서는 "ㄹㄴ 어두음"을 집중적으로 거론하게 된다. 그럼에도 후자의 측면에서 보인 제안(임홍빈, 1993: 361)[27]은 "남·북한 언어 이질화의 발생 근원"이라 하여 "말다듬기"를 드는 예와 같은 것이다. 즉 이들의 개요(정유진, 1997: 120~122)[28]는 1946년 이래 "쉽고 분명하며 간결하게 말을 하고 글을 쓰자"는 원리로부터, 김일성 교시에 제시된 "조선어 발전, 평양말 중심의 문화어 제정"의 기본 틀에서 "한자어와 외래어를 정리하고 고유어를 활용하자"는 지침을 실천하는 것이었다. 여기 1986년 현재 다듬었던 어휘가 약 5만개에 이르지만, 이 중 반만을 건지게 된다. 더욱 이것마저도 그 쓰임에서 소실된 것(아이스크림 → 어름보숭이), 통용된 것(헬리콥터 → 직승기)을 식별하게 된다. 따라서 전자는 그들 사전(사회과학원 언어학연구소, 1992)[29]에 반영되고 있다.

이와 같은 제안에 대하여, 우리들은 북한말의 이질성 기술을 먼저 (1) 구조적 이질성(structural heterogeneity)을 든다. 즉 두음법칙의 적용과 같은 것이다. 다음 (2) 어휘론적 이질성(lexical heterogeneity)을 든다. 즉 "도시락/곽밥"과 같은 것이다. 끝으로 (3) 의미론적 이질성(semantic heterogeneity)을 든다. 즉 "선동(남을 꾀어내거나 여러 사람을 부추기어 일을 일으키게 함/어떤 행동에 나서도록 부추겨 움직이는 것)과 같은 것이다.

3. 지역 방언에 있어서 ㄹㄴ 어두음

이들 지역 방언에 있어서 "ㄹㄴ 어두음"의 고찰은 "두음법칙"에 관하여, 언어 규범의 일질화가 가지고 있는 방언적 기반을 밝히는 것이다. 따라서 이것은 "북한 방언론"의 소관임은 물론이다. 그러므로 이것은 전 어역을 통하여 "음운론적 연속체"로서 고찰하게 된다.

우선 여기 "중세 국어"까지만 하여도 "ㄹㄴ 어두음"이 제대로 보존되던 것이 "현대 국어"에 이르는 사이에 대응 음운으로 변동되거나 특정의 음성 환경(phonetic environment)에서 소실되는 바, 특히 이들 현상은 북한의 "조선어 공동체"의 전 어역에 걸쳐서 다양하게 분포되어 있다.

이들 "ㄹㄴ 어두음"의 문제는 한자어와의 관계를 머금고, 1930년대의 초기 "한국말 표준화"의 과정에서 크게 부각되어, "두음법칙"이라는 개념으로 소실형을 표준말로 지정함으로써 "r-/n-/∅-"와 같은 세 가지 "음운론적 층위"가 존재하게 된다. 그리하여 이것이 곧 한국말의 발달에 있어서 보수(conservation)와 개신(innovation)의 두 가지 축 안에 배열되는데, 당시로서는 당연히 개신파(innovation wave)의 거점은 "표준말" 또는 "서울말"에 있었다.

(1) ㄹㄴ 어두음의 방언 연구

여기에 관한 방언 자료의 수집은 시대적 특징과 학문적 태도에서 같지 않지만, 먼저 (1) "일제기" 오구라의 자료(小倉進平, 1944)[30]가 20여 년(1911~1940)동안 200여 지점 조사에서, "고유어, 한자어, 외래어" 등의 구분이 없었던 것이다.

다음 "광복 분단기"에 있어서 (2) 북한 김병제의 자료(김병제, 1980)[31]가 고유어 중심의 수집으로, "ㄹ 어두음"은 한자어의 관계로서 제약이 따른다. 여기에 대하여 (3) 한국 김태균의 자료(김태균, 1986)[32]가 함북 방언으로 보완될 수 있고, 역시 김영배의 자료(김영배, 1997)[33]가 평안 방언으로, 잘 구비된 것이다. 그럼에도 전자는 방언 관련 한자어에 보다 관심을 두었고 후자는 여기 관심이 적다. 그리하여 이들의 월남 40년을 전후한 동포의 방언 자료임에 또한 제약이 따른다.

이와 같이 주어진 자료의 제약된 모습에도 불구하고, 주제인 "ㄹㄴ 어두음”의 특징들이 각기 “함경 방언, 평안 방언” 및 “한자어, 고유어”라는 “지역 방언”과 “어휘층”이라는 두 가지 축에 관련되면서, 특히 “ㄹ 어두음”이 문화어의 규범화에서 이질화되어 있는 점으로 보아 그 복잡성은 극히 심화되어 있다. 여기 아울러 이들 특징들의 “통시론적 층위”와 함께 방언적 연속성에서 어역에 관한 “보존형, 전이형, 소실형” 등의 인식도 중요하다. 그리고 “방언적 연속성”이 언어 구조의 측면에서 “분단된 공동체”사이를 가로질러 분포하는 층위가 따로 있음에도, 이들을 표준말과 문화어의 층위를 혼합하여 놓았다. 그리하여 “동서 현상”(황대화, 1998)[34]의 기술에 무리가 따르고 있다.

(2) ㄹㄴ 어두음의 방언 음운사

다음 “ㄹㄴ 어두음”에 관한 “방언 음운사”의 자료를 보인다. 여기 능금의 어례를 들지만, 우선 그 어원은 한자어 “림금”(林檎)이다. 여기 기왕의 관심(전몽수, 1941: 10)[35]이 있었지만, 어례를 다시 정리하여 두자.

링금 (굴근링금, 蘋蔢果)　　　　　　(朴초上8)
림금 (큰림금, 樆)　　　　　　　　　(字會上12)
님금 (林檎)　　　　　　　　　　　　(東醫寶鑑, 湯液篇2-24)
닝금 (檎, 俗呼沙果)　　　　　　　　(字會上11)

여기 16세기 자료에서도, 어두음에 있어서 “ㄹ”의 쓰임(박통사)과 “ㄹ/ㄴ”의 쓰임(훈몽자회)을 식별하지만, 후자가 어원 “림금”을 보존하고 있다. 더욱 당시 “사과”의 속명 규정(최세진, 1529: 범례)[36]이 현대 국어와 상반되어 있다. 이들에 대한 중국어의 쓰임(林檎 línqín/沙果 shāguǒ(r))에서, 특히 “사과”가 “중국 북방어”(고려대민족문화연구소, 1995)[37]로서 현대 국어와 일치한다. 따라서 고유어 기원으로, “닝금 → 림금”의 발달이라는 제안(박은용, 1970: 63)[38]은 수정되어야 할 것이다. 그리고 16세기에 있어서 "르 어두음계"의 어형은 오늘날 함북 방언(김태균, 1986: 282)[39]의 특징으로 보지만, "본토는 추운 곳이므로 자생하는 능금 나무도 없고 사과 나무도 재배되지 않음"이라는 "어역의 자연 지리적 조건"이 있다. 그러므로 여기 지방어(vernacular)의 존립이 불가능하였다. 더욱 능금의 한국 토산은 "경북, 경기, 황해"임을 참조하자. 다음 자료의 추가(김병제, 1980: 291)[40]를 함께 보인다.

(사과) 능금 : 명천 경성 청진 경원 종성 회령 무산   샤과 : 길주 온성
　　　　사과 : 부령 종성　　　　　　　　　　　　　사개 : 웅기 화대 명간 길주
　　　　사괘 : 성진 학성 온성

이들에 대하여 "평안 방언"(김영배, 1997: 12)[41]과 "함남 방언, 강원 방언"(김병제,1980: 291)[40]의 어례를 보자.

(함남 방언)　사괴 : 고원　　　　　(평북 방언) 닝금 : 창성 선천
　　　　　　사개 : 홍원 함주 신흥　　　　　　사괴 : 운전 박천 위원 동신 희천
(평남 방언)　사괘 : 오로 정평　　　　　　　사괴 : 고성 법동 원산
　　　　　　사괴 : 문덕 안주　　　(함남 방언) 사개 : 원산

이들 방언 자료에서 "보수적 어형"인 "닝금"이 압록 강변(창성)과 서해안(선천)의 벽지에 잔존하며, "개신적 어형"인 "능금"은 함북 일대에 널리 쓰인다. 여기 "능금"의 발달표를 다음과 같이 보인다.

$$林檎=림금>님금$$
$$↓\qquad ↓$$
$$링금>닝금>능금$$

여기 관심의 초점은 "님금 → 닝금＞능금"의 형성 과정에 있다. 우선 "닝금"의 형성 동기는 "님금 먹다"의 쓰임과 같은 타부 기원의 "동음 충돌"이 낱말 "님금(王)/님금(林檎)"사이에서 발생한다. 그리하여 당시까지

쓰이던 보수형 "림금"에도 영향되어 "림금→링금"의 어형 대치를 야기시킨다. 그러므로 이들 어형 대치는 "닝금>능금"에서 어형 변화를 맞는다. 따라서 우선 어형 "닝금"에 확고한 지위가 주어진다. 그러나 "닝금"에도 불가불 타부가 적용된다. 그것은 "님금→닝금"이 "역행 동화"로서 동일하게 발음되기 때문이다. 따라서 "닝금>능금"의 변화 동기가 조성된다. 이들 "i-→ɨ/n-"과 같은 "음운 규칙"이 평안 방언에서 가능하다. 이것은 이 방언이 가지고 있는 또 하나의 "구개음화 회피 규칙"으로 제안하여 두자. 다음에 이와 같은 "잉어"(鯉魚)의 방언 자료(김영배, 1997: 159)[42]를 문헌어 자료와 함께 보인다.

(잉어) : 리어(鯉魚)	(字會上, 21)	닝어:	평남(대동, 진남포 등 5개 지점)
: 리어	(小諺, 6-22)		평북(희전, 구성 등 10개 지점)
니어 : 평남(강동, 맹산등 7개 지점)		능에:	평남(선천)
니에 : 평북(신의주, 피현)		잉어:	평남(평양, 양덕)

위에서 두 어례들이 제안된 "음운 규칙"으로 산출된 어형 "능금, 능에"는 함께 "평안 방언"의 어역에 관련되지만, 그 기능은 현저한 차이를 보인다. 그리하여 후자는 지역 방언으로 머물면서, 새로운 음운 규칙 "n→∅/-i"에 의하여 현대어의 신어형 "잉어"를 산출하고 있다. 그런데 전자의 "능금"은 이들과 함께 추정할 수 있는 어형 "*잉금"을 산출할 수가 없었다. 이 어형은 "개신파"로써 주어진 "음운 규칙"으로 예상할 수는 있어도, 역시 "왕조 사회"에서 용납될 어형이 아니었다.

(3) ㄹㄴ 어두음의 방언 어역

한편 우리들은 다음 현대어의 방언 자료를 검토하게 될 것이다. 따라서 이들에서 어두음 "r-∞n->∅-"와 같은 "음운의 대응, 변동"을 기술하는 바, 우선 다음 두 가지 "음운 규칙"을 들어 두자.

(1) r ∽n / #-v

(2) r, n → ∅/ #-i, j

　　여기 먼저 (1) 문화어와 표준말의 규칙이면서, 문화어도 극히 일부의 예외를 인정한다. "함경 방언의 내부에서, 또는 평안 방언과의 관계"에 적용될 수 있다. 특히 "평안 방언"이 "문화어"와의 관계에서 소외되고, 표준어와의 관계에서 접근되고 있다. 다음 (2) 함경 방언과 평안 방언이 표준어에 접근하는 규칙이나, 문화어는 "r→ ∅/ #-i, j"에 한하여 엄격히 차단하지만, 극히 일부의 예외를 인정하고 있다. 여기 "평안 방언" 등이 "n→ ∅/ #-i, j"의 규칙을 수용하도록 하는 데는 "표준말"과 일치하는 것이다. 아울러 남·북한이 외래어에는 거의 같은 견해이지만 "라디오, 뉴스"에 있어서 북한이 "라지오"로 규정하여, 또 다른 이질화가 발생하고 있음을 주의하자.

　　이와 같은 태도에서 북한 공동체의 하위 어역별 기술을 보이게 된다.

　　첫째 "ㄹ 어두음"의 어역은 물론 넓게 "함경 방언"에 관련되지만, 좁게는 전형적으로 "함북 방언"이 큰 보존형 어역이다. 우선 김태균(1986)[43]에 의거하여, 다음 전형적 어례로써 지역 분포를 보인다.

(누각)　누각 : 길주 명천 청진 종성
　　　　누각 : 성진 명천 경성 부령 경원 종성 무산
(노인)　노인 : 성진 명천 경성 종성 무산
(노동)　노동 : 길주 명천 경성 경원 종성 회령
　　　　뇌동 : 성진 학성 무산
(이유)　리유 : 은성 종성 무산
　　　　니유 : 경원 종성 회령
　　　　이유 : 명천

　　여기 "함북 방언"이라 하여도 r- 보전율은 21.9%에 불과하다. 물론 자료제공자가 월남 동포로서 30여 년 동안 남한의 언어 생활자임을 감안하여 두자. 더욱(小倉進平, 1944)[44]의 자료에서 "r- 어두음"의 최전방은 1929년

도 발표분에서 평북의 강계, 자성(리서방, 상: 70)[44]에까지 이르고 있다. 아울러 "함북 방언"에 대한 "함남 방언"의 경우, 오직 초기의(小倉進平, 1944: 306~308)[45]의 1929년 조사에 주로 의거한다. 그리하여 "풍산, 장진"을 중심으로 정리하여 보이면, "풍산"만이 "함북 방언"의 영향이고 "후장, 장진"은 "평안 방언"의 영향이다. 이것을 간단한 어례와 함께 보인다. 이것을 다음과 같이 보인다.

(후장) n-, ø-	(혜산)　ø-
(장진) n-, ø-	(풍산)　r-,ø-
(오로리)　ø-	(?)
(정평)　ø-	

여기 "혜산"의 경우, "여행, 요리"도 같아서, 한결 r- 어두음을 배제함을 유의하자. 이들 함경 남도의 경우, 개략 풍산과 장진 사이는 "동서 현상"이며, 이들을 중심으로 "남북 현상"을 추정하게 된다. 여기 "풍산" 이남의 "단천, 북청, 홍원" 등의 자료가 불명일 뿐이다. 오늘날 이들 "ㄹ 어두음"에 관한 평안 방언의 자료(김병제, 1980: 200~201)[46]에서 "염감(令監)을 얻게 된다. 그리하여 문화어 "령감"은 모두 "녕감"으로 쓰인다. 그 지역 분포를 들어 두자.

> 녕감 : 평남(용강, 온전, 숙천, 문덕, 안주, 순천, 개천)
> 　　　 평북(박천, 영변, 구장, 향산, 운산, 구성, 운전, 동림, 철산, 용천)

이와 같은 특징으로, "문화어의 규범화"는 다음 어례와 같이 예외를 인정하는 것이다.

> 노(櫓)　녹두(綠豆)　농어(鱸魚)　잉어(鯉魚)

여기 총독부 사전(조선총독부, 1928)[47]의 경우, "노, 녹두"를 "로, 록두"로 처리하고 있었다.

둘째 "ㄴ 어두음"의 어역은 물론 "평안 방언"에 관련되지만, 이들 자료는 주로 고유어에 초점을 두게 된다. 따라서 한자어의 자료가 영성한 모습이나, 여기 북한의 자료(김병제, 1980: 198~199)[46]에 "여자"(女子)가 있다. 즉 "문화어"인 "녀자"에 관한 방언 자료를 들어 두자.

> 녀자 : 평남(문덕, 개천, 맹산, 양덕, 신양, 용강)
> 　　　 평북(박천, 연변, 구장, 운전, 구성, 곽산, 철산, 동림, 용천)
> 네자 : 평북(신의주, 용천, 염주, 의주, 태천, 파현)
> 여자 : 강원(원산, 이천, 김화 평강)

이와 같이 "평안 방언"의 어역이 이들 "n- 어두음"의 "보존 어역"이고, 그 "동서 현상"으로서 "함남 방언"의 어역이 "전이 어역"이다. 동시에 "함남 방언"의 어역과 연결되는 "강원북부 방언"이 그 "남북 현상"으로서 "소실 어역"이다. 아울러 "평안 방언"의 어역에 연결되는 "황해 방언"의 어역은 "전이 어역"이다. 이것을 다음과 같이 간결하게 보인다.

도표 4-1

어두음 n-, r-의 남북 / 동서 현상

(동서현상)

(남북현상)	n-	→n- / ø-	평안 방언 → 함남 방언
	V	V	↓　　　　　↓
	n- / ø-	ø	황해 방언　강원북부 방언

여기 "황해 방언"에 대하여, 일찍이 오꾸라의 자료(小倉進平. 1944, 상)[48]는 1930년의 발표인데, "이(齒), 니(재령, 황주, 서흥) / 잎(葉), 닙사기(황주)"등의 어례로써 "n-어두음"의 "보존 어역"임을 보였다. 그러나 김병제의 자료(김병제, 1980: 309)[49]에는 "황해 남도"가 "전이형 어역"으로 보존형과 소실형이 공존하고, "황해 북도"의 "항주"가 "소실형 어역"임을 보였다. 이

점 김영배의 자료(김영배, 1981: 28)[50]도 같은 것이다. 다음 김병제의 자료를 빌린다.

(잎) 니파구 : 황해 남도(청단, 해주, 연안, 배천, 신천, 재령, 장연, 과일, 송화)
   이파구 : 황해 남도(해주, 연안, 청단, 배천, 신천, 재령, 장연, 과일, 송화)
        황해 북도(황주)

최근 북한측 보고(황대하, 1998: 154)[51]에 의하면, 지리적으로 "평안 남도"에 가까운 "황주, 수안, 연산, 사리원" 등이 "n- 어두음"의 "보존 어역"임을 밝혔다. 따라서 이들이 "황해 북도"임에 따라서, "황해 남도"와 차별화됨을 시사한다. 그럼에도 우리들이 "황주"의 예처럼, 초기에는 남방계 개신파인 "소실형 어역"에 들지만, 후기에는 또 다른 북방계 방언인 "보존형 어역"에 든다는 뜻이다. 그러므로 이들은 어느 면에서 "전이 어역"일 것이다. 이와 같은 특징에서 "문화어의 규범화"는 다음 어례와 같이 예외를 인정하는 것이다.

요강(尿缸) 익사(溺死)

여기 "요강"은 한자어 어원 표시도 생략된다. 그리고 총독부 사전(조선총독부, 1928)[54]의 경우는 "요강"은 표제어에도 없으며, "익사"는 한자어 원음(닉사)을 표시하고 있었다. 더욱 고유어에 관하여, 다음 어례에 한정된 "복수 표준화"로 처리하고 있다.

이 / 니 (齒)   이 / 니 (蝨)   임 / 님 (懷慕人)   이마 / 니마 (額)

한편 "존칭 응답어"는 남(한글학회, 1992)[52]과 북(사회과학원, 1992)[53]이 거의 같지만, 북한은 "네"를 화체로 보고 있다. 그런데 총독부 사전(조선총독부, 1928)[54]에는 "예/네"만 들고 있었다. 간단히 들어 둔다.

	(남한)	(북한)
(1)	예	예

(2) 네＝예　　　네＝예
(3) 네＞예　　　녜(말체), 예

4. ㄹㄴ 어두음의 사회언어학적 특징과 육진 방언

이들 "ㄹㄴ 어두음의 사회언어학적 특징"은 우선 "자연 언어"와 "인공 언어"의 측면에서 북한 방언과 그들 문화어의 규범을 식별하지만, 더욱 이것이 "세대 구조"의 변인으로 나타남을 한층 주의하게 된다. 여기 중국 교포 학자 황대화의 제안(황대화, 1998: 149)[55]을 수용한 것이다.

이 "ㄹㄴ 어두음"의 문제는 그들 지역 방언의 특징을 문화어의 규범으로 수용함으로써, "남·북한 언어 이질화"에 있어서 가장 핵심적 주제로 부각된 것이다 그리하여 이것이 재래의 서울말 표준화와 상치되기 때문에 "표준말/문화어"라는 남·북한 국어 정책의 대립상으로 연결되어 있다. 따라서 이것은 그들 "문화어 교육"의 중요한 특징으로 고찰되는 것인바, 황대화(1998: 160)는 "문화어 교육을 받은 젊은 세대의 입말에서 더욱 뚜렷이 나타나고 있다"고 지적하고 있다. 여기 거론되는 "문화어 교육을 받은 젊은 세대"는 "특정의 사회언어학적 조건으로 특수화된 세대" 로서, 이들은 "분단 언어"를 체험한 세대이다. 따라서 이 세대는 "사회언어학적 세대"(장태진, 1977: 343~353)[56]로 특수화되며, 더욱 "분단 세대"로 제안하는 것이다. 그리고 특히 "젊은 세대"이기 때문에 적어도 "분단 1세가 아니며, 분단 2세 또는 전형적으로 분단 3세를 지칭하는 것"으로 보아야 한다. 이와 같은 "남·북한의 언어 이질화"는 북한의 "문화어 규범"에 연결되며, 그들 "세대 구조"는 언어 변인으로서 사회언어학적으로 특수화된다. 또한 이것이 "분단 세대"에 해당하며, 더욱 "분단 3세"가 전형적임을 각별히 유의하여 두자.

이와 같은 "분단 세대"(분단 1세, 분단 2세, 분단 3세 …)의 제안은 물론 남·북한의 모든 세대에 있어서 함께 식별할 어떤 기준은 가능하겠지만, 특히 북한의 실제를 감안하면 거론하기 어려울 만큼 너무나 상이하다. 더욱 이들의 경우 막심한 언어 이질화 과정을 겪었기 때문에, 세대간의 크나큰 특징을 예상하기 어렵지 않다. 따라서 우리들은 북한의 한국말을 기술하는 데 있어서 "분단 세대"라는 "사회언어학적 세대"의 개념을 극히 유효한 것이라 생각하게 된다.

한편으로 우리들은 육진 방언에 있어서, 어두음의 변동의 음운 현상에 관한 삭제 규칙 "r→n→ø/ ─i, j"를 보게 된다. 그리하여 이들에 관한 어례(황대하, 1998: 158)[57]를 차용한다.

룡 > 농 > 용　　　　류십 > 늉집 > 육십
례절 > 녜절 > 예절　　　량심 > 냥심 > 양심
렴치 > 념치 > 염치　　　리질 > 니질 > 이질
리발 > 니발 > 이발　　　리가 > 니개 > 이개

여기 어두 자음 "ㄹ"의 변화형인 "ㄴ"이 탈락의 과정을 밟게 되면서 점점 문화어에도 접근하여 가는 경향을 보이고 있다"고 말한다. 그렇다면 다음 어례 "양심"의 방언 자료(김태균, 1986: 359)[58]를 옮겨 보자.

도표 4-2

어두음 n-, r-의 문화어/표준말

	량심>	냥심>	양심
육진 방언의 지역 분포		경원 종성 회령	부령 경원 온성 회령
다른 함북 방언의 지역 분포		길주 명천	길주 명천 경성 문산

오늘날 "육진 방언"의 "전통적 어형"은 물론 "냥심"이며, 그 변화형인 "개신적 어형"은 "양심"인 것이다. 따라서 여기 "육진 방언"은 표준말에 접근하고 있는 것이다. 그리하여 다행히 최근 저서(황대화, 2000: 228)[59]에서 수정을 보인다.

5. 언어 규범에 있어서 이질화

앞서 우리들은 "언어 통일"을 전제로 해야 하는 "분단 국가"에 있어서, 언어 문제, 언어 정책의 특수성을 언급하였다. 여기 언어 정책을 위한 원리의 최고도 유형론은 이 분야에 있어서 미래 접근(future research)으로서 최우선 과제(Neustupný, 1968: 292)[60]의 하나라는 것이다. 그리하여 여기 4가지 일반 원리(general principle)를 인용하는 것이다. 먼저 (1) 발달(developement)이 있다. 그 특징이 사회의 발달에 기여하는가?… 다음 (2) 민주화(democratization)가 있다. 그 특징이 사회의 모든 구성원을 위한 균등한 기회의 창조에 유리한가? 한편 (3) 단일성(unity)이 있다. 그 특징이 현안에 있어서 사회의 단일성을 강화하는가? 끝으로 (4) 외국 관계(foreign relation)가 있다. 그 특징이 다른 특수화 공동체와의 의사 소통에 장애가 아닌가? 이와 같은 기준에서 북한의 언어 규범을 생각하게 된다.

이들 언어 규범에 있어서 이질화는 여기 "두음법칙"에 관하여, 문화어의 특징을 언급하는 것이다. 따라서 이것은 "북한 언어정책론"의 소관이다. 실제로 "북한말 이질화"의 핵심은 스스로의 네셔니즘(nationism)을 강조한 나머지, 외규범적 표준화를 탈피하고 내규범적 표준화를 세우려는 노력이다. 여기 북한의 입말과 글말에 관한 "언어 규범"의 중요한 일부로서 고찰되어야 한다. 다음 개요를 보인다.

북한에 있어서 "두음법칙"의 문제는 이들의 "규범적 이질화"로서, 실로 전형적이면서도 단연 선두 주자였다. 최근 북한의 자료(박재호, 1996: 88~125)[61]에 의하면, 이것이 최초로 거론된 것은 북조선 공산당과 북조선 신민당이 합당하여, 1946년 8월 21일 "북조선노동당 창립대회"를 개최할 때의 일이다. 즉 당명을 "노동당"이라 할 것인가 아니면 "로동당"으로 할 것인가에 대하여, 매우 중요한 문제가 제기되었다는 것이다. 여기 "로동 계급의 대중적 정당으로서의 당의 명칭을 로동당이라고 한다"는 것을 선포함으로써 "두음법칙"을 부정하는 최초의 공식적 결정이었다. 따라서 일제 하에서, "겨레의 수호와 조국 광복"의 염원을 담은 "한글맞춤법통일안"이 처음으로 도전을 받게 되는 것이라 하겠다.

그 후 1947년 6월 6일부터 10일 까지 4회(6·7·8·10일)에 걸쳐서 김수경이 "조선어학회 한글맞춤법통일안 중에서 개정할 것 몇 가지, 그 하나로서 한자음 표기에 있어서 두음, ㄴ 및 ㄹ에 대하여"라는 긴 제목의 논술문을 노동당의 기관지인 "로동신문"에 게재하게 된다. 그리하여 사실상 이들 언어 정책에 대한 노동당의 공식적 견해가 표명된 셈이다. 그의 논술 요지는 통일안의 "표음 주의"표방이 비체계적이며 철자법은 본질에 있어서 한계가 있고, 고유어 한자어 외래어 등의 표기에 모순이 있어 언어음의 발전을 예견하지 못하고 있다는 것이다. 따라서 우리말로 한자어의 어두음 "ㄴ, ㄹ"을 발음할 수 있으며, 또한 발음하여야 한다는 것이다.

이들 기술된 논조는 벌써 노동당이 북한의 "언어 계획" 또는 "언어 정책"에 깊이 간섭하기 시작하였고, 여기 김수경이 북한의 언어 계획에 관한 이론가로, 자처하고 나선 셈이다. 그리하여 처음부터 "북한말 이질화"는 "정치적 목표"에서 비롯된 것이다. 즉 언어 계획과 언어 정책에 있어서 언어 계획의 목표(wiley, 1996: 122~129)[62]는 언어적 목표(language goal) 정치적 목표(political goal) 경제적 목표 등 3대 목표로 제안되지만, 여기 언어적 목표를 취하였다면, 당연히 "두음법칙"을 지켰어야 하였다.

이와 같은 분위기 속에서, 김두봉 주도하에 "조선어신철자법"이 기안되고 있었지만, 그는 1948년 1월 9일 "조선어철자법 개정초안"에 대한 보고(중앙일보사, 1989: 266)[63]를 행한 바 있었다. 그리하여 그 달 15일에 공포되는데, 비록 이것이 "통일안"을 거의 그대로 계승하지만, "두음법칙"의 거부를 비롯한 몇 가지 수정(고영근, 1999: 28)[64]이 포함된다. 따라서 "최소한의 이질화"로 지적되었다. 여기 광북 이후 2년 5개월이 갓 지났으니, 그 사이 북한으로서는 "한글맞춤법통일안"에 의한 일종의 외규범화의 시기였다. 그럼에도 북한의 경우는 그들 북한 정권의 성립(1948. 9. 9.) 이전이기 때문에 더욱 정확하게 "반외규범화"가 적절할 것이다. 아무튼 이것은 "한국말 이질화"의 공식적 시작이지만, 북한으로서는 스스로 내규범화(endo-normalization)를 지향하는 출발이었다.

최근 고영근의 연구(고영근, 1999: 54)[64]에 의하면, "조선어신철자법"은 1948년 당시 유인본이었으며, 1950년에 정식으로 간행되었다 한다. 더욱 이들 규정은 "조선어 연구"(1949-)와 "조선어 문법"(1949)에만 적용되었을 뿐이며, 많은 신문과 간행물에 "두음법칙" 이외는 보급되지 않았다는 것이다. 그리하여 이 시기를 "한글맞춤법통일안" 시대로 제안하고 있다. 따라서 남·북한에 있어서 "언어 규범의 공유기"로 보는 셈이다.

(1) 언어 규범의 바꿈

이들 북한 정권의 수립과 한국 동란(1950~1953)은 "한국말 이질화"의 동기를 크게 조장하였다. 전쟁의 와중인 1952년에 신설된 과학원 개원식(12월 1일)에 김일성은 몸소 참석하지만, 이곳에서 "조선어철자법"(고영근, 1999: 31~33)[64]이 제정되어 1954년에 공포하였다. 여기에도 "통일안"이 많이 계승된다고는 하지만, 남·북한의 언어 규범은 본격적으로 달라진다. 여기 북한의 표준 발음(이봉원, 1997: 60~61)[65]이 제안되어 새로운 진전을 보이지만, "두음법칙"의 부정은 여전하다. 특히 총칙에서 "표준어는 조선 인민 사이에서 사용되는 공통성이 가장 많은 현대어 가운데서 이를 정한다"고 하여, "서울말, 중류 사회"를 빼 버린다. 따라서 "분단된 화어 공동체"는 본격적 내규범화로 치닫고 있었다.

다음 중요한 것은 1958년 소위 6자모 비판으로 몰락한 김두봉계(김수경?)의 "조선어문법"(1949)을 대신할 과학원(언어문학연구소 언어학연구실)의 "조선어문법"(1960)이다. 이들은 전자가 김두봉 산하인 "조선어문연구회"(1947~1952)의 간행으로 그의 "조선어신철자법"을 충실하게 적용하지만, 후자는 이것을 배제하는 "조선어철자법"(1954)을 충실하게 적용한다. 그리하여 전자와 다르게 "두음법칙"을 인정하고 나서는 점이 주목된다. 여기 북한 체제 밑에서 언어의 상대적 현상에 관한 학설의 부침이 학자 개인이 처하고 있는 정치적 상황에 연관되기 일쑤인 것이다. 그럼에도 "두음법칙"을 따르지 않은 발음(락원, 로동)은 "철자 발음"이라 하며 "표준 발음"에 위반된다는 것이다. 이것은 오늘의 북한 "문화어"에서 깊게 음미할 과제가 아닌가 한다.

(2) 문화어의 규법

북한에 있어서 "문화어"란 1966년 5월 14일 김일성 교시 "조선어의 민족적 특성을 옳게 살려나갈데 대하여"에서 처음 사용되었다. 즉 1964년 이래 두 번째 언어학자들과의 간담회를 가진 것이다. 여기 "혁명의 수도인 평양말을 기준으로 하여 발전시킨 우리말"이라 규정하고 있다. 실제로 북한에 있어서 김일성은 1964년 1월 3일, 언어학자들과의 담화에서 "조선어를 발전시키기 위한 몇 가지 문제"를 발표한 이래, 공식적으로 특유의 강력한 "언어 계획자"(language planner)로 등장하게 된다. 그리하여 여기 "어문학연구소가 우리말을 정리하며 새말을 만들어 내는 것을 통제하는 기관으로 되어야 합니다"와 같이, 당시의 "어문학연구소"를 북한 최고의 "언어계획 기관"(장태진, 1987)[66]으로 지정하고 있다.

이들 교시 이후, 북한 정부의 주도하에 재래의 "말다듬기 운동"을 보완 강화하여 대대적인 "문화어 운동"을 전개하는데, 이것을 흔히 "어학 혁명"으로 부른다. 그리하여 그 해 7월에는 오늘날 북한의 언어 규범을 대표하는 "조선말 규범집"을 간행하고 있는 것이다.

이 "조선말 규범집"(김민수, 1985: 89~91)[67]은 "조선어 철자법"을 재정비한 것으로서 특히 띄어쓰기를 더 세밀하게 규정하고, 표준발음법을 더 확충하여 규범화한 것이다. 특히 한자음의 ㄹ두음이 변한 것(라팔>나팔, 라사>나사, 람색>남색, 로>노, 류리>유리)을 인정한다. 그리고 "두음법칙"을 부정하며, 두음 ㄹ,ㄴ을 제대로 발음하는 것을 원칙으로 한다고 규정하였다. 더욱 1987년에는 이것을 전면적으로 재검토하고 그 일부 조항과 내용을 수정 보충한 "조선말 규범집"(이봉원, 1997: 64~66)[68]을 발표하였다. 이 규범집에서는 재래의 "표준발음법"을 "문화어발음법"으로 개칭하고 내용도 수정하고 있다.

이와 같은 "언어 규범"의 빈번한 개폐가 피차의 언어 발달에 있어서 한 측면이기는 하지만, 한편으로 서로의 "언어 규범"이 일방적으로 강조되기 때문에 "국어의 이질화"를 가중화시키는 역기능이 있다. 여기 한층 유념할 것이다. 다행히 "탈냉전 시대"를 맞아서, 이들 "국어 문제"에 어떤 도움을 얻게 되었다. 즉 중국 장춘(長春)에서 한국 국립국어연구원, 북한 사회과학원 국어사정위원회, 중국 조선어사정위원회가 공동 주최로 열게 된 "남북한 어문규범 국제회의"(1996. 8. 5~7.)에서 "남·북 어문규정 개정 중단"에 관하여 합의(경향신문, 1996. 8. 8.)를 보았다. 그 후, "남·북한 정상회담"(2000. 6. 15.)이 있어 더욱 전망은 밝아 보인다. 앞으로는 "국어 이질화"에 관한 규범들을 풀어가면서 "국어 공통화"에 관련된 규범들(최호철, 1999: 35~85)[69]이 연구되어야 하겠다.

6. 문화어 사용의 실태

이들 "문화어 사용의 실태"는 최근의 제안(이봉원, 1997: 60~61)[68]을 수용한 것이다. 다음 개요를 보인다.

오늘날 문화어 사용의 실태는 어떠한가? 이 물음에 대한 대답은 마련되어 있지 않다. 여기 아래와 같은 연구자의 관심 표명이 있었다. 북한의 "문화어발음법"은 별도의 보완 없이, 지금까지 발음 규범으로 쓰인다는 것이다. 그리하여 이들 규정과 "조선말대사전"(1992)을 함께 참조하여, 그 쓰임의 실태를 북한 "조선 중앙 TV"의 뉴스 방송에 의거한 보고(이봉원, 1997: 66~71)[68]가 있다. 이것은 주어진 어려움 속에 이룩된 좋은 성과이다. 여기 "어두음 ㄹ"에 관한 어례를 차용하여 둔다.

도표 4-2

문화어 두음법칙이 쓰임 실태

(두음법칙 거부)		(두음법칙 준수)	
로동자	(勞動者)	노동계급	(勞動階級)
리익	(利益)	이용/리용	(利用)
림지	(林地)	낙원	(樂園)
록화	(錄畵)		

이들 연구가 축적될 때, 우리들은 "문화어발음법"의 실제적인 쓰임의 실태를 더욱 정확하게 체계화할 수 있는 것이다.

최근 이들 "문화어"의 정착 실태(조선일보, 2001: 5. 26.)는 일부 생명력을 얻은 어휘(예, 손기척: 노크)가 없는 바 아니지만, 많은 전문 분야 즉 인쇄업, 건축업, 예술 분야 등에서는 새 용어보다는 기존 용어를 고집하면서 잘 쓰지 않는 "문화어"의 괴리 현상을 보이고 있다는 것이다. 비교적 쉽게 전문 용어(예, 하드 디스크)를 수용하는 경향이 있다는 것이다. 따라서 그들 "문화어 정책"이 다소 경직성을 벗어나 유연해졌다는 긍정적 평가를 보인다는 소식이다.

 미주 · 원문

1) "…the same national tongue.(…Korea and Vietnam, are today divided between bitterly opposing communist and anti-communist regimes.)"
Rustow, D.A.(1968) Language modernization, and nationhood – an attempt at typology, In. Fishman, J .A. – Ferguson, C. A. – das Gupta, J.(eds.) *Language Problems of Developing Nations*, New York, pp.87~105

2) "…language problems may result from a vast variety of real-world events."
Kaplan, R. B.(1992) Applied linguistics and language policy and planning, In. Grake, W. and Kaplan, R. B. eds. *Introduction to Applied Linguistics*, Addison-Wesley Oaks, D. D. ed. 1998, *Linguistic at Work, A Reader of Applications*, New York, p.422.

3) 한글학회 편(1971) *한글학회 50년사*, 서울, 593pp.

4) 이기문 · 강신항 · 김완진 · 안병희 · 남기심 · 이익섭 · 이상억 공저(1983) *한국 어문의 제문제*, 서울, 322pp.

5) 고영근(1994) *통일시대의 어문문제*, 서울, 550pp.

6) Ben-Rafael, E.(1994) *Language, Identity, and Social Division, The case of Israel*, Oxford University Press, New York, pp.19~37.

7) Gumperz, J. J.(1987) The speech community, In. Giglioli, P. P. ed. *Language and Social Context*, Harmondsworth: Penguin Books, PP. 219~231.

8) Ben-Rafael, E. (1994) *op. cit.*

9) "The post-1945 division of Germany, Korea, and Indochina…"
Deutsch, K. W.(1953) *Nationalism and Social communication*, the M.I.T. Press, Cambridege, Massachusetts, 345pp.

10) "Korea and Vietnam, are today divided between bitterly opposing communist and anti-communist regimes."
Rustow, D. A.(1968) Language, modernization, and nationhood–an attempt at typology, In Fishman, J. A. Ferguson, C. A. Das Gupta, J. (eds). *Language Problems of Developing Nations*, New York, 521pp.

11) 베트남의 경우 다수 민족인 베트족(Viet)이 약 7,000만 명으로 전 인구의 85%를 점유 하지만, 정부 공인 에스닉 집단이 54개에 이르는 "다민족 국가"이다. 따라서 "분단 국가"로서 특수하다.
河原俊昭 編著(2002) 世界の言語政策, 東京.

12) 龜山建吉(1969) 第一節 マレー地域における言語問題の歷史的回顧, アジア・エートス 研究所編, *アジア近代化の研究*, 東京, 499+xi pp.

13) 다음 Malacca 왕국의 약도를 보인다.

말래카 왕국

14) 豊田國夫(1968) 言語政策の研究, 東京, 704pp.

15) Clousmas, F.(1985) *Sprache und Staat*, Berlin(山下公子 譯, 1987, 言語と國家, 東京, 352+36pp.)

16) 언어계획 기관의 설치도 실제로는 인도네시아가 앞선다. 즉 "언어발달센터"로서 통합 개편되는데, 그 전신이 되는 언어계획 기관의 명칭과 존속 기간을 보인다.

　1950~54 : 언어・문화 연구소(Institute of Language and Culture)

　1954~70 : 인도네시아대학교 언어・문화이사회(Directorate of Language and Culture)

　1970~75 : 교육・문화성 국어연구소(National Language Institute)

17) 장태진(1987) 언어계획기관의 연구, 서울, 238pp.

18) Katzner, K. ed.(2002) *The Languages of the world*, third edition, London and New York, 384pp.

19) 이와 같은 방식(formula)으로 "언어 분리"를 제안하면, 이론적으로 다음 세 유형을 추가한다. 여기 "영국/미국"의 경우는 "긴밀한 접촉, 동일한 제 1언어"가 다르다. 이것을 "말레이/인도네시아"와 대조하라. 전자는 "정치적으로 긴밀함을 지향하지만, 언어 규범은 엄밀하게, 더욱 능동적으로 분리되었다. 그런데 후자는 "정치적으로 소원하지만, 언어적으로는 긴밀함을 지향한다. 왜냐하면 이들은 피동적으로 분리되었기 때문이다. 그럼에도 전자와 후자는 함께 다수 집단의 언어이다. 그리고 "분단 언어, 분기 언어"도 같은 다수 집단임을 주의하라.

20) 장태진(1971) 국가어의 개념 –언어사회학적 고찰, 한글학회 50돌 기념 논문집, 서울, pp.311~326

21) 홍연숙(1977) 남북한 언어개념의 이질화 연구, 국토통일원 조사연구실.

22) 북한언어연구회(1989) 북한의 어학혁명, 민족어의 이질화를 극복하기 위하여, 서울.

23) 이응백(1989) 남북한 국어의 동질성 회복을 위한 대안, 한국국어교육학회 국어교육원 본사 주최, <u>남북한 국어교육정책교류로 민족동질성 회복을 위한 대토론회 발표요지</u>, 1989. 4. 22. 서울.

24) 고영근(1994) 남북 규범문법의 이질화 문제, <u>통일시대의 어문연구</u>, 서울, pp.400~471.

25) 진태하(1989) 남북한의 국어교육정책 비교와 통일방안, 한국어교육학회, <u>op. cit,</u>

26) 최호철(1999) 남북한 언어의 통일을 위한 과제, <u>국제고려학회 논문집 창간호</u>, 서울, 641pp.

27) 임홍빈(1993) 북한의 언어정책, 국어학회 편, <u>세계의 언어정책</u>, 서울, pp227~368.

28) 정유진(1997) 북한의 말다듬기, 김민수 편저, <u>김정일 시대의 북한언어</u>, 서울, pp.119~142

29) 사회과학원 언어학연구소(1992) <u>조선말 대사전 1·2</u>, 평양, 1990+2160pp.

30) 小倉進平(1944) <u>朝鮮語方言의 硏究, 上 資料篇</u>, 東京, 514+31pp.

31) 김병제(1980) <u>방언사전</u>, 평양, 499pp.

32) 김태균(1986) <u>함북방언사전</u>, 서울, 596pp.

33) 김영배(1977) <u>평안도 방언여구 자료편</u>, 서울, 383pp.

34) 황대하(1998) <u>조선어 동서방언 비교 연구</u>,(한국문화사 영인본), 평양, 258pp.

35) 전몽수(1941) 과명고(1) -훈몽자회연구 일절-<u>한글 91호</u>, 서울, pp.8~10.

36) "註內稱俗字 指漢人之謂也 人或有學漢語者 可使兼通 故多收漢俗稱呼之名也" 최세진(1527) <u>훈몽자회 전 ; 대제각 영인본</u>, 서울.

37) 고려대 민족문화연구소(1995) <u>중한대사전</u>, 서울, 3079pp.

38) 박은용(1970) 중국어가 한국어에 미치는 영향 - 음운편-, <u>논문집 6·7집</u>, 효성여대, 대구, pp.9~85.

39) 김태균(1986) <u>op. cit.</u>

40) 김병제(1980) <u>op. cit.</u>

41) 김영배(1997) <u>op. cit.</u>

42) 김영배(1997) <u>op. cit.</u>

43) 김태균(1986) <u>op. cit,</u> 596pp.

44) 小倉進平(1944) <u>op. cit.</u>(상) P.70.

45) 小倉進平(1944) <u>op. cit,</u>(하), 665pp.

다음 이들 집계와 백분율을 든다.

<u>어두음 n-, r-의 방언 자료</u>

	경성	은성	종성	회령	무산	부령	청진	경성	명천	길주	학성	성진	(계)	(%)
l-	0	1	2	0	1	0	1	0	1	1	0	0	(7)	(21.9)
n-	3	0	4	2	3	1	0	3	3	1	1	3	(24)	(75.0)
ø-	0	0	0	0	0	0	0	0	1	0	0	0	(1)	(3.1)

<u>어두음 n-, r-의 방언 자료</u>

	(후창)	(장진)	(오로리)	(정평)	(풍산)	(혜산)
양반(兩班)	양반~냥반	양반~냥반	양반	양반	−	양반
육십(六十)	육십~뉵십	−	육십	육십	륙십~육십	육십
이가(李家)	이가~니가	−	이가	이가	−	이가

46) 김병제(1980) <u>op. cit.</u>

47) 조선총독부(1928) <u>조선어사전</u>, 서울

48) 小倉進平(1944) <u>op. cit.</u>(상)

49) 김병제(1980) <u>op. cit.</u>

50) 김영배(1981) 황해도 지역방언 연구, <u>국어국문학 논문집 제 11집</u>, 동국대, 서울, pp.1~36.

51) 황대화(1998) <u>op. cit.</u>

52) 한글학회(1992) <u>우리말큰사전</u>, 서울.

53) 사회과학원 언어학연구소(1992) <u>조선말대사전</u>, 평양.

54) 조선총독부(1928) <u>op. cit.</u>

55) 황대화(1998) <u>op. cit.</u>

56) 여기 "사회언어학적 세대"란 특수화되지 않은 세대 집단과 식별하게 된다. 따라서 다음의 논문은 후자에 관한 것이다.
장태진(1977) 세대집단의 언어변이와 그 속도, <u>이숭녕선생 고희기념 국어국문학논총</u>, 서울, 708pp.

57) 황대화(1998) <u>op. cit.</u>

58) 김태균(1986) <u>op. cit.</u>

59) 황대화(2000) <u>op. cit.</u>

60) "1. Development.(Does the feature contribute to the development of the society? …)
2. Democratization. (Is this feature favorable to the creation of equal opportunities for all member of the society?)
3. Unity.(Does the feature reinforce the unity of the society in question?)
4. Foreign relations.(Is the feature an obstacle to communication with other specific communities?)"
Neustupný, J. V.(1986) Some general aspects of "Language" problems and "Language" policy in developing societies, In. Fishman, J. A. Ferguson, C. A. Das Gupta, J. eds.(1968) <u>Language Ploblem of Developing Nations</u>, New York : Wiley, pp.285~294.

61) 박재호(1996) 언어규범 연구사, 김영황·권승모 편, <u>주체의 조선어연구 50년사</u>, 김일성 종합대학, 평양, 616pp.

62) "언어 계획의 목표(goal of language planning)를 언어 목표(language goal), 정치적 목표(political goal), 경제적 목표(economic goal) 등, 세 가지를 들고

있다. 특히 언어 목표에는 언어 전환 정책(language shift policy), 언어 보존 정책(language maintenance policy) 언어 풍요정책(language enrichment policy) 등을 식별한다는 것이다.

62) Wiley, T. G.(1996) *Language Planning and Policy, Mckay*, S. L. Hornberger, N. H.(eds.) <u>Sociolinguistics and Language Teaching</u>, Cambridge University Press, Cambridge, U. K. pp.103~147.

63) 중앙일보사(1989) 북한일지, <u>오늘의 북한</u>, 서울 pp.260~330.

64) 고영근(1999) <u>북한의 언어문화</u>, 서울, 347pp.

65) 이봉원(1997) 북한 표준발음의 실상, 김민수 편저, <u>김정일시대의 북한언어</u>, 서울, 600pp.

66) 장태진(1987) <u>op. cit.</u>, 238pp.

67) 김민수(1985) <u>북한의 국어연구</u>, 서울, pp.620.

68) 이봉원(1997) <u>op. cit.</u>

69) 최호철(1999) <u>op. cit.</u>

제5장 교포말 공동체와 한국말의 보존

이들 "교포말 공동체"는 현실적으로 한국과 분리된 "단편적 공동체 (fragmental community)"로서, "거류국 공동체" 속에 편입되어 있다. 그리하여 이들은 거류국의 "2중언어적 소수집단(bilingual minority)"의 특성을 가지는 것이다. 따라서 이들과는 "외연적 의미(extensional meaning)"가 규정되며, "한국말"에 관한 "언어 보존"에 기술의 초점을 두는 것이다.

여기 "교포말 공동체"는 "재미, 재중, 재일, 재CIS" 등, "4대 교포 공동체"를 중심으로 하는 "주요 교포말"에 제한된 기술이다. 그리하여 이것으로 전 교포말에 관한 특징을 대신하려는 의도이다. 더욱 이들에 관한 일반적 기술을 보이지만, 특히 그들 "모국어"로서 "한국말"의 보존에 관심을 두게 된다.

교포말에서 "한국말 보존"의 실태는 현재의 연구로는 극히 제한적 지식이 될 수밖에 없지만, 그 나름으로 기술을 보인다. 그리하여 각 교포말에 대한 개관은 "언어"의 "사용자(user), 사용(use)"과 함께 "언어 구조"의 측면으로 기술하게 되겠지만, 우선 기술의 초점을 전자들에 두기로 한다.

첫째 "언어 사용자"의 특징에서는, 재미 교포(임영철, 1995: 105~106)[1]의 경우, 물론 "가정어"에서 "여성, 낮은 계층"은 보다 보존율이 높다. 그리고 "연장층"과의 대화에도 역시 높다는 것이다. 여기 부부 사이에는 영어를 사용하지 않은 사람이 많고, 부모와 자식 사이 또는 형제 사이에는 때때로 영어를 사용하는 사람이 많다는 것이다. 재중 교포(장순진, 1994)[2]의 경우, 세대차인 "노인, 중년, 청년, 소년·아동" 등에 있어서 "노인은 조선어 단일 언어, 중년은 조선어·중국어 이중 언어, 청년과 소년·아동은 중국어 단일 언어와 같은 것이며, 특히 "청년은 모국어가 중국어식 조선어, 소년·아동은 모국어인 조선어를 잘 모른다"[3]고 한다. 재일 교포(熊谷明泰, 1983: 50~734[4], 塚本勳 et al., 1992: 776~790)[5]의 경우, 1세와 2·3세의 기준에서 논급된다. 즉 "1세의 생득 언어는 물론 한국말(조선어)이며, 주로 한국의 "남부 방언계"이나 교포말 사이의 혼효로써 특유의 "재일 교포 한국말"(일본어 음운 체계를 가진 한국말)을 말하며, 더욱 한·일어의 혼용과 함께 피진(pidgin)이 실제한다는 것이다. 그리고 2·3세는 일본어 중심의 언어 생활이며, 3세가 성장한 교포 가정에는 한국말의 사용이 희소하다는 것이다. 따라서 1세와 3세의 대화에는 2세의 통역이 개입된다고 한다. 재CIS 교포(유일리야, 1991: 11~25)[6]의 경우, 우즈베키스탄에서 "가정어"에 도시 고려인들은 어린이와 학생들이 러시아어를 많이 쓰고, 성인들은 고려어를 많이 쓴다는 것이다. 따라서 조부모들이 손자들에게 오직 고려어로 말을 걸고, 손자들은 조부모들에게 러시아어로 대답하는 예가 관찰된다고 하였다. 따라서 이들 가정어는 "2중 언어제"(이해 변종)로 보아야 한다. 더욱 고려인들 사이의 대화에 고려말의 사용은 연소층(미취학 아동 12% 이하, 30대 15%)에 비하여 연장층(40대 30%, 50·60대 75%)의 비율이 월등하게 높다는 것이다.

둘째, "언어 사용"의 특징에서는 재미 교포(이광규, 1989: 143~157)[7]의 경우, 영역(domain)에 있어, 교회는 대다수가 한국말을 쓰고 거의 한글 학교를 경영한다. 그리고 "한글 간판"이 일반적이며, "학교"(이광정, 1998: 360)[8]는 한국말을 개설하고 있는 정규 학교가 초등 학교에서 대학에 이르기까지 다양하다는 것이다. 재중 교포(렴광호, 1990: 188~196)[9]의 경우, 연변 조선족자치주에서 당장은 조선어가 "공용어"라는 법적 지위를 가진다. 그러나 중국어가 "상용어"로 쓰이고 있다는 것이다. 그리고 "문화·예술"의 전반에는 조선어가 쓰이며, "학교"는 "초등 교육"이 조선어 중심이나, "고등 교육"은 중국어 중심이라 한다. 아울러 "거리"에서 간판은 조선어, 중국어가 병기된다. 재일 교포(河炳旭, 2001: 91~110[10], 管野裕臣, 1978: 36~42[11])의 경우, 일본어를 쓰는 대화에서 "친족 호칭"은 한국말을 끼워 넣어 쓴다는 것이다. 특히, 큐슈 노시로고(苗代川)에는 메이지 시대 초(1868년)에 "한국 성"을 쓰고, 다이쇼 시대(1912~1926)에 "한국말 축문"을 읽었다 한다. 따라서 "제례, 성명"의 영역이 주목된다. 아울러 한국말의 "도예 용어"가 오랫동안 기억되었다는 것이다. 재CIS 교포(이기갑, et al., 2000: 52[12])의 경우, 먼저 어휘의 "영역 변동"이 보인다. 예를 들면 "진지"는 "밥"의 경칭어인데, 이들은 "제상에 올리는 밥, 메"를 뜻한다. 따라서 경칭어의 쓰임을 "제례"의 영역으로 전환한 것이다. 다음 "변말 보존"이 있다. 이들의 "무티(나무 둥치)"는 심메마니 변말인 "무티 새끼(젓가락)"를 보존하고 있다.

한편 "교포말 공동체"는 "모국어"로써 관련되는 "본국 공동체"와 "거류국 언어"로써 관련되는 "거류국 공동체"와의 관계에 있어서, 반드시 "2중적 지위"에 있음을 유의한다. 이것은 비록 이민 1세 또는 2세 등에 제한될 수 있기는 하지만, 상당수 교포들은 이와 같은 특징을 벗어나지 못하는 것이다. 여기에 이들 "2중 관계"를 그들 "언어 접촉"의 측면에서 기술하게 된다. 즉 앞서 "분단 언어, 이산 언어"의 문제를 고찰하면서 "언어 접촉"에 관한 "프로필 방식"을 제안한 바 있다. 여기 교포말의 "이중 언어 접촉"의 프로필을 보인다.

모 국 어/교포말 : Con 1~3 + Maj / Min + L1/ L1~2
거류국언어/교포말 : Con 1~3 + Maj / Min + L1/ L2~1

이들 프로필 방식에서, "교포말"은 "모국어 관계"에서 "제1 언어"가 선행하지만, "거류국 언어 관계"에는 "제2 언어"가 선행함을 유의할 것이다. 그리하여 이들은 어느 쪽에서나 "소수 집단"일 수밖에 없음은 자명한 것이다.

1. 교포말의 일반적 특징

이들 "교포말의 일반적 특징"은 재외 동포 전반에 대한 제안이 아니고, 우리들이 "주요 교포말"이라 부르는 이른 바 "4대 교포말"[13]을 자료로 하여, 제한된 언급으로 대치하는 것이다. 따라서 후술의 개별적인 "현지 교포말 개설"과 대조되는 일반적 논술이라 할 것이다. 그리하여 먼저 (1) "이민 언어(migrant language)"임은 물론이다. 여기에는 이민 언어의 유형화와 교포말 이산의 시대적 특징과 함께 몇 가지 요인들을 보인다. 다음 (2) "소수 집단어"의 측면에서, 교포말을 거류국의 특징적인 "사회언어학적 상황"에서 고찰하고, 이들을 "종속 언어(minor language)"의 개념을 수용하여 이해를 돕는다. 여기에는 "언어 접촉"의 특징이 강조된다. 끝으로 (3) "언어 보존"의 측면에서 교포말의 모습을 기술하지만, 이들은 "민족언어학적 활력(ethnolinguistic vitality)"의 측면에서 고찰하는 것이다. 그리하여 교포말의 보존과 에스닉 정체성(ethnic identity)의 관점에서 논급을 보인다.

이와 같은 "교포말" 또는 국내의 "거류 외국말"의 연구는 재래의 단순한 "이민 연구"(고승제, 1973)[14]에서 벗어나 "소수 집단, 에스닉 집단"의 연구(Haugen, et. al., 1981)[15]로 이행되는데, 이것이 단순한 "계급·계층론"에서 벗어나 "사회불평등론"을 강조하는 사회 과학의 동향과 여러 모로 상응하는 것이라고 하겠다.

(1) 이민 언어로서의 교포말

이들 "교포말"의 경우, "이민 언어(migrant language)"의 개념은 특히 "출국 이민 언어(emigrant language)"에 해당된다. 이것은 미국·캐나다·호주와 같은 이민 국가의 경우, "이민 언어"라 하면 "입국 이민어(imigrant language)"를 뜻하는 예와 상반된다. 여기 우리 나라의 경우, "재외 교포"가 약 564만명(1999)이며, "거류 외국인"이 약 59만명(2002)이니, 당연히 "출국 이민"을 지칭한다. 이들을 "민세적 접촉"(demographic contact)의 정도와 함께 생각해야 한다. 아울러 서로 다른 이들 화자들의 특수성과 함께, 전자에는 모국어에 대한 정의적 태도(emotional attitude)가 중요한 것이라 하겠다. 예를 들면 교포들에 관한 모국어 능력과 학습 의욕 등이다.

이들 "거류 외국인"을 한국의 "입국 이민"으로 받아들이지 않은 것은 구미 제국의 국적법처럼 "출생지 주의"를 취하지 않고, 철저한 "혈통 주의"를 채택하고 있는 "한국 내셔널리즘"의 제도적 특정에 기인된다. 그러므로 이들 외국인에게 "영주권"이 부여되지 않으며, 국적 취득을 위한 엄한 귀화 조건이 존재한다. 따라서 최근의 외국인 근로자의 입국도 "산업 연수생"이라는 제도에 의거할 뿐, "입국 이민"이 아니다. 여기 한국에는 "출국 이민"만이 있을 따름이다. 근래의 "다국적·다문화·다언어"를 표방하는 세계적 추세와는 다르게, "단일민족 국가"라는 한국의 전통적 내셔널리즘에 깊게 관련되어 있음을 주의하라. 한국에 있어서 "이민"이란 "외국 이주자"의 뜻으로 쓰이는 바, "연해주 이민, 하와이 이민, 만주 이민…" 등과 같이, 각기 특수한 배경을 가지고 있다. 따라서 "근대·현대 국어"의 중요한 특징이 될 수 있다.

이와 같이, 다양한 "이민"의 특징들은 해당 교포말의 특징을 규정하게 된다. 그리하여 우선 1965년 이후의 "자유 이민"에 초점을 두고, "구이민 (old emigrant)"과 "신이민(new emigrant)"을 식별하게 된다. 이들 "구이민"은 최악의 정치적, 경제적, 사회적 상황 속에서 삶의 터전을 찾아 나선 "유민"의 성격(고승제, 1973)이기도 하다. 그런데, "신이민"의 경우, 몇 가지 유형(이성우 등, 2001: 256)[16)]을 제안하고 있다. 즉, 먼저 (1) "생계형 이민이 있어, 60~70년대에 경제적 형편이 어려워 떠나는 이민이다. 다음 (2) "행복 추구형 이민"이 있어, 80년대 이후 국내에 살아도 경제적 어려움이 크지 않은 가운데, 자녀 교육 등과 같은 삶의 질을 찾아 떠나는 이민이다. 셋째 (3) "준비된 이민"이 있어, 최근 30대 중산층으로, 전문 지식과 이민국에 대한 풍부한 정보 및 상당한 정착금을 가지고 떠나는 이민이라는 것이다. 물론 이들 하위 분류는 "출이민 국가(emigrant country)"로서 한국의 측면이나, "입이민 국가(imigrant country)"로서 교포국의 측면에서는 또 다른 분류들을 각기 가지고 있음을 유의하자.

1) 교포의 하위 분류

교포국에서 보게 되는 교포의 하위 분류는 몇 가지 보고된 자료들이 있다.

첫째, 재일 교포(河炳旭, 2001: 21~23)[17]의 예는 일본 국적의 취득자까지 포함한 광의의 관점에서 "성명 사용의 기준"으로 네 가지 패턴을 들고 있다. 먼저, (1) 한국성명·일본성명 병용의 한국인이다. 여기 재일 교포가 쓰는 이른바, "통명(tsumei, 通名)"이 있다. 그들 민족 차별 때문에 일상 생활에서 일본명으로 은폐하려는 것이다. 다음 (2) 한국 성명의 한국인이다. 이 유형의 한국인은 극소수라 한다. 한편, (3) 일본 성명의 일본인이다. 이 유형은 배우자가 일본인의 경우에 필연적이며, "귀화 교포"가 일반적이다. 끝으로 (4) 한국성의 일본인이다. 이 유형은 본성 본명으로 일본 국적을 취득하고 있지만, 극소수라 한다. 그럼에도 주의하는 것은 반수 가까운 재일 교포들이 사후 묘비에 본성 본명을 사용한다고 한다.

둘째, 재CIS 교포의 예는 보다 다양하다. 먼저 (1) "귀화의 기준"(이광규, 1997: 150)[18]으로, "원호(元戶)", 여호(餘戶)를 식별한다. 즉, "원호"는 러시아에 귀화한 교포이며, "여호"는 귀화하지 않은 교포이다. 다음 (2) "귀화 정도의 기준"(이광규 등, 1993: 329)[19]으로, "얼마우제"가 쓰인다. 이것은 언어, 성명, 행동이 많이 동화된 교포를 지칭하는데, 특히 "타칭"임을 주의하자. 이 자료는 함북 방언(김태균, 1986: 370)[20]의 쓰임이지만, 그 어원은 중국어이다. 즉, "máo·zi 毛子, (옛날) 土匪, 비적"의 차용인데, "로마우지>마우제, / 얼간이>마우제>얼마우제"와 같은 형성이다. 그 뜻은 "서양 사람의 흉내를 내면서 경망스럽게 구는 사람"(함북 방언)이다. 여기 "마우제"

는 하바로프스크 교포들의 자료인데, 이들이 중국어 차용어로써 "러시아인"을 비하하여 칭한 것이다. 실제로 재CIS 교포들도 거의 중국인과 함께 러시아인과 접촉한 것을 시사하고 있다. 한편 (3) "원 정착지 기준(이광규 등, 1993: 328)[21]"으로, "화태치, 큰땅치, 북선치" 등을 식별한다. 여기 "화태치"는 사할린 출신의 교포를 뜻하며, "큰땅치"는 타슈켄트 출신, 그리고 "북선치"는 북한 출신의 교포를 각기 뜻한다. 여기 "화태치"를 일명 "내지치"라하며, 일본어가 번역어로서 남은 것이다.

셋째, 재호주 교포의 예(河炳旭, 2001: 207)[17]가 보고된다. 이것은 "이민 시기의 기준"으로 "구포(舊胞), 신포(新胞)"를 식별하고 있다. 이들 재호주 교포는 비록 "4대 교포말의 기술"에서 논외이지만, 교포 총수(외교통상부, 1999: 75~77)[22]가 44,833명으로, 대다수(93.3%)가 1975년 이후의 이주 교포라 한다. 여기 1966년 "구포"에 의한 "한인회"가 설립되지만, 70년대 이후는 "신포"가 회장단을 구성하고 오늘날 많은 교포 단체가 조직되고 있다. 따라서 교포 단체의 수뇌부를 중심으로 식별한 것이다.

다음 여기 "이민 집단"의 경우, "민족언어학적 집단(ethnolinguistic group)"으로 파악된다. 그리하여 이들 집단은 각기 그들 공동체 내부에서 상대적 권력(relative power)을 바탕으로 존속하고 있다는 견해이다. 여기 Prujiner, A.(Prujiner, et al., 1984)[23] 등은 이것을 "민세적 주력(ethnographic capital), 경제적 주력(economic capital), 정치적 주력(political capital), 문화적 주력(cultural capital)" 등으로 식별한다. 그리하여 민족언어학적 집단의 상대적 위치(relative position)에 있어서 보다 긍정적 존속(positive standing)은 생존의 기회(chance of survival), 발전의 기회(chance of development)가 되며, 보다 부정적 존속(negative standing)은 소멸의 기회(chance of disappearing)가 된다는 것이다. 따라서 이들 이론의 초점은 종족 집단을 표적으로 하여 집단 존속의 요인을 밝히는 것이다.

교포 집단의 경우 그들이 처하고 있는 "사회언어학적 상황"이 모두 특수하기 때문에, 이들이 가진 "상대적 권력"도 다양한 것이다. 따라서 "민세적, 경제적, 정치적, 문화적 주력"들이 어느 쪽에 "긍정적 존속" 또는

"부정적 존속"으로 존재하는가를 평가한다. 그리하여 여기 "교포말"의 보존과 존속을 위하여, 우리들이 무엇을 어떻게 하여야 할 것인가를 연구할 과제가 있다.

2) 교포말의 이산

이들 언어 이산(diaspora of language)에 관하여, 근래 Kachru, B. B.의 제안(kachru, 1992)[24]이 있다. 영어의 세계적 확산(global spread)을 두 가지 이산으로 기술하고 있다. 먼저 (1) "첫째 이산"은 영어 화자의 "충족 수 이민"(migration of substantial number)이라 하였다. 즉, 오스트레일리아, 뉴질랜드, 북미주 등의 예를 지칭한다. 이들 영어 사용자들은 새로운 것들을 구하려고 고국을 떠났지만, 그들 언어재(resource of language)만은 지참한 것이다. 비록 명시적 예상의 언급은 아니지만, 그 변화 가능성은 본국 언어와 같을 것이라 하였다. 더욱 확실하게 그들이 시간상에서 변화한 지참 언어이지만, 이들 시간과 사용의 본질적 진로(natural course)에 있어서 발전하는 언어란, 가정어(language at home)에서는 같다는 것이다. 다음 (2) "둘째 이산"은 영어 화자의 "소범위 배송"(small extent transportation)이라 하였다. 즉, 아시아, 아프리카의 식민지적 맥락(colonial context)을 지칭한다. 이들 영어 사용자들은 소수에 불과하지만, 영어는 극도로 중요하게 되었다. 식민지 이후에도 강력하게 팽창된 영어의 역할이 계속되어, 다수의 대규모 현지인에게 유용한 언어인 것이다. 이들 지설에 관련하여, 이른바 "세계 제영어(World Englishes)의 쓰임(Kachru et. al., 1996: 71~102)[25]"이 있다. 오늘날 전세계에서 영어를 공용어로 하는 45개국(Antigua and Barbuda… zimbabwe)에 쓰이는 영어 변종들을 지칭하여 널리 통용된 개념이다.

한편, "diaspora"는 희랍어 "dia-speir-o(disperse)"가 어원으로, 원래 유태인의 집단적 이동(Ben-Rafael, 1994: 50)[26]을 지칭하였지만, 오늘날 세계 도처에 나타난 이민과 난민에 관한 "부정적 지표"로 쓰인다. 그리하여 위의 Kachru, B. B.가 제안한 두 가지 "이산 유형"은 어느 것이나 "식민지적

지배 언어(colonial dominant-language)”의 예이고, 이들 두 가지 차이는, “제1 언어의 쓰임, 제2 언어의 쓰임”에 있는 것이다. 그리하여 한국말의 “교포말 이산”과는 전혀 다른 것이라 하겠다. 따라서 “영어 이산”에는 언어 보존과 언어 전환 등이 전혀 문제가 되지 않는다. 따라서 오직 “긍정적 지표”로서 “언어 확산” 그 자체임을 주의하자.

최근 언어 이산의 실제(Landau, 1999: 218)[27]가 논급되지만, 먼저 이민 공동체의 형성 요인과 언어로서 (1) 세계적인 이민 공동체의 성장 속도는 그들 자신들보다 발달된 국가에서 일거리를 찾는데 노력이 경주되며, (2) 이민들의 일부 현실은 불법 노동자로 만들며, 언어 권리(language right)의 요구가 대두된다는 것이다. 다음 이민 공동체의 유형과 언어 특징으로서 (3) 도시 중심으로 밀집 공동체(compact community)의 구성은 전통적 유럽 패턴인데, 미국의 경우 전국적인 빠른 분산(swift dispersal)으로 특징화되며 (4) 다양한 이민 집단에 의한 소언어(small language)의 수가 급속히 증가하며 (5) 어떤 이민 집단들은 복수 언어의 화자를 포함한다는 것이다.

여기 국어의 경우도 “3국 통일”과 같은 역사적 특징으로, 허다한 “언어 이산”을 겪은 바 있지만, 이들에 관한 “사회언어학적 요인”의 몇 가지를 들어보자. 먼저 (1) “정치적 요인”을 들게 된다. 이것은 가장 크게 영향을 주었다. 이것은 “외부적 요인(external factor)”으로서 열강의 한반도 세력 각축과 일제의 강점이 있으며, “내부적 요인(internal factor)”으로서 “가렴주구(苛斂誅求)”와 같은 정치적 부패와 무능에서 탈피하지 못하였다. 여기 일제와 스탈린의 “한국말 말살 정책”을 비롯하여, “정치적 이민, 망명 이민”을 들어 두자. 다음 (2) “자연·경제적 요인”을 들게 된다. 이것은 “외부적 요인”으로서 북간도, 연해주와 같은 희박한 인구에 넓은 개척지가 있었고, “내부적 요인”으로서 척박한 북도 지세와 가뭄, 홍수에 따른 기근을 비롯하여, “월강 영농”까지 가능하였던 두만·압록 양강의 지세도 들어 두자. 끝으로 (3) 언어적 요인을 들게 된다. 이것은 인접 지역에 대한 방언 화자의 이주와 같은 것이다. 여기 “육진 방언, 함경·평안 방언”의 화자들이 “북방 이민(중국, CIS)”의 주류이며, 해로를 택한 제주 방언 화자들의 "일본 이민"을 들어 두자. 이것은 특히 "내부적 요인"에서 보게 되는 "변방 방언"의 화자들이 보이는 "원심적 특징(centrifugal feature)"이다. 그리하여 이들 요인들은 모두 "부정적 평가"가 되는 것이라 하겠다.

한편 "교포말"의 "본국말"과의 "외연적 관계"에서, "본국말"에 대한 "이산 관계"를 어떻게 볼 것인가? 이것을 다음에 기술한다. 그리하여 이것을 먼저 (1) "이산 과정"을 시대적 특징으로 제안하고, 이것을 다음 (2) "발달 과정"으로 전환되는 측면에서 "한국어의 세계화(globalization)"의 한 기반으로 보며, 한편 (3) 이산에 대한 "사회언어학적 요인"을 분석하며, 끝으로 (4) 교포말 공동체에 대한 "이산 관계의 구조적 특징" 등, 위의 전반을 "한국말 공동체"의 레벨에서 보기로 하자.

먼저 "이산 과정"을 보기로 하자. 우선, 교포말의 이산은 이민사(고승제, 1973)[28] 또는 교포 연구(이관규, 1997)[29]에서는 중요한 참조 자료가 된다. 그럼에도 이것은 "필요 조건"이지, 그 자체가 "충족 조건"은 아니다. 여기 한국말 공동체 이산에 직접적 동기가 되는 주민의 국외 이주와 사회적 환경 또는 관련국의 언어 정책 등이 착잡하게 얽혀 들게 된다. 우선, 여기 "한국말 공동체"의 특징들을 결정할 "시대 구분"을 "전기(1860~1910), 중기(1910~1945), 후기(1945~현재)" 등으로 제안한다. 따라서 이들을 다음(도표 5-1)과 같이 도시하게 된다.

먼저 이들 도표에서 전반적 윤곽을 개관하여 보자. 우선 1860년의 청나라 "장백산 금봉 해제와 북경 조약"에서 중국 이민이 시작됨으로써, 우리들이 말하는 "한국말 공동체"의 이산이 나타나게 된다. 그리하여 여기 "4대 교포 공동체"들이 점차 형성되어 가지만, 남·북한, 본국을 포함한 오늘의 "한국말 공동체"에 크게 영향을 주는 관련국의 "언어 정책"을 주목하게 된다. 따라서 이들은 먼저 (1) 1937년 독재자 스탈린에 의하여 자행된 재소 교포의 "중앙 아시아 강제 이주"와 함께 시작된 소련의 "한국말 말살 정책"이 있다. 이것은 오늘날 사할린을 제외한 "재CIS 교포 공동체"에 제한되지만, 1993년 "재러시아 한인 명예 회복에 관한 법안"이 최고 회의에서 통과될 때까지, 무려 56년이 걸린다. 다음 (2) 1938년 "제3차 조선교육령"부터 시작된 일제의 "한국말 말살 정책"이 있다. 이것은 그들 패망까지, 7년 간에 미치지만, 그 범위가 "남·북한"을 비롯하여 재중(동북 지방)교포와 재일 교포에 함께 미쳐 가장 심각한 영향을 끼친다. 더욱 이 것은 국권 찬탈로서, 한국말을 "국가 없는 민족어"로 만든 침략의 연장이 기 때문이다. 끝으로 (3) 1966부터 시작된 중국의 "문화혁명"으로, "한국 말"이 "소수 민족어 말살 운동"의 대상이 된다. 이것은 1976년까지 10년 간 의 일로서, 범위는 물론 "재중 교포"에 제한된다. 그리하여 이들 두 세기 사이에 걸쳐 "한국말 공동체"들이 겪은 고난의 모습이다.

도표 5-1

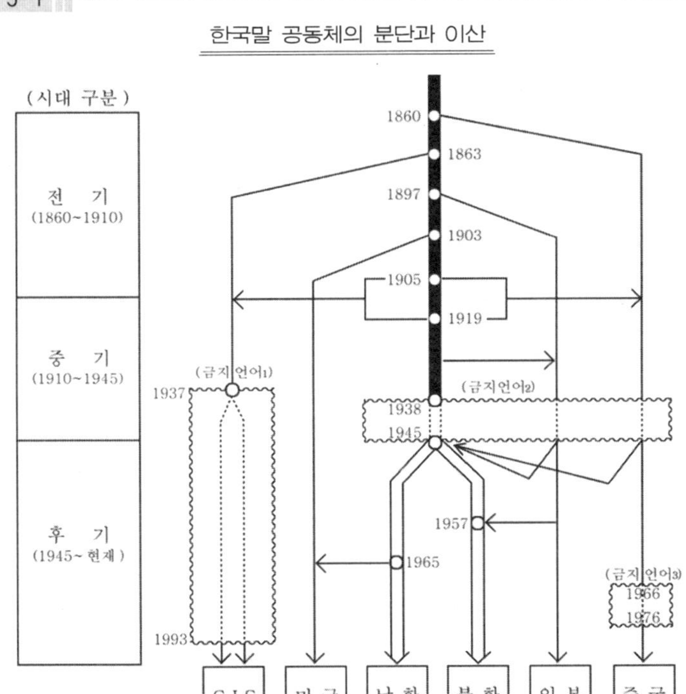

다음 전술과 같이, "이산 과정"에 관한 시대적 특징과 이 시기의 "한

국말 공동체"의 특징들을 기술하기로 하자.

첫째 "전기 한국말 공동체(1860~1910)"로 지칭하는 이 시기에는 비록 주권 국가(savereign state)의 지위를 가지기는 하지만, 주변 정세가 급변하는 혼란기이기도 한다. 즉, 서세동점(西勢東漸)에 맞선 대원군의 쇄국 정책, 조선 개국과 외세의 침투, 동학운동과 갑오경장(1894), 을사보호조약(1905)과 한일합방(1910) 등으로 이어지는 시기이다. 여기 부패 관리들의 가렴주구(苛斂誅求)가 심하고 대기근(1869)까지 겹치니, 척박한 동북·서북 변방의 농민들이 도강월경(渡江越境) 이주하는 자가 많아진다. 특히 중국의 경우, 장백산 금봉해제(長白山 禁封解除)와 북경조약(1860) 이후는 교포의 월경이 격증하는 것이다. 그리고 러시아의 경우, 우수리 지역에 최초의 교포 정착(1863)을 거론하게 된다. 그리하여 이들은 모두 유민(流民)으로 보아야 할 것이다. 그러나 일본의 경우 큐슈 탄광의 계약 광부(1897)는 노동자 이민이며, 미국 하와이 사탕 수수밭 이민도 "노동자 이민"이라 하겠다. 여기 중국 러시아의 예는 후기의 "망명 이민"에 지식층이 포함될 뿐이지만, 미국의 예는 처음부터 경인 지역의 비농민 중심으로 지식층이 포함된다. 따라서 이들 이민 언어(migrate language)의 특징에 관심을 두지만, 전자에는 "함경 방언, 평안 방언"이 중요하며, 후자에는 "중부 방언"의 중심으로 추정한다.

한편 이들의 모체가 되는 "한국말 공동체"의 경우는 초기의 "근세 국어"에서 벗어나, "현대 국어"인 개화기(1894~1910)에 드는 것이다. 이 때 한국말의 지위는 "칙령 제1호 공문식" 이래 "유일 공용어(sole official language, 1894~1904)"가 되지만, 일제 침범이 가중되어 "제1차 한일협약(1904)" 이후 "합동 공용어"로서 일본어와 공존하게 된다, 물론 "국어"의 지위는 계속되는 것이라 하겠다.

둘째 "중기 한국말 공동체(1910~1945)"로 지칭하는 이 시기에는 일제 식민지의 지위에 전락하여, 한일합방(1910), 3·1운동(1919), 중일전쟁(1937), 태평양전쟁(1941), 일제 패망(1945) 등으로 이어진다. 한민족 최대의 수난기로, 그들 침략 전쟁과 주민 동원에 맞서, 국내외의 항일 투쟁과 재외 교포의 수난이 겹치게 된다. 먼저 (1) 한반도에는 일제의 "식민지 언어 정책"이 본격적으로 전개된다. 그리하여 초기에는 "무단 정치"을 취하지만, "3·1운동(1919)"을 계기로 한 때 "문화 정치"으로 전환을 보이더니, "중일전쟁(1937)"에 이르러 광복(1945) 때까지 "동화 정책"으로 일관되었다. 여기 "일본어 상용, 창씨 개명" 등으로, 한국의 "반일 감정"만 부추기는 결과(塩田紀和, 1973: 138~139)[30]가 되었다. 다음 (2) 중국, 구소련에는 전기에 이어서 "망명 이민"이 계속되고, 이들 교포 사회를 기반으로 항일 운동이 전개된다. 이것은 재미 교포도 마찬가지다. 더욱 중일전쟁을 계기로 일제에 의하여 교포 농민의 만주 이주가 강요되며, 많은 노동자들이 일본으로 동원되어 갔다. 이 시기 구소련 연해주 교포들이 독재자 스탈린에 의하여 적성 민족으로 낙인되어 중앙 아세아로 강제 이주된다. 그리하여 "동화될 수 없는 민족어"로서 한국말은 적어도 그의 죽음(1953)까지 공식적 사용이 금지된다. 이것을 중국 문화혁명기의 "한국말 수난"과 비교하여 보라.

셋째, "후기 한국말 공동체(1945~현재)"로 지칭하는 이 시기에는 일제 패망과 조국 광복(1945. 8. 15.)을 맞이하게 된다. 그러나 자기 힘으로 쟁취하지 못한 광복이기에, 닥쳐 오는 영욕의 교차를 피할 길이 없었다. 여기 중국, 일본의 교포들이 대거 귀국하지만, 이 때 한국말의 지위는 일시 영어와의 "합동 공용어"를 거쳐서 얼마 후 "국어"라는 "언어 지위"가 주어져, 38년(1910. 8. 29.~1948. 8. 15.)만에 회복하였다. 그럼에도 남·북은 각기 별개의 "화어 공동체"로서 굴욕적인 "분단 국가"가 된다. 아울러 재일 교포의 북송(1957)이 있었으며, 재중 교포의 경우 "문화혁명(1966~1976)"으로 한국말의 공식적 사용이 한 때 금지된다. 그리고 한국에서는 전후 복구와 도시화(urbanization)가 급진전되었다. 여기 북한은 "문화어"를 세워, 이질화에 박차를 가하게 된다.

이와 같이 기술되는 "한국말 공동체의 이산"이 새롭게 "발전된 모습"으로 전환되었다. 이것은 1965년의 "이민 및 귀화법안"이 상징하는 것과 같이, 전세기 60년대 이래의 모습이라고 제안하여 두자. 김진우(2001: 333~334)[31]는 "한국어는 한국어를 모국어로 쓰는 화자의 수로 보아, 한국 경제의 세계적 위상에 맞먹는 세계 11위이며, 또 지역적으로 보아도 불과 1세기 전만 해도 한 나라의 영역 안에 국한되었던 한 민족어로부터 이제는 지구의 5대주의 130여 개국에서 거의 600만의 인구가 쓰고 있는 세계어로 성장하였다. … 한국어의 참다운 세계화는 해외에서의 국어가 이 모국어에서 외국어로 전환되면서 이루어진다"고 하였다.

(2) 소수 집단어로서 교포말

이들 교포말의 경우는 어느 교포말이나 일단 "소수 집단어"의 특징을 갖추게 된다, 물론 정주 농촌과 같은 작은 구역에 있어서 집거하는 교포 공동체의 예가 중국의 동북 지방에 널리 분포하고 있다. 그럼에도 발달된 현대 사회에 있어서, 폐쇄된 "촌락 공동체"란 존속할 수 없는 것이다. 따라서 이들 소수 집단어는 교포말의 중요한 특징이 되는 것이다.

1) 소수 집단의 정의

먼저 "소수 집단(Srivastava, 1984: 100)[32]이란 "특정 사회 중에서, 주민의 다수 집단과 상이한 인종 혹은 언어를 함께 보존하던 집단"과 같이 정의된다는 것이다. 그러므로 "소수 집단"이란 통일체를 함께 구성하는 두 집합체(aggregate) 중에서 상대적으로 작은 부분을 지칭하는 것이라 하겠다.

한국말에 있어서 이들 개념은 일제기 한국말에도 적용이 가능하며, 한반도의 "주요 언어"이면서 "소수 집단어"라는 "언어 지위"를 가지고 있었다. 뿐만 아니라 교포말의 기술에도 극히 유용함을 보게 된다. 즉 중국의 "연변 조선족자치주"에서 "조선어"가 비록 "공용어, 주요 언어"라는 "언어 지위"를 누리지만, 실제로 중국어에 대해서는 여느 교포말과 같이, "소수 집단어"의 언어 지위가 주어지고 있다.

2) 소수 집단어의 일반적 개념

이들 소수 집단어의 일반적 개념에 대하여 일찍 Simpson, J. M. Y. (1981: 235~236)[33]는 "소수 집단어란 무엇인가?"라는 물음을 전제로 하여 다음과 같이 여러 가지의 특성을 제안하였다. 그리하여 이들의 사회언어학적 윤곽을 밝히려 한다.

첫째, 언어 기능의 측면에서 언급하고 있다, 먼저 (1) "행동 전영역의 언어"(language of all area of activity)가 아니라는 것이다. 예를 들면, 행정이나 교육으로부터 제외되며, 가정, 종교 생활 혹은 문학에 있어서 제한된다는 것이다. 다음 (2) 이것은 정치적, 교육적, 사회적 혹은 지역적 요인 때문에 지배하는 "문화적 지배 언어"(culturally domination language)의 그늘에서 살 것이라 하였다.

둘째, 반대자(opponent)의 측면에서, 부정적인 모습을 언급하고 있다. 먼저 (1) 이들 쓰임의 근절에 앞장 선 반대자(그리고 심지어 토착 화자들까지 포함하여) 때문에 위기에 빠질 것이라 한다. 다음 (2) 이것은 같은 일반 문화(general culture)를 지배하는 다른 언어에서도 발견되는 "어휘 영역"(area of vocabulary)이 결핍될 것이라 하였다. 실제로는 이 어휘가 토착 언어에 있음에도 차용을 받아들이는 범위에까지, 지배 언어의 영향을 받는다는 것이다. 아울러 (3) 2중 언어제(bilingualism)는 이들의 특성이라는 것이다. 또한 (4) 소수 집단어(minority language)에는 "의사 소통을 위한 규범"(norm for communication)을 인정하지 않는다는 것이다. 그것은 다분히 표준어가 아니라 할 것이라 한다. 한편 (5) 언어는 어휘 영역이 결핍된 까닭에, 혹은 화자들이 표준어로 인정하지 않은 까닭에, 혹은 그들이 안정된 2중 언어적인 까닭에, 습득 언어를 말하는 토착 화자에 대해서 혹은 소수 집단의 상이한 방언 영역 때문에, 이들에까지 다분히 혐오가 존재한다고 하였다. 끝으로 (6) 소수 집단어의 반대자들은 "어휘의 결핍"(deficiency of vocabulary), 인정되는 "규범의 부재"(absence of norm)를 의기양양 과장할 것이라 하였다.

셋째, 옹호자(proponent)의 측면에서, 긍정적인 모습을 언급하고 있다. 먼저, (1) 소수 집단어의 문제는 비토착 화자인 옹호자(집단 또는 개인)에 의하여 취급되며, 어느 때에는 이것이 "의심스러운 합리성"(doubtfull rationality)이 그리고 극단 주의자 성벽(extremist tendency)이 될 것인 바, 이들의 경우 다수 집단어 매체(majority-language media)에 있어서 당면한 "비유용적 선전"(unhelpful publicity)이 될 것이라 하였다. 끝으로 (2) 장려 소수집단어(promote minority language)에 대한 노력은 언어 계획 혹은 언어 순화를 포함할 것이라 하였다.

넷째, 교육 문제와 역사적 요인의 측면에서 언급하고 있다. 먼저, (1) 문제가 교육에 있어서 발생한다는 것이다. 무엇이 소수 집단어에 대한 공식적 태도(official attitude)인가? 이것은 무시되고 혹은 행동적으로 억압될 것인가? 이것은 종속민(subject)처럼, 그것으로 교육이 가능한가? 이것은 종속민 혹은 모든 사람을 위한 교수 용어(medium of instruction)가 될 것인가? 이와 같이 많은 "언어 문제"를 제안한다. 다음 (2) 관련 있는 역사적 요인(historical factor), 언어는 항상 소수 집단을 가지지 않으며, 그리고 이것은 그러하기 때문에 결국 지금은 결핍된 표기 규범(written norm)을 가지게 될 것이다. 금후 현대 작가는 어떤 입말 변종(spoken variety)에서도 더 이상 발견되지 않는 초기 글말(earlier written language)의 관용을 통합할 것이라 하였다. 다시 이것도 소수 집단어에 제한되지 않는다는 것이다.

한편 "소수 집단어"에 대하여 "언어학적 소수집단"(linguistic minority)의 거론이 있다. 이들 경우는 기술의 초점이 각기 "사용 언어"와 "언어 사용자"에 있다. 여기 Fennell, D.가 보이는 정의(Fennell, 1981: 32)[34]를 든다. 즉, "언어적 소수 집단은 국내에 정착된 공동체 혹은 공동체 집단을 의미하는데, 그들은 지배 언어와 다른 언어를 말한다"는 것이다.

다음 "언어적 소수 집단"에 관한 "유형설"이 제안되고 있다. 여기 churchill, S.(1986)[35]는 서구 사회에 있어서 언어적 소수집단은 세 가지 유형을 식별한다고 기술하는 것이다. 먼저 (1) 본토박이(indigenous people)가 있다. 그들의 토착적 현대의 산업 사회(industrial society)에서 장기간 정주

하였다. 예를 들면 호주의 원주민, 미국의 인디안 등이다. 다음 (2) 정주 소수 집단(established minority)이 있다. 근래 정체되었으나, 주류와 함께 발전하는 경향이 있는 생활 양식으로 장기간 정주하였다. 예를 들면 스페인의 캐털러니아인(catalan), 프랑스의 브리타니인(breton), 프랑스계 캐나다인(canadian francophone) 등이다. 끝으로 (3) 신 소수집단(new minority)이 있다. 최근에 이민 혹은 난민 집단(refugee group)이다. 예를 들면 영국의 인도인 파키스탄인, 미국의 베트남 난민 등이다.

여기 "이민"이 "개인적 필요에 의하여 외국에 주거를 옮긴 사람"이지만, "난민(refugee)은 흔히 박해를 피해 조국을 떠난 사람을 가리킨다. 그렇지만, "난민 지위"를 인정받기 위해서는 망명국의 법적 절차에 따른 심사를 거쳐야 한다. 여기 "망명 신청자"(asylum seeker)를 식별한다. 즉, 난민을 인정받기 전 단계에서 자신이 "난민"이라고 주장하는 사람이 "망명 신청자"이다. 국제법상의 "난민"이란 "인종·종교·민족·특정 사회 집단·정치적 견해 등으로 인한 박해 위험 때문에, 자기 나라 밖에 있는 사람"이다. 1950년 유엔 총회에 설립된 "유엔 난민 담당관실(UNHCR)"에서 1992년에 "난민 지위의 인정 기준 및 절차 편람"을 발표하였지만, 사안별 판단은 해당 국가의 주권에 관한 문제이며, 한 나라의 난민은 다른 나라에서 "불법 체류자"로 간주될 수 있기 때문에, 관련 국가 사이에 이견이 발생할게 된다.

북한 동포의 문제로서 탈북자 수는 중국, 러시아 등에 10만~40만 명으로 추산되며, 특히 중국에는 5만 명에 이른다(조선일보, 2002. 6. 20.)는 것이다. 이 중 수천 명이 북한에 강제 송환되고 538명만이 한국 입국에 성공하였다는 것이다. 즉, 이들은 전형적인 "신-소수집단"에 속하는 사람들이다.

여기 아울러 중국 조선족 동포의 "역이민"을 중심으로, "외국인 불법 체류자"가 25만 5,000여명(조선일보, 2003. 3. 4.)에 이른다. 특히 서울의 "구로구 가리봉, 영등포구 대림 2동" 일대의 "조선족 타운"이 잘 알려진다. 이들은 강제 출국을 앞두고, 불안해 한다.

이와 같은 분류에서 보면, 교포말 공동체는 거의 "정주 소수집단"에 속하는 유형이다. 그러나 재미 교포의 경우, 1965년 이후의 "자유 이민"이 대다수를 차지하고 있어, "신-소수집단"이 된다. 그러나 재중 교포를 비롯하여, 재일 교포, 재CIS 교포 등은 이주가 오래된 교포들이다. 그런데 구 소련의 붕괴와 분리된 국가들로 인하여, 교포들의 재이주가 많아졌다. 여기 다수의 난민이 발생하여, "신-소수집단"을 양산하고 있는 실정을 주목하게 된다.

3) 소수 집단의 특징

한편 Srivastava, R. N.은 다수 집단과 소수 집단[36]에 "특징설"의 제안(Srivastava, 1984: 99~114)[37]을 보이고, 이것을 주요 언어(major language)와 종속 언어의 개념에 연결시키는 것이다. 그에 의히면, "다수 집단, 소수 집단"이란 단순한 통계적 구성(statistical constution)만이 아니기 때문에, 그 사회적 지위를 함께 고려한다는 것이다. 그리하여 여기 특징(feature)에는 정량(quntum)과 권력(power)을 함께 설정하고 있다.

여기 "Janta"는 힌디어 기원의 "대중(←Janta movement of ethnic minority)"의 뜻이지만, "소수 집단"은 특징 복합(feature complex)으로서 [−Quantum, −Power]와 같이 보인다. 그리하여 여기 "언어학적 권력(linguastic power)"의 개념은 다음 세 가지 기준에 바탕한다는 것이다. 즉, (1) 넓은 행동 분야와 일정한 영역(domain)에서의 사용 범위, (2) 다른 언어의 화자를 지배하는 보다 큰 조정의 등급(degree of control), (3) 주민의 안목에서의 보다 높은 지위(higher status)와 위신(prestige) 등을 보인다.

이것은 일찍 Haugen, E.(1978: 11)[38]가 "우리는 현실적 다수 집단의 어떤 영역 내에 있는 화자라도 더욱 소수 집단이라고 말할 것이다"고 지설을 들면서, "소수 집단"[39]과 "에스닉 언어의 사용자"를 혼돈하지 말 것을 경고한다. 그리하여 "주요 언어, 종속 언어"의 이론에 "언어 발달"(language development)의 개념을 도입하여, "발달된 언어"(developed language)로 식별하게 된다. 그러므로 주어진 상황에서 사용자에 의하여 수적으로 기능적으로 쓰이는 언어로 보게 된다. 이들 이론에서 인도의 "복수 언어적 맥락"(plural lingual context)에서 차별 대우와 불평등 대우로서, "주요 언어"의 화자들이 사회적으로 억압되고 경제적으로 궁핍된 모습으로 기술되며, 더욱 범어(Sanskrit)도 "주요 언어"임을 이해하게 된다는 것이다.

이와 같이, "다수·소수 집단"과 "주요·에스닉 언어"사이에는 "통계적 구성으로서 정량, 사회적 지위로서 권력, 언어적 발달로서 기능"과 같은 세 가지 차원의 요인들이 배열되어 있는 것으로 보게 된다.

(3) 에스닉 정체성과 교포말

"교포의 정체성"이라 할 때, 그 대상 단위는 "네이션(nation)"이 아니며, "에스닉 집단(ethnic group)" 또는 "에스닉(ethnic)"이 더욱 타당하다. 그리고 "에스닉 정체성"이라 할 때는 "에스니시티(ethnicity)"에 더욱 관련된다. 그리하여 이들에는 두 가지 측면의 과제가 있는데, 먼저 (1) 네이션과 관련하여 "에스니시티"를 바르게 이해하는 일이며, 다음은 (2) 재외 교포가 지니고 있는 각자의 특수성에 따라서 그 에스니시티의 특징을 파악하는 일이다. 더욱 특정 교포들의 본국 관계가 네이션의 어떤 특징으로써 심도 있게 관련되는 측면을 고려하여야 한다.

여기 "ethnic"이란 말은 희랍어 "ethnos"(Liddell, et. al. 1973)[40]가 어원으로, "이교도, 이방인"을 지칭하며, 또는 "네이션"과 같은 뜻으로 사용되었다. 그런데, 근대가 되면서, 이 말은 문화적 특징을 뜻하게 된다. 그리하여 "에스닉 집단"이라 할 때, 일반적으로는 어떤 문화적 유산을 역사적으로 공유하는 집단을 가리키며, 그 구성원은 혈연 관계에 의하여서도 결합된다고 한다. 더욱 "ethnicity"라는 용어는 Riesman, D.가 1953년에 처음 사용한 것으로, 종래의 적대적인 "계급 투쟁"과 같은 개념을 대치하며, 교육받은 중·상류 계급의 사람들과 향당심(parochialism) 때문에 이들에게 위협받는다고 느끼는 집단 사이의 대립을 언급하면서, 이들 "향당심"의 하나로서 "에스니시티"가 거론되었다는 것이다. 그러나 60년대 이래 에스닉 집단이 보다 높은 차원의 "네이션"에 의하여 통합 소멸되어, 서구형의 "네이션-스테이트(nation-state)"로 개편된다는 근대화론이 반성되면서 다양한 이론이 전개된다. 여기 에스니시티와 네이션을 공동체 이론에서 보는 차별화를 제안하여 둔다. 여기 Saville-Troike, M.의 공동체론(Saville-Troike, 1982: 20~21)[41]을 도입하기로 한다. 그는 "경각 공동체"(hard-shelled community)에 대하여 "연각 공동체"(soft-shelled community)를 식별하고 있는데, 여기 "네이션"은 "경각 공동체"이며, "에스니"는 "연각 공동체"라고 제안하여 두자. 그러나 "분단 국가"로서 남·북한은 각기 경각 공동체인데 반해서, 재외 교포는 정히 연각 공동체들이다.

한편 "nation"은 라틴어 "nátĭo"가 그 어원(카톨릭대 고전라틴어 연구소, 1995)[42]인데, 그 뜻은 "(1) 출생, (2) 출신 가문(계급) (3) 민족, 종족, 국민, 나라, 국가, (4) 이교도" 등이다. 여기 국어의 경우, "nation, Volk"의 역어로서, 재래에 "민족, 국민"[43]으로 관용한다. 그럼에도 이것이 사회과학에 통용되는 개념과 괴리됨을 유의할 것이다.

이들 "네이션"은 "nation-state"의 개념으로 "남·북한 주민"에 적용될 "민족, 국민"의 뜻이다. 그리하여 재외 교포의 경우, 네이션의 원초적 개념이며, 그 자연 발생적 측면에서 "에스니시티"가 적용된다. 따라서 이들은 거류국의 네이션(국민)에 속하고 있음을 또한 유의할 것이다. 그러므로 "에스티시티"는 근대 국어의 "겨리, 결례, 결에"와 동계어인 "겨레"를 비롯하여 "동포"의 뜻에 가까울 것이다.

우리들은 "에스니시티, 네이션"을 "발달 단계, 정착 시기"의 기준인 분류(武者小路, 1996)[44]를 보자. 즉, 먼저 (1) "국가 형성 에스닉 집단"이 있다. 이것은 주권 국가의 권력 장악을 정당화하는 정체성 집단으로서 네이션이다. 다음 (2) "국가 미형성 에스닉 집단"이 있다. 이것은 아직 국가를 형성하고 있지 않지만, 조건만 구비되면 국가 권력을 장악하여 "국가 형성 에스닉 집단"으로 전화할 수 있는 정체성을 가진다. 한편, (3) "선주 에스닉 집단"이 있다. 이것은 선주 지역의 역사적 과정 중에서, 그 외부에 성립된 국가에 의하여 정복된 에스닉 집단이다. 끝으로 (4) "이주 에스닉 집단"이 있다. 이것은 정주 지역을 떠나, 이질적인 정치·경제·문화 등의 사회에서 거주하는 이민 또는 난민이다.

여기 우리들은 재외 교포의 경우, 마지막 유형인 "이주 에스닉 집단"을 첫째 유형인 "국가 형성 에스닉 집단"의 부류 속에서, 두 가지 하위 분류로 식별함이 중요하다. 즉 초기의 일부 정치적 망명자를 포함한 대다수 난민에 대하여, 후기의 "자유 이민"으로 이루어진 자발적 이민(voluntary migration)을 구분하게 된다. 따라서 이들에 있어서는 현대적 내셔널리즘의 훈련 정도와 교육 수준에 차이가 심하다. 따라서 이들 특징이 오늘의 그들 모국어 보존 상태에 크게 영향되었을 것이라 제안하여 둔다. 이들 에스니시티의 측면에서, 한국은 중국, 일본과 함께 거의 동질적인 사람으로 구성되고 있어, 이들이 가령 유럽에 존재하였더라면 "역사적 네이션"으로 보았을 것이라는 제안(Hobsbaum, 1990 浜林 등 역 2002: 177)[45]이다. 여기 "한민족의 기원(김정학, 1964: 354)[46]은 체질·언어·문화 등에서 북방 민족의 요소가 압도적이며, 그 중에서도 언어의 계통이 알타이어(이기문, 1967: 64)[47]에 가장 가깝다. 그러나 한국의 경우도 고려 때에는 함경도에 여진족이 집거하고 있었는데, 오늘날 여진어계 지명에서 "伊板嶺, 雙介院, 羅端山(김형규, 1976: 357)[48]"이 전한다. 그리고 이들 귀화 씨족에 "온(溫)씨, 길주 이씨, 갑산 이씨, 부령 이씨"(최남선, 1943: 58~59)[49] 등이 있다고 한다.

1) 에스니시티의 정의

이들 에스니시티의 정의에는 70년대의 Isajiw, W. W.의 제안(Isajiw, 1974: 114~124)[50]과 80년대의 Royce, A. P.의 제안(Royce, 1982: 17~33)[51]을 들게 된다. 그리하여 이들은 각기 "추상적·구체적·주관적·객관적 정의, 주관적·개관적·복합적 정의" 등과 같은 기준을 들어 보인다. 여기 정의의 패턴으로서 "주관적·객관적 정의를 비롯하여, 추상적·구체적(복합적) 정의들을 설정하게 된다.

첫째, "주관적·객관적 정의"가 있다. 먼저 (1) 주관적 정의로서 Shibutani, T. & Kwan, K.의 제안(Shibutani et. al., 1965: 40)[52]을 든다. 즉 "에스닉 집단은 스스로 동료이라고 생각하는 사람들에 의하여 구성된다. 그들은 감정적인 유대로 결합되어 있어, 그들 생활 양식을 유지하는데 관심을 가지고 있다"고 한다. 그리하여 각 개인이 스스로 타자와 다르고, 혹은 다른 집단에 속하고 있으며, 타인으로부터도 다르다고 생각되는 과정으로 보게 된다. 더욱 이들 정의는 심리적 실재로만 존속하는 2·3세의 에스닉 세대를 용이하게 기술할 수 있다는 강점을 가진다. 여기 Glazer, N.과 Moynihan, D. P.는 뉴욕의 이민 집단이 원래 가지고 있던 문화적 특징의 운명(Glazer, et al., 1963: 14)[53]에 다음과 같이 논급하고 있다. 즉, 3세 세대가 되면 이민의 자손들은 서로 비교하면서, 자기들이 함께 같은 옷을 입고, 같은 말을 하고, 같은 문명의 이기를 사용하고, 같은 문제에 고민하는 미국인이라는 것을 알게 되었다. 그렇지만 한편으로는, 서로 달리 투표를 하고, 교육과 성에 대하여 다른 견해를 가져, 그들 할아버지들이 그러하였던 것처럼, 여전히 본질적 측면에서 많은 것이 달라지고 있었다는 것이다. 그리하여 특유한 "언어, 문화, 관습" 혹은 생물학적 특징에 이르기까지 그 많은 것들이 2세 또는 3세에는 잃어버리게 된다. 그러나 집단은 타자와 다르다는 의식을 가지고 존속되어 간다고 하였다. 다음 (2) 객관적 정의로서 Naroll, R.의 제안(Naroll, R., 1964: 284~286)[54]을 든다.

즉, "특정의 언어를 공통의 모어를 사용하는 화자로서, 동일한 영토 혹은 동일한 근접 집단에 속하는 사람들"이라 하며, 언어와 같이 공유하는 속성을 객관적으로 관찰할 수 있는 지역적·사회적 집단으로 보는 것이다. 이들 객관적 정의와 관련하여, Isajiw, W. W.는 27개 정의에서 12개의 속성(Isajiw, 1974: 111~124)[55]을 들어 그 빈도를 보인다. 여기 빈번히 언급된 것은, "공통 조상, 동일 문화, 종교, 인종, 언어"이며, "이민"을 거론하고 있음도 주의하자.

둘째, 추상적·구체적 정의가 있다. 이것은 일반화의 레벨로서, "보편적으로 에스니시티란 무엇인가"라는 물음과 "북미나 유럽, 부족 사회나 이민 사회에서 에스니시티란 무엇인가"라는 물음은 전혀 별개의 문제가 된다. 먼저 (1) 추상적 정의로서 Theodorson, G. A. and Theodorson, A. G.의 제안(Theodorson, et al., 1969)[56]을 든다. 즉, "보다 큰 사회의 하위 집단으로서 존재하는 공통의 전통 문화와 정체성을 가진 집단"이라 하고, 각기 에스닉 집단 구성원이 가지는 문화적 특성은 그들 사회의 다른 구성원과 상이하다는 것이다. 다음 (2) 구체적 정의로서 Gordon, M.의 제안(Gordon, 1964: 27~28)[57]의 경우, 미국 내의 에스닉 집단에 관한 정의가 된다. 즉, "미국 내에 존재하는 집단 유형을 가리켜 에스닉 집단이라는 용어를 사용할 때, 이것은 인종, 종교, 출신국에 의하여 혹은 이들 범주의 어떤 조합에 의하여 구분되고 분할되어 있는 집단을 의미하고 있다. … 이들 범주는 공통의 역사적 환경을 통하여 미합중국 내의 여러 집단에 동포 의식을 만들어 내는 데 역할하는 것처럼, 공통의 사회심리적 준거 대상을 가지고 있다"고 한다. 더욱이 문화적 특징에 있어서 미국이 "이민 문화의 동화"를 캐나다가 "이민 문화의 보존"을 각기 제안할 것이다. 나아가 유럽의 경우, Francis, E. K.의 제안(Francis, 1947)[58]에 "에스닉 집단은 거의 네이션과 일치하고 있지만, 아직 충분하게 자각하기까지에는 이르지 못하였다"는 것이다. 따라서 여기에는 미국·캐나다와 유럽에서 에스니시티는 상위 사회 중의 하위 집단으로 생각되지 않는다고 한다. 따라서 이들은 "국가"로 생각하는 사회와 거의 동일 선상에 있게 된다. 한편 (3) 이들 "구체적 정의"는 결과적으로 복합적 정의의 형식을 취하게 된다. 이것은 위의 Gordon, M.의 정의가 바로 그것이다. 즉 에스닉 정체성에 바탕하는 구성원들의 상호 행위를 비롯하여 이들 문화의 비교를 행하고, 그 정체성의 일반화를 추구함에 있어서 정의의 극단적 태도는 유익하지 않다는 것이다. 그리하여 여기 "복합적 정의"는 거의 필수적이라 하겠다.

여기 에스니시티에 대한 다양한 의견을 참작하고, 포괄적이고 유연한 정의를 들어 보자. 여기 Royco, A. P.(1982: 18)[59]는 "에스닉 정체성(ethnic identity)"을 "집단 구성원들 쪽의 가치, 상징, 그리고 별개 집단처럼 그들을 확인하는 공통 역사 등에 대한 느낌의 총계"라 하고, "에스니시티는 간단하게 에스닉 기초가 된 행동"이라 정의하고 있다.

2) 에스니시티의 전통과 특성

이들 "에스니시티 전통"에 대한 견해를 보면, 부정론과 긍정론이 있다. 전자는 에스니시티의 전통적 존재를 부정하고 근대 이래의 의도적으로 새로이 만들어졌다는 "에스니시티 발명(investion of ethnicity)"을 주장한다. 여기 Sollors, W.(1989: XI~XIV)[60]는 "에스닉 집단은 자연으로, 진실로, 불멸로, 안전하게 되어, 정적 단위인 것처럼 일반적으로 상상되고 있다"고 정면으로 부정한다. 따라서 뿌리 깊은 오랜 역사적 과거로부터 살아남은 힘이 아니라는 것이다. 그것이 보이는 것은 가시적이며 고정적인 공동체를 대체하며 획득한 근대적 소속감이며, 그 혈연 관계의 상징성을 더욱 자연스럽게 보이며 동원할 수 있다고 한다.

이와 같은 주장은 에스니시티를 과거의 속박으로부터 단절하고, 그것을 상대화하며 유동적이며 가변적 측면을 포착할 수 있는 장점이 있다고 한다. 그러나 "에스니시티 전통"을 주장하는 견해가 나온다. 즉, "긍정론"의 경우 Smith, A. D.(1989: 341~344)[61]는 네이션 기원설에서, 먼저 이들 네이션의 소재가 될 "에스닉 공동체"로서 "에스니(ethnie)"를 세웠다. 이것은 "명칭, 공통의 혈통·신화, 역사의 공유, 독자적 문화(언어, 관습, 종교 등)의 공유, 특정 지역(성지·고향)과의 결부, 연대감" 등 여섯 가지 특징으로 정의한다. 그리하여 이러한 것은 고대나 중세에도 이미 존재하였다는 것이다. 더욱 이들 에스니시티는 90년대 이래 세계화가 진행되면서, 사람·자본·상품 등의 국경을 넘는 이동이 일상화하고, 민족과 문화의 혼합이 많아진다는 것이다. 그리하여 지금까지의 단일한 민족·문화·국가라는 "일원적 정체성"의 방식으로는 기술할 수 없는 상황이 증가하게 된다. 따라서 "혼종(hybrid)"과 "이산(diaspora)"이라는 새로운 현대적 정체성을 논의하게 된다. 따라서 전자는 크리올(creole)의 특징이며, 후자는 이민 언어의 특징에 연결된다. 여기 "혼종"이란 중·남미의 영어권, 스페인어권에 나타나는 인종 혼효에 관한 혼종 문화, 혼종 언어를 지칭하며, "불순한 잡종성"이라는 부정적 지표가 원의이다. 그리고 "이산"은 원래 유태인의 집단적 이동(Ben-Rafael, 1994: 50~53)[62]을 지칭한 것이다.

여기 미국 에스니시티의 몇 가지 특징을 들어보자. 즉, 미국이란 인디안 이외에는 이민들의 여러 인종·종족·민족 집단으로 구성되어 있다. 그리하여 이들을 "에스닉" 또는 "에스닉스"라 칭하지만, 에스닉 집단의 규정을 미국 이외의 국가나 지역의 출신자와 그 자손에 한정할 것인가, 아니면 미국 내의 선주민(인디안) 또는 특징적인 언어나 역사적 체험을 공유하면서 "에스닉 정체성"을 형성한 집단까지 포함하느냐에 따라서 동일하지 않다. 따라서 이들 광의의 견해가 John Bull에 대하여 구별하는 yankee까지도 포함하며, 에스닉 집단을 106개까지 드는 예(하바드·에스닉 집단사전, 1980)가 있다는 것이다. 이와 같이 잡다한 에스닉 집단에는 다음의 한 아이러니 현상(加藤秀俊, 1970: 26)[63]으로 지적된다. 먼저 (1) 그들 모국이 건전하게 안정되어 있을 때, 그 나라에서 온 이민들은 미국화를 곧 받아들인다. 영국, 프랑스, 독일, 스칸디나비아 제국에서 온 이민들이 더욱 안정도와 미국 사회로의 동화도가 높다는 것이다. 이들을 에스니시티에서 "자발적 이민"으로 분류한다. 다음 (2) 배경이 된 국가 혹은 문화가 위기적 상태에 놓이고 있을 때, 그들 문화에서 온 이민들은 미국화를 용이하게 받아들이려 하지 않는다. 유태인이 그러하고, 폴란드인이 그러하다. 또한 이것은 이탈리아계 이민에게도 말할 수 있다고 하였다. 따라서 이들의 경우는 거의 "난민"과 유사한 것이다. 여기 조금 장황하지만, 폴란드 이민(加藤秀俊, 1970: 8~20)[63]의 경우를 보자. 즉, 이민 초기에 모국이 극도로 정치적 불안을 겪는다. 1830년 11월, 바르샤바에 폴란드 독립의 반란이 발생한다. 혁명 정부가 만들어지고, 러시아군은 폴란드에서 축출된다. 그러나 이 정권은 오래 못 갔다. 익년 9월, 러시아군은 재차 바르샤바를 점령하고 폴란드를 실질적으로 러시아의 속령으로 만들었다. 이 독립 운동에 참가한 민족 주의자들에게는 투옥이나 죽음이 있을 뿐이었다. 그들은 조국에 머물면서 그 비참한 운명을 기다리기보다는, 오히려 망명자로서 국외로 피할 것을 선택한다. 이 때, 망명자 수는 15,000명에 이른다고 한다. 이들 망명자의 대부분은 프랑스와 영국 등의 서구 제국을 망명 목적지로 하였다. 이들은 서구 제국에 머물면서 지하 운동을 계속할 뜻이었다. 그러나 얼마의 망명자들은 새로운 "인생의 장"으로 신대륙을 찾게 된다. 근대 미국사에서 최초의 폴란드 이민은 이들 독립 운동이 배출한 망명자들이다. 그들은 1831년 미국에 정착하였다. 인원수는 그리 많지 않았지만, 이 때 비로소 미국 안에 "폴란드인 취락"이 형성된 것이라 한다. 그 후 30년이 지난 1863년 재차 폴란드에 반란이 일어났다. 파리에 망명하고 있던 급진적 공화파가 중심이 되어, 혁명군을 편성하여 러시아군과 싸웠다. 독립 전쟁은 1년 반 계속되었으나, 끝내 패배하였다. 6만 명의 폴란드인이 시베리아에 유형되었다. 그리고 동란 후, 이제는 대량의 폴란드 이민이 미국으로 유입된다. 그들 중심 인물들은 미국에서 폴란드의 궁극적 독립을 위하여 크게 활동하였다. 또한 이들과 달리, 19세기 말, 하층 농민들은 단순한 그들 삶을 위하여 대규모로 브라질로 이민을 떠났다. 1910년 현재 파라니아에는 약 8만 명의 농민이 입식하고 있었다. 이들은 폴란드 동부와 동남부의 농민들인데, 서부 폴란드 농민들은 미국을 선호하여 1864년 이래 대서양을 건너기 시작하여 1913년에는 피크를 이루어, 그 해만도 14만에 이른다 하였다. 여기 1930년경의 추계는 총수 약 300만 명의 폴란드인이 "미국인"으로 되었다는 것이다. 이와 같이 폴란드 국가의 해체는 일반적으로 이민 운동을 활발하게 하였다. 19세기를 통하여 이들 폴란드 국가의 모습은 국민들로 하여금 충성을 서약할 대상을 이미 상실케 하였다. 더욱 후진적 농업 경영으로, 그들의 생활은 타격을 받고 있었다. 특히, 폴란드 서부의 농민들은 농업의 궁핍화로 독일과의 국경을 넘는 계절적인 농업 근로자가 되어 있었다. 여기 정치적 불안이 경제적 동요를 가져와서 대량의 이민 사태의 원인을 제공하였다. 그러므로 어느 의미에서 이들 "이민"은 "난민의 이주"이며 비록 "정치적 망명자"의 수는 적었으나 그들은 모두 "심리적 망명자"라 할 수 있다.

폴란드의 이민 형식은 일시적이고 대량적이다. 그들은 대규모 집단으로 대서양을 건넜다. 이들은 미국 중서부를 중심으로 각지에 그들 식민지를 형성하고 모국과 같은 생활 환경을 만들었다. 여기 컬러니(colony)는 몰락된 조국을 대신하여, 그들 전통 문화의 보존을 위한 영토였다. 이들은 지연·혈연 관계를 결합 원리로 하는 전통적 공동체의 문화를 구축하여 상호 부조의 조직을 갖추었다. 카톨릭 교회를 세워 독자적 교구를 가지며, 폴란드어로 종교 의식을 거행하게 된다. 따라서 종교는 물론, 언어도 생활 양식도 모국과 같게 지속하는 것이 그들 취락의 형성 원리이며 기능이기도 하였다. 폴란드인의 컬러니는 집단 역학의 결과로서 규모가 점차 확대되어, 여러 지방에 분산하고 있던 적은 컬러니들을 흡수하여 보다 큰 컬러니를 형성하게 되었다. 그리하여 얼마만의 미국 도시에 전형적인 컬러니가 구축된다. 예를 들면 Detroit와 같은 동북부 중공업 도시와 Milwaulki와 같은 북중부 공업·항만 도시에서 시카고와 같은 대도시를 들게 된다. 20세기 초 시카고에는 약 36만 명의 폴란드 이민이 대규모 컬러니를 형성하고 있었다.

다음 이민들의 모국어와 관련하여, 에스닉 신문과 에스닉 문학·연극을 보자. 이민들의 모국어로 발행되는 에스닉 신문(明石紀雄 등, 2002: 161∼166)[64]은 이민 사회의 필수적인 것이다. 미국에 있어서 1920년에 이미 35개 이상의 언어로써 1,000종 이상의 신문이 발행되었다고 한다. 이것은 많은 이민들에게 모국어의 신문은 꼭 필요한 것이었다. 또한 영어를 읽지 못하는 이민들에 있어서, 이 신문은 얼마나 중요한 정보원인가를 보이고 있다. 이들 신문은 실직한 교양 있는 이민에 의하여 소규모로 시작되고, 사업가가 스폰서인 사례가 많다. 그리고 신세계 모국어가 가진 중요성을 보이는 또 다른 예는 이민의 문학·연극이다. 이민들은 자작의 시나 소설 등을 모국어 신문에 투고하게 된다, 그리하여 이민으로서 자기들의 체험을 기록하고 싶고, 지기들의 감정을 표현하고 싶다는 욕구, 또는 타국의 문화적·정치적 지배하에서 자유롭지 못한 모국어로써 표현하고 싶다는 욕구 등이 이들 에스닉 문학이나 에스닉 연극으로 표현되는 것이다. 여기

"글말"에는 "문학"이 크게 기능하고, "입말"에는 "연극"이 많게 기능하는 것이다.

3) 교포의 에스닉 정체성

이들 재외 교포의 정체성(identity)에 대한 연구(이광규, 2000: 237)[65]가 있다. 즉, 네이셔니즘(nationism)과 내셔널리즘에 바탕을 두고 "국민적 정체성(national identity)"과 "에스닉 정체성"으로 양분한다. 그리하여 거류국에 대한 정체성을 "국민 정체성"이라 하는 데 대하여, 개별 민족에 대한 정체성을 "민족 정체성"으로 제안하고 있다. 그러므로 이민들의 모국 관계는 후자에 속한다. 여기 교포말의 경우도 현지 언어에의 동화는 전자에 속하며, 한국말의 보존은 후자에 속함을 주의하자.

이들 두 가지의 식별은 교포의 정체성의 패턴에 있어서 각기 성분(component)으로 전환된다. 다음 제안된 네 가지 패턴에 관한 범렬표(matrix)를 보인다.

도표 5-2

교포의 정체성 패턴

패 턴		1	2	3	4
교 포		재미 교포	재일 교포	재중 교포	재CIS 교포
성 분	거류국 지향	+	−	+	−
	동포 지향	−	+	+	−

여기 해당 교포를 예시하는데, 그것은 추정된 전형적 강·약세를 뜻할 뿐이다. 그러므로 상대적 차이로서 이들 모든 패턴에 분포할 개연성이 있는 것이다, 더욱 급격한 현대 사회의 변동 속에서 상당한 변모를 보일 것인 바, 냉전 체제의 종식과 모국에 대한 교포들의 인식도 많이 달라지기

때문이다. 따라서 가장 합리적인 교포의 "정체성 패턴"을 기술하기 위하여, 이들 "성분 설정"의 과제가 따르게 된다.

　다음 이 네 가지 패턴의 기술을 보인다. 먼저 (1) "제1 패턴"이 있다. 이것은 "거류국 지향형"이다. 여기 재미 교포를 예시하고 있다. 이것은 일부 구교포를 두고 말한 것이다, 자유 이민이 주류가 된 신교포의 경우, 그들은 "자발적 이민"으로, 상당한 교육 수준이 있으며 모국에서 네셔널리즘의 자각도 충분히 갖추어져 있다, 더욱 계속적 이민으로, 구성원이 증가하여 보강된다. 따라서 "동포 지향"의 성분을 무시할 수 없음을 유의하자. 따라서 모국과의 긴밀한 관계를 간과할 수 없다. 다음 (2) "제2 패턴"이 있다. 이것은 "동포 지향형"이다. 여기 재일 교포를 예시하고 있다. 이것은 일관된 일제기 이래의 반일 감정으로, "멸시, 차별, 억압" 등으로 얼룩진 식민지 지배의 유산(金泰泳, 1999: 58~62)[66]이다. 그리하여 이것은 "동포 지향"으로 나타나는데, 최근 들어 3세들이 전개하는 "한국문화 부활"(이광규, 2000: 238)[67]의 운동으로 이어진다. 그러나, 또 다른 한편으로 귀화자 및 국제 결혼의 증가도 간과할 수 없다. 한편 (3) "제3 패턴"이 있다. 이것은 "거류국·동포 지향형"이다. 여기 재중 교포를 예시하고 있다, 이것은 재중 교포들이 항일 전쟁과 현 중국 정부의 수립에 크게 공헌한 사례(이광규, 2000: 237)[67]를 강조한다. 특히 "소수 민족의 언어 정책"에 성공한 중국 당국의 언어 정책과 긴밀히 관련된다. 끝으로 (4) 제4 패턴이 있다. 이것은 "거류국·동포 무지향형"이다. 이것은 재CIS 교포(이광규, 2000: 238~239)[67]를 예시한다. 물론 다분히 독립한 CIS 제국 또는 러시아와 여타 제국에 있어서, 교포들의 모습은 판이하게 다르다. 따라서 이들 이외의 다른 패턴을 함께 적용해야 하는 특징을 보인다. 안정된 러시아의 경우는 "거류국 지향형"도 고려할 수 있을 것이다. 그럼에도 많은 재CIS 교포는 보다 위기 상황에 놓이고 있다.

(4) 교포말의 보존과 전환

이들 "언어 보존"에 대한 대립적 개념으로서 "언어 전환"이 있다. 그리하여 이들 용어는 일찍 1964년에 Fishman, J.에 의한 제안(Fishman, J., 1964: 32~70)[68]인데, 그 이후 "사회언어학"에서 오늘의 Paulston, C. B. (1994)[69]에까지 연구가 이어진다. 그리고 국어학(장태진, 1995: 199~219)[70]에도 "비전에 의한 언어 보존의 한 유형"을 제안한 바 있다. 여기 "교포말의 보존과 전환"은 교포말의 일반적 특징에 관한 기술에 있어서, 가장 핵심적 부분이 된다. 그리하여 "4대 교포말"을 중심으로 하는 자료를 바탕으로, "언어 보존과 언어 전환"에 관한 이론을 적용하려는 시도이다. 더욱 여기 "민족언어학적 활력"(ethnolinguistic vitality)의 개념을 적극 도입하여, 교포말을 중심으로 기술하게 된다.

1) 언어 보존과 언어 전환

최근 Holmes, J.는 "어떻게 소수 집단어는 보존될 수 있는가"라는 물음(Holmes, J. 2001: 63~64)[71]을 세우고 다음의 요지를 기술하고 있다. 즉, 소수 집단어의 대량 전환이 일정한 사회적 요인으로 인하여, 지연됨을 보이는데, 여기에는 "언어"가 소수 집단의 정체성에 있어서 중요한 상징으로 고려된다는 것이다. 예를 들면, "폴란드 이민"들은 그들이 이민 간 많은 나라에서 자신들의 정체성을 보존하기 위하여 폴란드어를 중요하게 생각하였다. 그러므로 3세, 4세들 사이에도 모국어를 보존하고 있다고 한다. 또한 호주, 뉴질랜드, 미국에 있는 "희랍 이민"들도 같다는 것이다. 웰링톤에 있는 희랍어 공동체 사람들은 그들 동방정교회(Orthodax chuch)에서 희랍어를 사용한다. 그리고 상점을 세우고 희랍에서 수입한 식료품을 팔며, 그들은 각기 다른 사람들에게 희랍어를 사용한다는 것이다. 미국에서 중국인들은 대도시의 차이나타운의 구역에 몰려 살면서, 3세들도 중국 방언을 모어처럼 잘 보존하고 있다는 것이다.

다음 "언어 보존, 언어 전환"에 대한 기술을 보인다.

첫째, "언어 보존"에 관한 정의를 보게 된다. 그리하여 Hoffman, C.의 제안(Hoffman, 1991: 185)[72]은 "언어 보존은 공동체 구성원들이 항상 사용하던 언어를 지키려는, 즉 언어 선택의 동일 패턴을 보유하려고 노력하는 상황을 지시한다"는 것이다. 그리고 Mesthrie, R. 등의 제안(Mesthrie, R., et la., 2000: 253)[73]이 있어 "언어 보존은 지역적으로 그리고 사회적으로 보다 강력한 언어 때문에, 경쟁의 형세에 있는 언어 사용의 계속을 의미한다"는 것이다. 따라서 여기 "화어 공동체의 구성원들이 경쟁 상태에 있는 언어 사이에서 스스로의 언어를 지키려고 노력하는 상황"이다고 정의하여 두자.

둘째, 언어 전환에 관한 기술을 보게 된다. 그리하여 먼저 (1) 정의에 있어서 Mesthrie, R. 등의 제안(Mesthrie, R., et. al. 2000: 253)[74]은 "공동체 내부의 의사 소통과 사회화의 원초적 방법으로서, 다른 언어에 의한 한 언어의 치환을 의미한다"는 것이다. 그리하여 이것과 "언어 변화"와의 식별은 내용의 차이보다도 관점의 다름이라는 것이다, 즉, "언어 변화"란, 하나의 언어 체계 내부에서 연속적으로 일어나고 있는 음성적, 어휘적, 통사적, 화체적 변화이지만, 공동체에 있어서 "언어 전환"의 연구는 복수 언어 중에서 언어 사용의 조사가 항상 부과된다는 것이다. 다음 (2) "언어 보존"과 "언어 전환"의 정도(Pandharipande, 1992: 258)[75]를 규정하자는 것이다. 여기 소수 집단어의 "능동적 측면"은 지배 언어 또는 사회 집단에 의한 "공존"(co-existance)으로서, 높은 위신 지위, 낮은 위신 지위를 보존의 보다 높은 정도, 보존의 보다 낮은 정도로 표현한다. 소수 집단어의 피동적 측면은 동화(assimilation)로서, 전환의 보다 높은 정도, 전환의 보다 낮은 정도를 표현한다. 더욱 이들과 식별하여 지배 언어 또는 사회 집단으로부터 "분리"(isolation)를 세워, 언어 전환이 나타나지 않은 것을 표현한다. 이와 같이 "언어 보존, 언어 전환"은 교포말의 기술에 있어서 중요한 원리가 되었지만, 이들에 관한 "사회적 변인"으로서 "이민 1세, 이민 2세, 이민 3세…" 등과 같은 "사회언어학적 세대"를 제안하게 된다. 즉 이 개념은 앞서 북한 한국말의 기술에서 역시 "분단 1세, 분단 2세, 분단 3세 …" 등과 같은 "사회언어학적 세대"를 제안한 바 있음을 상기하자. 최근 Bonvillain, N.의 언급(박준건 역, 2002: 469)[76]을 인용하면 "일반적으로 미국의 많은 이민 가정들은 제2 세대에는 부모들이 사용하는 언어에 대한 얼마간의 지식을 보유하고 있으나, 제3 세대에 이르면 대부분의 언어 지식이 상실된다."는 것이다. 실제로 미국 사회에 좀처럼 동화되지 않은 히스패닉계에 관한 1990년 국제 조사(明石紀雄, et. al., 2002: 319)[77]에서 "멕시코계의 1세에는 84%가 가정에서 스페인어를 사용하고 있지만, 2세가 되면 15%, 3세에는 4%와 같이 극히 적다."고 제시하는 것이다. 그리하여 이들 특징에는 많은 교포 말이 예외가 아님을 알게 된다고 하겠다. 한편 (3) "언어 전환"은 흔히 "언어 쇠퇴"(language decline)라 하지만, 이들은 개인적 측면에서 "언어 소실"(language loss)이라 하고, 사회적 측면과 언어학적 측면에서는 "언어 사멸"(language death)이라 하여 "인격화의 단계"(degree of personality)를 함의하게 된다. 여기 "사멸 언어"에 대하여 앞서 Thomason, S.가 미출판본에 언급한 제안(Paulston, 1994: 93)[78]이 전하는데, "토착적 화자(native speaker)를 가지지 않으며 화어 공동체에 의한 일상의 의사 소통에 쓰이지 않으며, 변화의 정규 과정을 겪지 않는다."는 것이다. 아울러 "언어 사멸"의 두 가지 유형에 관한 제안(Inoue, 1996: 411~414)[79]이 있는데, 먼저 (1) "언어 모살"(language murder)이 있다. 이것은 하나의 사회적 현상(social phenomenon)인데, 일반적으로 그 언어에 관한 화자의 소실이 보다 영향을 미치게 된다. 마지막 토착적 화자의 죽음[80]이 종종 보고되고 기록되는 것은 이것을 객관적으로 판단할 수 있지만, 이들 "언어 모살"은 항상 화자들의 죽음에 곧 동반되지는 않는다는 것이다. 2중 언어 화자 중에서 보게 되는 "소수 집단어 관용의 쇠퇴"는 "언어 모살"에 영향을 주는 주요 요인이며, 그러기에 "2중 언어" 화자의 증가는 "언어 모살"의 시작이라 하였다. 그리고 "언어 모살"의 전형적 경우는 "역-크리올화"(de-creolization)를 거론하고 있다. 다음 (2) "언어 자살"(languige suicide)이 있다. 이것은 순수한 언어학적 현상(linguistic phenomenon)인데, 지배 언어와의 언어 접촉의 영향 때문에 피지배 언어가 언어학적 특징을 소실하는 언어의 변화의 과정이라 하였다. 그리고 "언어 자살"의 전형적인 경우는 방언의 "언어 표준화 과정"(process of language standardization)을 거론하고 있다. 그리하여 끝으로 (3) "언어 모살"의 경우는 언어가 자신의 화자를 소실하며, "언어 자살"은 언어가 스스로의 특징을 소실한다고 하였다. 이들을 다음과 같이 도시하여 두자.

도표 5-3

언어 전환의 분류

	언어 소실	–	개인적 현상
언어 전환 (언어쇠퇴)	언어 사멸	언어 모살	사회적 현상
		언어 자살	언어학적 현상

2) 민족언어학적 활력

이들 "언어 보존, 언어 전환"에 관련하여 언급된 "민족언어학적 활력"의 개념을 보기로 하자. 즉, Giles, Bourhis, Taylor 일파의 제안(Giles, Bourhis, Taylor, 1977: 30)[81]은 "한 집단으로 하여금 집단간의 상황에 있어서 변별적 그리고 활동적 집합체로서 행동하게 하는 것"이라 언급한다. 그리하여 사회심리적 과정에 작용하는 에스닉 관계의 사회구조적 조건(socio-structural condition)을 언급하고, 이들 기준에 의하여 언어가 보존되는 것으로 보고 있다. 그리하여 이들 "민족언어학 활력"의 개념은 언어 전환을 감소시키거나 역전시키는데, 여기 관심이 있는 연구자들을 위하여 더욱 어떤 아이디어를 제공한다는 것이다. 따라서 이들 이론은 교포말 연구에 있어서 유용한 것으로 보인다.

다음 "민족언어학적 활력"의 개념에 성분설의 제안(Holmes, 2001: 65)[82]을 보게 된다. 즉 지위 요인(status factor)이 되는 "경제적, 사회적, 역사적 그리고 언어학적 ·요인"을 비롯하여, 민세적 변인(demographic variable)과 제도적 지지(institutional support) 등을 보게 된다. 여기 개요를 기술한다.

첫째, "언어에 대한 태도를 반명한 것으로, 언어의 지위(status of language)가 있다. 이것은 역사적, 경제적, 사회적, 또는 언어적인 요인들을 함께 포함하고 있다. 그리하여 집단간 맥락(intergroup context)을 억제하고 있는 에스닉 집단의 위신 변인(prestige variable)의 윤곽에 속하는 것이라 한다. 따라서 한 집단이 가지고 있는 다양한 외집단(out-group)과의 상관관계에서 여러 요인과 함께 이들의 지위를 찾아 볼 수 있게 된다.

이들 언어 지위에 관하여, "구소련 시대의 재CIS 교포말의 지위"를 예시하게 된다. 즉 1937년, 당시의 독재자 스탈린에 의하여 "적성 민족"으로 날인되어 "극동 시베리아에 거주하던 교포들이 중앙 아시아 지방으로 강제 이주 당한다. 여기 2,500여명의 교포 지도자들이 처형되고, 소수 민족의 지위가 박탈 당하게 된다. 그리하여 이들 교포말의 교육도 물론 금지된다. 따라서 최악의 "언어 지위"가 주어지는데, 이것은 적어도 독재자의 죽음에까지 계속되었다. 오늘날 비록 명예 회복이 사실상 실현되었지만, 교포말의 보존 상태는 극히 좋지 않은 편이다. 따라서 16년 간의 "교포말 암흑기"가 현재의 교포말에 심각한 영향을 주었다.

둘째, 언어를 사용하는 집단의 크기(size)와 그 분포(distribution)가 있다. 이것은 "민세적 변인"을 뜻하는 바, 집단 구성원의 수를 비롯하여 거주 지역에서 보게 되는 분포적 양상에 관련되어 있다. 여기 집단들은 조상 대대의 모국에서 고도의 완전한 집결(alsolute concentrating)을 가지며, 적극적인 집단간의 조화, 높은 출생률, 낮은 출국 이민, 그리고 외집단과의 혼합 결혼 등, 다분히 높은 활력을 가지게 된다는 것이다.

이들 교포말 공동체의 "크기, 분포"에 관하여 "재일 교포말"을 예시하게 된다. 즉, 일본에 있어서 "언어학적 소수집단"의 제안을 보면, 다음과 같이 주민 수를 들고 있다.

Ainus	25,000명	Koreans	690,000명
Okinawans	1,000,000명	Chinese	69,000명

여기 교포의 경우, 그들에게 있어서 최대 외국인 집단이 되는 셈이다. 즉, 한국인의 존재는 1910년 한일합병으로 다수가 된다. 그리고 1938~1945년 사이의 전시에 있어서, 징용과 징병으로 200만 이상의 한국인들이 강제 동원되었다. 이와 같은 일본의 "식민지 정책"이 재일 교포의 민세적 요인에 부정적으로 작용하였으며, 광복 후는 잔류 교포들에 의한 민세적 특징이 재구성되는 것이다. 여기 교포들의 전형적인 "집거 지구"를 오사카 이가이노(猪飼野) 일대인데, 약 4만 명의 교포들이 어느 정도 모국어를 보존한다는 것이다.

해외 교포들의 거주지 분포의 유형에 대하여, "집거 지구, 잡거 지구, 산거 지구" 등의 개념은 재중 국어학의 제안인데, 이것이 "교포말 생활"에서 "조선어 중심, 한·중 2중 언어제, 중국어 중심"과 같은 언어 제도에 대응하여 기술한다. 그럼에도 더욱 "교포말의 보존과 전환, 언어 간섭" 등에 유의해야 한다.

셋째, 제도적 지지(institutional support)를 받고 있는 언어에 대한 범위가 있다. 이것은 민족 또는 영토의 다양한 제도에 있어서, 에스닉 집단이 수용하는 표현(representation)에 관한 범위를 지시한다. 여기 에스닉 집단의 활력은 이 표현이 가지고 있는 정도에 관련되며, 다양한 상황에서 쓰여지는 언어 변종은 정부, 학교, 교회, 대중 매체 그리고 문화 등의 영역으로 식별하게 된다.

이들 제도적 지지의 여부는 거류국의 "언어 정책"에 의하여 명시되고 있다. 일제기 모든 한국인들이 가졌던 언어, 문화, 역사, 등이 제국 주의적 일본 정부에 의하여 억압된 것이다. 모든 한국인은 일본 천황의 충성스러운 신하가 될 것을 강요 당한다. 그러나 그들은 일본 시민의 권리와 특전을 누릴 수 없었고, 그 후 실제에 있어서 그들은 2급 일본 국민으로서 "차별적 대우"를 받았다. 그들은 민족적 정체성의 포기와 지배적 일본 규범에 동화될 것을 강요 받았으며, 그들 모어의 자리에 일상어처럼 일본어를 사용할 것을 강요 받았다. 그리고 한국 성명과 생활 양식에 일본화를 강권 받았으며, 나아가 총체적 신앙도 종속되었다. 그들은 민족적 정체성을 보존하기에 어려움을 겪었고, "일본 주류"에서도 배제되었다. 한국의 어린이는 일본어 학교에 등록되고, 문화적, 언어적 차이가 있음에도 불구하고 학급 배정에도 아무런 특수한 배려 없이 수용되었다. 그들은 일본 제국의 윤리 혹은 정신과 일본 역사, 일본어의 수업 등, 교육에 관한 일본 제국 주의적 이념이 주입되었다. 36년 동안 한국의 "일본 식민지화"는 한국이라는 그들의 국토, 역사, 문화, 언어, 성명, 특성, 그리고 민족적 위신마저 송두리째 박탈 당한 것이다.

교포말의 보존에 있어서, 거류국의 "소수 민족어 정책"에 관한 제도적 지지가 극히 소중함은 당연하다. 여기 재중 교포말의 경우, "연변 조선족 자치주"의 공용어의 지위 부여가 전형적이다, 이것을 "재일 교포말"의 경우와 비교하여 보라. 따라서 많은 교포말의 앞날이 얼마나 거류국의 언어 정책의 제도적 지지를 받느냐가 관건이지만, 여기 못지 않게 교포의 모국으로서 한국의 "교포말 정책"에도 제도적 지지가 있어야 함은 물론이다.

앞서 보인 "민족언어학적 활력"의 세 가지 성분이 상호 "긍정적 지속"을 보일 때, 이들 활력 구축에 긍정적 영향을 미치게 된다. 그럼에도 이들 성분들이 각기 다르게 기능한다는 사실도 함께 보고된다. 여기 다음의 예를 들어 두자. 범어의 경우, 고대의 인도 문화를 상징하기 때문에 약 800명의 사용자(이해자)에도 불구하고 인도 연방의 15개 국어에 포함된 언어 지위가 지정된다. 그리고 19세기 미국에서 "다수 이민 집단"의 하나인 독일어 이민들은 오늘날 거의 동화되었으며, 300년간의 청나라의 제도적 지지를 받던 만주어도 거의 사멸된 것이다.

2. 현지 교포말 개설

여기 "현지 교포말 개설"은 4대 교포말의 개설에 제한되는 바, 재외 교포의 대다수를 차지하는 "재미 교포, 재중 교포, 재일 교포, 재CIS 교포" 등 주요 교포말을 개설하게 된다.

오늘날 한국의 재외 동포(외교통상부, 1999: 27)[83]는 142개국에 560여만 명(5,644,558명)이 거류하고 있다. 여기 재미 교포가 약 206만 명(2,057,546명)으로 최대 교포국(36.5%)이며, 다음 재중 교포가 약 204만 명(2,043,578명)으로 차위 교포국(36.2%)이며, 이어서 재일 교포가 약 66만 명(660,214명)으로 3위 교포국(11.7%), 재CIS 교포가 약 49만 명(486,857명)으로 4위 교포국(8.6%)이다. 따라서 이들 4대 교포의 총 수는 약 525만 명(5,248,197명)으로, 전 교포의 93.0%에 해당하는 것이다. 따라서 이들을 "주요 교포말"로 규정하게 되는 것이다.

한국말의 "주요 교포말"은 일반적으로 "한국 이민사"(고승제, 1973)[84]와 한국 근·현대사를 역사적 배경으로 삼지만, "최근세 국어사" 또는 "현대 국어"에 있어서는, 경험하고 당면하고 있는 "이산 현상"이라 하겠다. 그럼에도 이들은 각기 역사적 배경을 달리하는 바, 특히 거류국의 "사회언어학적 상황"과 그들 언어 정책 특히 "소수민족 정책"의 심각한 영향 속에 생존하고 있는 것이다. 따라서 여기 "교포말이 어떠한 사회언어학적 조건 밑에 어떻게 보존되는가라는 최대의 관제가 설정되는 것이다. 그리하여 이들 개설은 그 물음에 대한 잠정적 대답이다.

(1) 재미 교포와 한어

여기 "재미 교포"는 오늘날 미국 전역에 거주하는 205만 7,546명(1999년 현재)[85]의 교포 전체를 지칭하지만, 이들은 우리 나라 전 교포의 36.5%에 해당하고 있다. 더욱 "남가주(62만 5,000명), 뉴욕주(20만 2,590명), 일리노이주(14만 1,526명)" 등에 집중되어, 이들도 근 100만 명(98만 9,116명)에 육박한다. 그리하여 미국 교포의 48.07%를 점유하는 것이다.

재미 교포의 역사는 "구 교포"에 해당하는 두 부류가 식별된다. 즉, 면저 (1) 1903년, "사탕수수밭 계약 노동자(이광규, 1989: 25)[86]로서 모두 101명 (남자 55명, 여자 21명, 어린이 25명)이었다. 이것은 하와이 왕국 초기에 향목 백단의 남벌로서 인기 있던 고가 가구재가 두절되는데 기인한다. 그 때까지 중국인은 하와이를 "단향산"(檀香山)이라고 불렀다. 여기 토지 소유권 확립과 함께 미국 자본에 의한 "사탕수수 농장"이 개발되고, 그 노동력 공급에 "중국인, 일본인, 한국인, 필리핀인" 등이 등장되는 것이다. 그리하여 1905년까지(고승제, 1973: 211)[87] 7,296명(여자 615명, 어린이 447명 포함)에 이른다고 하였다. 이들 이민 사업을 위하여 미국 선교사들의 활동이 컸고, 응모자들(이길용, 1997: 135~160)[88]은 경인 지역과 같은 도시 출신, "무직자, 퇴역 군인, 학생, 아전, 양반" 등 다양한 계층 사람들이라 한다. 이것은 곧 한국 정부에 의하여 중단되지만, 이 때(1901~1924) 이른바 "사진 신부"(picture brides)라 부르고 있는 1,100명의 신부들이 한국 신랑과 결혼하기 위하여 미국으로 오게 된다. 여기에는 일부 유학생과 일제에 항거하는 독립 지사들도 포함되었다. 이와 같은 교민 수의 열세[89]는 한말 한국 정부의 이민 중단과 교민들의 재이주에 기인한다는 것이다. 다음 (2) 또한 "구교 포"인데, 1950년 "한국 동란" 이후에 속한다. 즉, 1951년과 1964년 사이에 미국인들에게 입양되었던 "전쟁 고아"들과 미국 군인들과 결혼한 "전쟁 신부"들이다. 한편 (3) "신 교포"에 해당하는 교포들이다. 이들은 1965년 "이민 및 귀화법안" 이후의 "자유 이민"인데, 오늘날 이 교포들은 교육 수준이나 출신 계층 등에 있어서 여느 교포들과도 다른 특징을 가지고 있다.

최근 보도(조선일보 2002. 3. 6.)에 의하면 미국 인구조사국이 발표한 1990년 이래의 아시아계 인구 증가율에서 제4위(중국계, 필리핀계, 인도계, 한국계의 순, 122만 8,000명 10.3% 증가)인데, 90년 당시의 5위에서 오른 것이다. 반면 일본계는 3위에서 6위로 떨어졌다는 것이다. 그리하여 재미 교포의 수는 급격한 증가 추세에 있다고 한다.

여기 2003년 1월 13일이면 한인 이민 100주년을 맞는다. 이를 기념하기 위하여 "미주 한인 이민 100주년 기념사업회(김창원 · 미국명 도널드 김)가 다양한 기념 행사(조선일보 2001. 7. 5.)를 계획하고 있다. 특히 2003년 1월 13 일부터 1주일을 "이민 100주년 기념주간"으로 잡아, 호놀룰루에서 고국과 미국 전역의 교민 대표가 참석한 가운데 다채로운 행사를 벌릴 계획이라 한다.

1) 재미 교포의 현황

최근 미국 내 한국 교민에 관한 각종 연구의 종합(조선일보 2002. 1. 16.) 에서 "평균적인 한국계 미국인의 모습이 제안된다. 즉, 한국계 미국인의 75%는 뉴욕, 로스엔젤레스, 워싱턴, 샌프란시스코, 휴스턴, 시카고 등 대 도시 주변에 모여 살고, 집에서 대부분 한국말을 사용하며 한국 음식을 먹고 있다. 이들의 50%는 자영업(잡화일, 세탁소 등)을 하고 30%는 한국계 상점이나 기업체에서 일하고 있다. 또한 교육열이 높아 자녀들의 명문대 입학을 원하며, 전문직(의사, 변호사, 박사) 진출을 바란다고 한다. 한편, 이 들의 70%는 기독교인으로, 그 중 80%는 미국 전역 4,000여 한인 교회에 매주 나간다. 그리고, 매일 미국 발행 한국어 신문을 읽고 한국어 방송을 들으며, 한국 내 사정에 밝다는 것이다. 단일 언어 단일 민족의 우수성으 로 자부하는 "교포 공동체"는 공고하며, 다른 공동체에 잘 대응하고 있다 는 것이다, 그럼에도 1세들의 상당수는 영어에 익숙하지 못하여, 미국 사 회를 잘 모른다는 것이다.

여기 교포 공동체에서 대표적인 "코리아 타운"으로, 로스엔젤레스의 올림피아가, 뉴욕의 플러싱 구역, 시카고의 클라크가 등을 드는데, 이들 개별적 개요를 보자. 먼저, (1) 로스엔젤레스(朴三石, 2002: 68~70)[90]를 교포 들은 "나성(羅星)"이라 부른다. 처음 중국인들이 쓰기 시작한 지명이다. 여 기 교포 사회가 번창함에 따라서 1981년 시의회가 공식으로 "코리아 타 운"을 인정하였다. 즉, 시는 동서 약 1킬로, 남북 약 0.5킬로인 일대의 지 역을 지정한 것이다. 로스엔젤레스에서 교포 사회가 형성된 요인(김광태, 1993: 618~20)[91]은 1904년 하와이 사탕수수 농장에서 건너 온 교포 농부들 의 정착으로 비롯된다. 그리하여 미국에 와 있던 애국 지사들과 함께 독립 운동 단체(국민회, 홍사단, 대한동지회, 대한여자애국단)를 결성하고, 자력으로 결성한 "한국 국방경비대대"의 훈련장을 설치하는 등, 독립 운동의 근거지 역할을 하였다.

LA County[92]에는 1970년에 교포 수가 8,900명에 불과하였으나, 1980년에는 33,000명으로 급성장하였고, 1990년에는 82,000명이며, 1993년에는 약 20만 명으로 추산되고 있다. 특히, 한인 교포가 많은 곳은 올림픽 불르바(olympic boulevard)를 중심으로 웨스턴 애비뉴, 후버 스트리드, 일쉐이불르바, 파크 불르바 등이다. 다음 지도를 보인다.

도표 5-4

L-A 코리아 타운

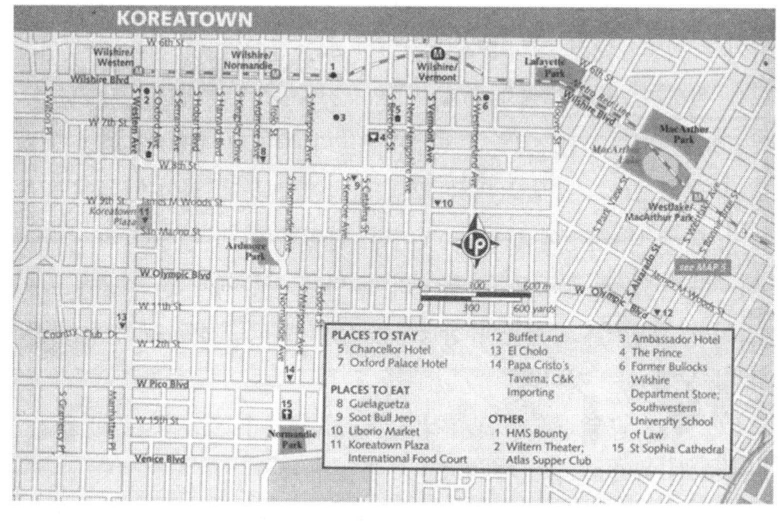

다음 (2) 뉴욕 코리아 타운은 맨해튼(manhattan)의 미드타운 32번가와 브로드웨이(broadway)를 중심으로 펼쳐진 맨해튼 코리아 타운이다. 그리고 시내에서 교포가 많은 곳은 엘름허스트(Elmhurst) 코로나(Corona)와 퀸즈(Queens), 보로(Borough) 지역, 그리고 플러싱(Flushing)을 중심으로 하는 잭

슨 하이츠(Jackson Heights), 우드사이드(Woodside), 서니사이드(Sunnyside) 등이다. 이곳들은 "백인, 흑인, 히스파닉, 인도인, 중국인" 등, 다민족 거주 지역이며 백인들은 중하류에 속하는 동구인들이다. 끝으로 (3) 샌프란시스코에는 1920년대에 코리아 타운이 형성되었고, 1936년까지 대한인국민회 총본부가 있었다.

2) 교포말의 쓰임

미국에 있어서, 교포말의 사회언어학적 상황에 대하여 이광규(1989: 222 ~223)[93]는 우선 "가정어"에 관한 시카고 조사에서, 부부간에 영어를 사용하지 않는다는 사람(67.7%)이 많고 때때로 사용한다는 사람(19.1%)은 극히 적다는 것이다. 그리고 자녀와는 영어를 때때로 사용한다는 사람(63.2%), 또는 형제간에 영어를 때때로 사용하는 사람(60.4%)이 많다는 한 보고를 소개한다. 이것은 교포의 "가정어"가 이미 "한·영 2중언어"의 제도 속에 놓여 있으며, 더욱 세대간에 분화되어 있음을 보이고 있다.

여기, 임영철(1995: 105~106)[94]은 이들 가정어에서 "모국어 보존"을 "성, 연령, 계층" 등, 세 가지 변인으로 기술하고 있다.

첫째, 남성보다 여성의 경우가 모국어 보존율이 높다는 것이다. 여기 연상과의 대화가 동년배 또는 연하와의 대화보다 모국어 유지율이 높은 것을 "유교 문화의 영향"으로 보았다.

도표 5-5

재미 교포의 모국어 보존〈1〉

	청자 화자	남 성	여 성	전 체
(성)	연 장	70.4	75.7	73.1
	동년배	60.3	70.1	65.2
	연 하	42.1	42.1	42.1

둘째, "연령"이 적은 청자보다 연령이 많은 청자와의 대화에 모국어 유지율이 높다는 것이다. 연장(조부모, 부모), 동년배(배우자, 형제, 자매), 연하(자식, 손자) 등으로 식별된다. 자료를 든다.

도표 5-6

재미 교포의 모국어 보존〈2〉

화자 \ 청자	10대	20대	30대	40대	50대	60대
연　상	43.0	76.3	81.6	88.9	75.0	—
동년배	29.6	60.5	82.4	74.5	74.2	83.3
연　하	—	21.1	23.9	16.7	41.1	59.8
전　체	46.3	52.6	62.6	60.1	63.4	71.6

(연령)

셋째 "계층"이 높은 참여자보다 낮은 참여자의 경우가 모국어 유지율이 높다는 것이다. 이것은 "화자·청자"의 구분 없는 대화 참여자로 보인 것이다. 자료를 든다.

도표 5-7

재미 교포의 모국어 보존〈3〉

참여자 \ 계　층	상　류	중　류	하　류
연　장	69.3	72.7	84.8
동년배	54.9	65.3	73.2
연　하	22.9	40.7	58.3
전　체	49.0	59.2	72.1

(계층)

또한 "영역"에 따른 이들의 기술과 자료를 보자. 먼저 (1) "교회"의 영역에 관하여, 그 기능과 역할이 특수함을 유의할 것(이광규, 1989: 143~57)[93]

이다. 비록 "2중 언어 교회"가 있기는 하나, 많은 경우에 목사의 설교, 성가대의 노래, 성경책, 성가책 등을 비롯하여 그들 친교 시간의 대화까지 모두가 한국말임을 주의하자. 그리고 흔히 교회에서 "한글 학교"까지 경영하고 있다. 따라서 교회가 한인들의 정체성을 일깨우는데 크게 기능하고 있음을 특기한다. 다음 (2) "거리"의 영역에서 "한글 간판"은 중요한 상징적 의미가 있다. 여기 로스엔젤레스의 "코리아타운 번영회"가 "한글 운동"으로 전개한 "한글간판 달기 운동"(동아일보, 1973. 5. 31.)은 "미국 사회에 코리어의 이미지를 부각시키고 교포 사회의 안정과 번영을 찾는다"(번영회 발기취지서)는 목적에 부합되는 일이다. 끝으로 (3) "학교"의 영역(이광정, 1998: 349~384)[95]에서 1967년 미국 의회를 통과한 "2중언어 교육법"(Bilingual Education Act)의 시행과 각급 학교에서 보이는 "교사, 학생, 학부모"들의 모국어 교육에 대한 언어 태도에 우리들은 많은 관심을 가지게 된다.

미국에 있어서 소수 민족에 대한 두 가지 정책이 있었다. 즉 하나는 "도가니 이론(melting pot theory)"이라 하며, 미국의 중추를 형성하는 WPAS(백인, 프로테스탄트, 앵글로색슨)를 모델로 하여 이것을 미국적 이상으로 보고 모든 미국인의 동화를 추구하는 정책이다. 그리고 다른 하나는 "샐러드볼 이론(salad bowl theory)"이라 하며, 모든 민족들이 각자 고유한 문화 전통을 유지하고 발전시키려는 정책이다. 특히 최근에는 후자에 많은 관심이 표명되어, 여기 소수 집단들의 지위가 더욱 고려되는 것이다.

최근 재미 교포의 영어에 관한 "언어 능력"의 실태 조사(이성우 등, 2001: 255~286)[96]를 보고하고 있다. 이것은 해외로 이주한 이민자들의 "언어 능력"의 개발은 이민국 내에서 경제적으로 적응하는 데 있어 중요하다. 이것은 현지 사회에서 언어의 "소통 능력"이 이민국의 노동 시장에 얼마나 적합한가를 결정하지만, 이 기준은 이민자의 수준에서 중요한 부분을 차지하게 된다. 그리하여 아시아인들 중에서 "중국, 일본, 필리핀, 베트남" 등을 함께 비교하고 있다. 여기 "재미 교포"의 경우, 일본, 필리핀에 뒤지고 중국과 유사하며 베트남에 앞선다는 결론이다. 이들 "이민국 언어"로

서 교포들의 "영어 사용의 능력"은 그들의 삶에 있어서 필수적이다. 따라
서 이들 바탕 위에 교포말의 "한국말 보존"도 논의될 것이다. 그러므로
교포말에 있어서 "현지 언어"에 관한 "언어 능력"과 모국어로서 "한국말
보존"은 결코 "배타적 관계"가 될 수 없으며, 더욱 "상보적 관계"가 되어
야 한다. 그리하여, "현지 언어, 모국어"의 바람직한 "2중언어 능력"이 교
포말의 발전에 기여할 것으로 생각된다.

(2) 재중 교포와 조선어

여기 "재중 교포"는 오늘날 중국 전역에 거주하는 204만 3,578명(1999
년 현재)[97]의 교포 전체를 지칭하지만, 이들은 우리 나라 전 교포의 36.2%
에 해당하고 있다. 더욱 이들은 동북 3성(길림성, 흑룡강성, 요녕성)에 90% 이
상(186만 9,400명, 91.48%)이 집중되어 있다, 그리하여 이들이 약 40,000개의
교포 마을(조선일보, 2001. 12. 17.~19.)을 구성하고 있으니, 공동체 규모(평균
467.4명)가 짐작된다. 더욱 근간 "조선어방언사전"(리운규 등, 1992)[98]에 의하
면 여기 중요한 13개 지역의 자료가 수록되어 있는데, 다음 출신 지역을
함께 보인다.

요녕성	(1)	盖縣 (西海)	평북 철산, 초산
	(2)	沈陽 (東陵區)	평북 용천, 의주
	(3)	撫順 (李石寨鄉)	평북 선천
길림성	(4)	琿春 (敬信鄉)	함북 경흥
	(5)	和龍 (龍門鄉)	함북 명천
	(6)	延吉 (新興家)	함북 경성
	(7)	柳河 (姜家店鄉)	경기 수원, 안성
	(8)	敦化 (賢儒鄉)	충남 조치원, 홍성
	(9)	蛟河 (天北鄉)	전북 부안, 순창
흑룡강성	(10)	鷄東 (鷄林鄉	함북 단천, 함흥
	(11)	秦來 (四星五鄉)	경남 울산
	(12)	五常 (長山鄉)	경북 영덕
	(13)	綏化 (興和鄉)	경북 경주

　이와 같이 동북 지방을 중심으로 "연변 조선족자치주"와 함께 "장백 조선족자치현"이 설치되며, 또한 39개의 "조선족 자치향"이 있다. 그리하여 재중 교포의 경우는 대개가 전형적인 "구 교포"의 유형에 해당하고 있으며, 그들 1세는 농민 출신이 대다수이다. 특히 약 80만 명(778,134명)의 중국, 만주 교포가 광복 후 귀국하지만, 약 100만 명 이상의 만주 교포(동아일보, 1975. 8. 19.)가 잔류하여 그들 자치주·자치현 등을 세운 것이다.

　재중 교포에서 특기할 것은 "연변 조선족자치주"가 있다는 사실이다. 이 자치주는 그 자체가 또한 "다중언어 공동체"인데, 우선 자료(연변인구통계 자료편, 1990)를 보자.

한　족	1,152,848명	(57%)
조선족	834,127명	(40%)
만주족	47,140명	(2%)
몽고족	1,164명	
회　족	679명	(1%)
기타, 외국인	289명	
합　계	2,036,243명	(100%)

　이와 같이 한족(漢族)을 정점으로 한 다민족 구성인데, "조선어"가 "자치주 공용어"의 지위를 가진다. 따라서 해외 교포의 모국어에서 유일한 사례가 되는 것이다. 여기 주 면적은 4만 2,700km^{2}이며, 교포 수도 재중 교포의 약 40%에 이르고 있다. 특히 교포의 분포는 주로 연길보다 "룡정"(66.1%, 1989)에 더욱 집중되어 있다.

　이와 같은 현황에도 불구하고, "연변 조선족자치주"의 경우도 중국 타지역 교포의 예처럼 교포수(김상원, 2000: 400~402)[99]가 해마다 크게 감소되어 간다는 것이다. 그 까닭인 즉 "출생률의 저하, 여성의 국제 결혼과 도시 진출에 따른 남녀 비율의 실조" 등을 드는 것이다. 그리하여 자치주 내의 조선족 인구 비례도 낮아진다는 우려가 있다. 따라서 이들 교포말의 사회언어학적 지위의 제고와 함께 민족어 교육 및 민족 문화의 보호가 절실하다는 것이다. 다음 지도를 보인다.

도표 5-8

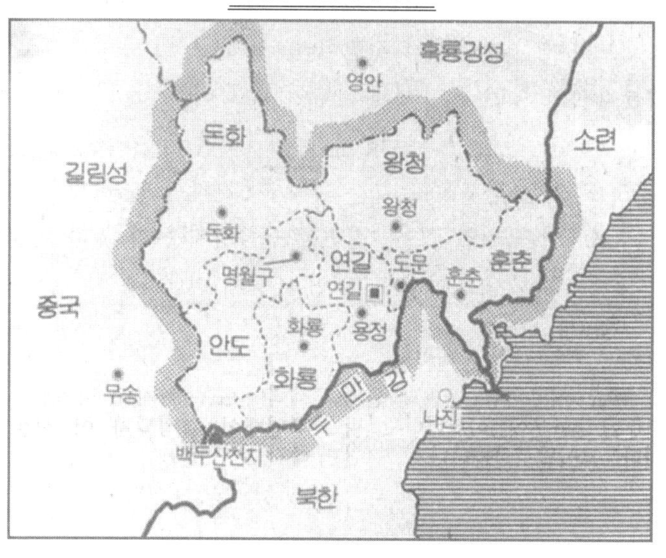

1) 이민사와 언어 정책

중국에서 한국인의 거주 역사를 말하기란 어렵다. 여기에 대한 제안 (김상원, 2000: 398~399)[99]을 보면 지금까지 한국말을 보존하고 있는 재중 교포는 19세기말 20세기초 이후에 한반도에서 들어왔다는 것이다. 그리하 여 천 여년 혹은 수 백년 동안 한족, 만족 몽골족 속에 끼어 살면서 점차 그들에 동화되었을 것이라 하였다. 즉 "지금 하북성 청룡현 팔도하자향 탑구촌과 대장자향 맹가와보촌에 살고 있는 350명의 박씨 성을 가진 조선 족들, 료녕성 개현 진툰향 박가구촌의 277명 박씨 성을 가진 조선족들, 료 녕성 본계현 삼성자향 박보, 구재역, 화피 등 촌락에 있는 1,234명의 박씨 성을 가진 조선족들의 선조들은 모두 명나라 말기 청나라 초기에 중국에 들어왔었다. 이들은 360여년 동안 한족 또는 만주족 속에 끼어 살면서 점 차 자기의 풍속 습관은 물론 언어마저 상실하고 한어를 쓰고 있다. 이들은 반동 통치배들의 민족적 압박과 차별시를 받다 못하여 만족 혹은 한족이라고 호적에 올렸었다. 그러다가 1982년 제3차 전국인구조사시에 조선족으로 회복하였다”는 것이다. 물론 이들은 한국 문화와 한국말을 상실한 지 오래이다.

한편, 중국 동북 지방의 교포 입주(彭明輝, 1997)[100]에 관한 자료에 1638년 교포의 월경, 집단 부락의 형성으로 양국간에 송환 문제가 논의되었다 하니, 그 실제는 훨씬 소급될 것이다. 그리고 북도의 척박한 토지와 산악 구릉의 지세, 가뭄과 홍수(1670년, 1860년, 1870년)에 따른 흉년과 기근이 월경 이주의 큰 원인이며, 여기 재래의 “조경석귀 춘경추수(朝耕夕歸 春耕秋收) 하던 얕은 두만·압록 양강 상류의 월강 농업 등도 추가된다. 그리하여 압록강 월경 입주(고승제, 1973: 88~89)[101]도 1883년의 보고서는 3만 명 정착을 말하고, 1894년의 보고서는 1만 가구가 정착하며 고유의 언어와 풍속을 유지하면서 부락 자치를 시행하고 있다고 하였다. 특히 청나라 장백산의 “금봉 해제”와 북경 조약(1860)을 전후하여 교포들의 월경 이주가 많았다 한다.

이와 같이 두만강 압록강의 대안에는 함경 방언, 평안 방언의 월경민이 정착하지만, 특히 전자의 경우는 육진 방언(경흥, 경원, 온성, 종성, 회령, 부령)이 주류임을 각별히 유념하자. 따라서 고려 중엽부터 이조 초기까지 북방 개척을 위하여 평안도 지방에 황해도 주민을, 함경도 지방에 강원, 경상, 전라의 하삼도 주민을 이주시킨 사실(최학근 1968: 21~26)[102]이 중요하다. 그리고 일제기에는 우리 농민들의 집단 이주가 강요되어 1945년에는 만주 교포 수가 약 250만에 이르게 된다.

이들 “연변 조선족자치주”에 있어서 사회언어학적 상황은 중화인민공화국 건국(1949. 10. 1.)까지는 전통적 규범(한글맞춤법 통일안, 사정한 조선어 표준말 모음, 문세영 조선어사전)을 따르지만, 오직 문법 규범에만 북한계(박상준 1944: 조선어문법, 조선어문연구회 1949: 조선어문법)를 취한 것(김기종, 1990)[103]이라 한다. 그리고, 1952년 자치주가 출범하며, 중화인민공화국 헌법(1954)에서 “각 민족은 모두 자기의 언어 문자를 사용하고 발전시킬 자유를 가진다”고 한 언어 권리의 규정에 따라서 한국말이 공용어의 언어 지위를 가지게 된다. 그럼에도 1977년 중국 국무원 결정에 따라 “동북 3성 조선어문사업협의소조”가 설립되기까지는 비록 자치주 단위에서 규범화의 노력(최창범, 1996)[104]은 있었으나, 거의 북한의 언어 규범을 따랐다는 것이다. 그리고 이 시기에 문화혁명(1966~1976)의 동란으로 “한국말 말살정책”을 겪었음을 주의하자. 그리고 1977년 이후에도 1985년까지 기본적으로는 북한을 따르면서, 중국 조선족의 언어 사용의 실제에 맞도록 언어 규범을 정하여 나갔다 한다.

한편, 1986년 “중국 조선어사정위원회”가 설립되면서, “조선어 4법(발음법, 맞춤법, 띄어쓰기, 문장부호법)의 규범집(1)” 등을 제정 간행하고 조선말사전(1~3: 1994~1995)을 편찬하여 15만 여 올림말을 정리하게 된다. 그리하여 이들의 중요한 원칙은 “남·북한이 같은 것은 따르고, 서로 다른 것은 통일 후로 넘기면서 스스로 정한 것을 그대로 쓴다”는 태도를 보인다. 그리고 나아가 남·북한, 중국의 학자들이 참가한 “코리언 규범 문제에 관한 학술토론회(1995)”와 “한국 국립국어연구원, 조선 국어사정위원회”의 대표 간담회의 개최 등, “한국말 통일”을 위한 적극적 태도를 보인다.

2) 방언 분포와 거주 유형

중국의 동북 3성에 교포들이 집중적으로 거주하지만, 이민에 기원된 본국 방언계의 다름이 있으며, 거주 형태에 따라서 방언의 보존과 소실, 또 변화의 모습을 달리하는 것이다. 그리고 이들의 방언 분포는 개략 “함경 방언, 평안 방언, 경상 방언”의 교포가 중심적이며, 많이 모여 살고 있다. 그런데 “중부 방언, 전라 방언”의 교포 수는 적으면서 흩어져 살고 있어, 찾아보기가 힘들다는 것이다. 그리고 “제주 방언”은 아예 거론되지 않는다.

이와 같은 중국 동북 지방을 중심으로 하는 “재중 교포말”의 방언적 특징은 다음과 같은 세 가지의 “사회언어학 특징”으로 제안하게 된다. 먼저 (1) "농업 유민"의 특징으로, 인접 지역인 "함경도 방언, 평안도 방언"의 화자가 중심적이다. 이것은 "교포말 이산"의 가장 원초적 단계에 속하는 특징이라 하겠다. 더욱 이들 두 지역은 산간 지대에 농토가 적고 척박하며, 몇 차례 한해와 홍수 등의 자연 재해가 심하였다. 여기 변방 지역의 부패 관리들의 학정이 한 몫을 하고 있다. 다음 (2) "농업 이민"이라는 일제의 식민지 정책의 결과이다. 이것은 농토가 적고 인구가 비교적 많은 "경상도 방언"의 화자가 주로 이들 이민 정책의 대상이었다. 더욱 일본인의 한반도 강점으로 농토를 수탈 당한 영세 농민들이 여기에 든다. 끝으로 (3) "농촌 방언"이라는 특징에 관한 것이다. 여기 농촌의 경우, 원주민이며, 민세적인 다수 집단의 지배 언어(dominant language)인 중국어의 "언어학적 압력"(linguistic pressure)이 비교적 약한 것이라 하겠다. 그리하여 모어로서의 교포말의 "언어 보존"(language maintenance)이 가능한 것이다. 따라서 이들 두 가지는 "교포말 이산"의 "전 단계의 모습"이라 하겠다. 여기 교포말의 도시화(urbanization)를 "후 단계의 모습"으로 제안하여 두자.

대개 농촌의 경우 일제기 이민의 집단 이주이기 때문에, 특정 방언에 관한 "방언 공동체"를 형성한 것으로 보고되어 있다. 예를 들면, 연변 조선족자치주의 "안도현 장흥향 신둔촌(長興鄉 新屯村)의 경우"(한국일보, 1990. 3. 4.)를 보자. 이들은 1938년 경남 합천에서 40호, 밀양에서 20호 등 모두 60호 321명이 이주하였으나, 현재는 70호 약 280명이 살고 있으며, 중국인은 한 명도 없다고 한다. 따라서 이곳은 "경남방언 공동체"를 형성하고 있는 것이다. 중국 교포말의 방언에 관하여, 자료 수집(리운규 등, 1992)[105]과 연구 논문(왕한석, 1997[106], 이병근 등 1999[107])을 비롯하여 전반에 대한 개괄적 기술(전학석, 1997)[108] 등, 많이 진전된 업적들을 보인다. 여기 기존의 제안(전학석, 1997)에 의거하여 5대 방언에 관한 교포 개요를 보인다.

첫째, 함경 방언(동북 방언)은 길림성 연변 지구, 흑룡강성 목단강 지구에 많이 분포되어 있으며, 이들 두 지구에서 다른 방언보다 우세를 차지하고 있다는 것이다. 특히 "연길시 신흥가"는 이곳 연길시에서도 가장 교포수가 많으며 가장 한족(漢族)이 적은 구역인데, 그들의 본적지가 대부분

함경 북도라 한다. 그리고 흑룡강성에는 "제동현 계림향 계림촌"에 가장 많은 교포들이 집거하고 있어, 600여 세대 2,937명에 이른다. 그들 본적지는 85%가 함경 남·북도인데, 함경 북도가 더욱 많다는 것이다.

둘째, 평안 방언(서북 방언)은 요녕성 단동 지구, 심양 지구, 무순 지구, 명구 지구에 많이 분포되어 있으며, 여기에는 평안 방언이 다른 방언보다 우세를 차지하고 있다. 특히 "심양시 동릉구 혼하참향 만유촌"(沈陽市 東陵區 渾河站鄉)에 가장 많은 교포들이 집거하고 있어, 2,453명에 이른다. 그들의 본적지는 60%가 평안북도이며, 평안남도는 3.2%를 차지하고 있다. 최근 만유촌 방언의 집중 조사(이병근 등, 1999: 1~75)[109]가 보고되었다.

셋째, 경상 방언(동남 방언)은 길림성의 장춘 지구, 길림 지구와 흑룡강성의 할빈 지구, 치치할 지구, 수하 지구, 송화강 지구 그리고 요녕성의 개원현에 많이 분포되어 있다. 따라서 이들 지방에서는 경상 방언이 다른 방언보다 우세를 차지한다. 여기에서 "치치할시 태래현 사리오향 서광촌"에는 교포 1,700여 명 중 본적지는 50%가 경상 북도이며, 송화강 지구의 "오상현 장산향 일승촌"에는 교포 1,644명 중 본적지는 80%가 경상 북도이다. 그런데 "할빈시 도리구 군력향 우의촌"에는 교포 737명, 이 중 본적지는 34%가 경상 북도이며 13%가 경상 남도이다.

넷째, 중부 방언은 교포 수가 많지 않으면서 각지에 흩어져 살고 있다. 따라서 이들의 집거지는 찾기 힘들다는 것이다. 전형적인 예가 "길림성 류하면 강가점향 오성촌"이다. 즉, 교포 56세대 290명 중 68%가 경기도 출신이다. 이들의 본적지가 경기도 안성군, 수원군, 평택군으로, 1940년 전후에 집단 이주를 하였다는 것이다.

다섯째, 전라 방언(서남 방언)도 교포 수가 많지 않으면서 각지에 흩어져 살고 있다. 전형적인 예가 "길림성 교하면 천북향 영진촌"이다. 즉, 전라 방언의 교포가 56세대 290명인데, 전촌 인구의 68%를 차지한다는 것이다. 이들은 1944년에 전라 북도 부안군에서 집단 이주를 하였다고 한다.

대개 본국 방언에 대한 이들 교포 방언들은 기본적으로 지역 방언의 특징을 보존하는 것이지만, 한편으로는 "언어 접촉"과 같은 서로 다른 사회언어학적 조건에 의하여 "언어 이산"의 과정을 겪은 것이다. 따라서 "교포 방언" 스스로의 어떤 특징을 가지게 되는 것이라 하겠다. 여기 "모음 체계"로써 거론하면, 함경 방언에는 이설(이상규, 1995: 390)[110]이 있으나 "육진 방언, 평안 방언"은 함께 8모음 체계로서 같은 중국의 교포 방언(전학석, 1997)의 "함경 방언(동북 방언), 평안 방언(서북 방언)"과 일치하는 것이다. 그리고 "경음화 현상"의 경우도 본국 방언과 교포 방언이 경상 방언과 전라 방언에서 거의 같은 수준의 발달을 찾아보게 된다. 그런데 교포 방언의 특징으로, "세대 변종"에 대한 논술은 중요한 것인 바, "함경 방언"이 표준말 [y](위)는 "노인층"에서 [i]([ki]귀)로, "청년층"에서 [wi]([kwi]귀)로 대응시키는 경향이 더 많다는 것이다. 아울러 "화룡봉촌"(훈춘시 경신향)의 경우, "구개음화 현상"(전학석, 1997: 129)[111]에 있어서 "청년층, 중년층"에서 표준말처럼 구개음화하여 발음하는 현상이 많다는 것이다.

한편, 이들 "2중 언어의 지역적 유형"(정경언, 1990: 176~177)[112]으로서 세 가지를 들고 있다. 먼저 (1) 집거 지구가 있다. 즉, 조선족이 다수로 집중 거주하는 우세형을 지칭한다. 여기 가정어는 조선어 위주이고, 조선족의 유치원 학교가 있고, 조선어의 사용률이 높은 2중언어 생활을 한다는 것이다. 다음 (2) 잡거 지구가 있다. 즉, 조선족이 일정 수(5% 미만)로써 혼잡 거주하는 열세형을 지칭한다. 여기 가정어는 2중 언어가 가장 우세하고(조선어 우세, 중국어 열세), 조선족의 유치원 학교가 있고, 조선어의 사용률이 낮은 언어 생활을 한다는 것이다. 끝으로 (3) 산거 지구가 있다. 즉, 조선족이 소수로 분산 거주하는 열세형을 지칭한다. 여기 가정어는 세대별 분화(부모 2중 언어, 자식 중국어)로서 중국어 위주이고, 조선족의 유치원 학교가 없고, 조선어 사용률이 극히 낮은 언어 생활을 한다는 것이다. 그리하여 "집거 지구"에는 조선어의 "화어 공동체"가 존립할 수 있는데, "용정시와 화룡현 등의 많은 농촌 마을에는 조선어가 단일 언어로 상용되고 있다"는 보고(장홍권, 1990: 287)[113]를 들어 둔다. 그러나, "잡거 지구, 산거 지구"로 나아 갈수록 "조선어 화어 공동체"는 점차 해체의 길을 걷기 시작한다는 것이다.

여기 집거 지역에 관한 조사 보고(이익섭, 1996: 599~621)[114]가 있다. 이 것은 교포말에서 대표적 집거지이며, "조선족 자치주"의 수도인 연길시를 중심으로 한 것인데, 그들의 모국어에 대한 일반적 언어 태도와 "가정, 학교, 시장" 등의 영역을 고려하면서 주로 언어 보존의 측면을 취급하고 있다. 그리하여 이들이 중국어와 함께 2중언어 사회를 구성하면서, 모국어 사용에 여러 가지 긍정적 특징을 보인다는 것이다. 그럼에도 교포 자녀들이 중국인 학교를 선택할 경우의 예를 들면서, 모국어에 대한 학교 교육의 중요성을 강조하고 있다. 그리고 전화 통화에서, 코드 전환도 지적하고 있다. 아울러 이들의 모습이 중국의 모든 교포 사회에서 같지 않다는 것도 부기하고 있다.

3) 언어 태도와 영역

이들 잡거 지구의 언어 태도(장순진, 1994)[115]에 관한 세대 구조의 특징을 보이며, 조선어사용에 영향된 요인을 들고 있다. 먼저 (1) "노년기"로서 거의 이민 1세이며, 조선어의 "단일 언어" 사용자이다. 사회를 떠난 "가정어 중심"의 언어 생활이며, 폐쇄된 심리 상태가 민족어 감정에 연계된다. 다음 (2) "중년기"로서 "문화혁명" 이전에 조선어 중국어의 "2중 언어" 사용자이다. 즉 가정이나 조선족 사이에는 조선어를 쓰지만, 일반적인 사회 생활에는 중국어를 쓴다. 생활의 의욕과 신체적 조건 사이의 불균형 상태의 심리가 민족어 감정에 연계된다. 한편 (3) "청년기"로서 "문화혁명"때 조선어 교육을 못 받았으며, 중국어의 "단일 언어" 사용자이다. 이들 모국어는 "중국어식 조선어"이며, 조선족 티를 숨기려는 열등 의식이 민족어 감정에 연계된다. 끝으로 (4) "소년·아동기"로서 조선어를 잘 모르고, 중국화된 조선족 어린이이다. 민족 의식도 민족어 감정도 거의 없다. 그리하여 이들 "조선어 사용에 영향되는 요인"으로서 먼저 (1) "경제 발전"을 들고 있다. 이것은 50·60년대에 조선족 기반인 농촌 경제가 붕괴되면서, 조선어의 지위가 중국어에 위협 받았다고 한다. 다음 (2) "정치 생활"을 들고 있다. 이것은 "문화혁명"에 따른 소수 민족에 대한 동화 정책으로 조선어의 지위가 추락했던 사례를 언급한다. 끝으로 (3) "학교 교육"을 들고 있다. 이것은 80년대 이후 교포 자녀의 조선족 학교의 취학이 급격하게 줄고, 조선어 교육이 어려워지는 사례를 언급한다. 그리하여 이들 조선어 문제의 해결을 당면 과제로 제안하는 것이다.

이와 같은 중국의 언어 상황을 "중국에 있어서 조・한 2중 언어의 제약적 관계(장의원 1990: 237~241)[116]라 한다. 즉 "공공 장소나 차 안에서 중국어만 하는 것이 상례이고, 무슨 회의를 해도 참여자가 다 조선족인데도 사회자는 중국어로 말하는 것이다. 한족은 조선족 앞에서 상대방이 중국어를 알든 모르든 중국어를 기탄 없이 하지만, 조선족은 상대방이 한족일 경우 자신이 중국어를 몰라도 조선어를 하지 못하며 벙어리 흉내를 내지 않으면 애당초 입을 다물고 만다."는 것이다.

한편 실재하는 조선어와 중국어의 2중언어 상황에 관한 영역(렴광호, 1990: 188~196)[117]을 보게 되는데, 먼저 (1) "가정 영역"까지 현대 문명 또는 매스컴의 영향으로 중국어가 침투하여 2중 언어의 사용이 현저하다는 것이다. 그럼에도 조선어 중심(조선어가 제1언어인 2중 언어)이 중요한 특징(도표 참조)을 가진다는 것이다. 자료를 보인다. 다음 (2) "당정 영역"에서 의회, 법원, 정당에 관한 "인민대표대회, 인민법원과 검찰, 당대표대회" 등에는 조선어가 "제1 언어"의 법적 지위를 누리고 있다. 그러나, 주, 현(시), 향(진)의 당정 기관에서 평상시 발부하는 문건, 학습, 선전 자료의 95% 이상이 모두 한문으로 쓰이며, "각급 지방 단체・기관, 기업소의 회의・학습・사업・토론" 등은 기본적으로 중국어가 쓰인다. 따라서 대외적 측면에서 "공용어"가 조선어인 반면, "상용어(working language)"의 지위는 중국어이라는 것이다. 또한 (3) "문화, 예술(문예 창작, 연극), 교육, 보건, 체육, 대중 매체, 출판" 등과 같은 "사회, 문화 영역"에는 조선어가 주로 쓰인다. 그러나 고등 학교, 직업 고등학교, 전문 학교 등, 전문 교육의 영역에는 중국어가 주로 쓰인다는 것이다. 끝으로 (4) 상공업, 산업 자원, 유통업 등, "결제, 기술 영역"에는 중국어가 주로 쓰인다고 한다. 그리하여 각종 직업어와 전문어, 기술 용어 등에 중국어의 우위를 보이는 것이다.

이와 같이 연변 조선족자치주에서는 조선어와 중국어의 "2중 언어제"가 "공용어"로서 교묘하게 "역할 분담"을 하고 있음을 보인다. 그럼에도 불구하고 공공 장소와 같은 거리의 영역(렴광호, 1990: 193)[118]에는 "조선어 중심, 중국어 중심"과 "2중 언어" 등이 "성, 연령, 교육, 지역" 등의 변인에 따라 착잡하게 나타나고, 더욱 중국어 사용이 높은 경향을 보이는 것이다.

4) 사용 언어의 분석

다음 위에서 본 "동북지방 교포말"의 방언적 특질을 들기로 하자. 여기 "두음법칙, 구개음화, 치음화, i모음화"를 비롯하여, 이어(俚語)와 활용어미 등으로 보게 된다.

도표 5-8

동북지방 교포 말의 방언적 특징

	(경기)	(전라)	(경상)	(평안)	(함평)	(육진)
두음법칙	여자	여자	여자	너자	여자	녀자
〃	염통	염통	염통	넘통	염티	넘티
구개음화	장끼	장꼉	장꽁	덩꽁	장꽁	땅꼬
〃	좋다	좋다	좋다	도타	좋다	됴타
〃	게	저	덩개	게	저	게
치음화	아침	아침	아칙	아츰	아직	아츰
이모음화	기침	기침	지침	기픔	지침	기츰
이어	부추	솔	정구지	보초	염지	염지
〃	누룽지	깜밥	누런밥	바꽈이	감아치	가매티
활용어미	갑시다	가자요	갑시더 가시더	가자요	가깁소	가깁소
〃	갑니까	가습니까	갑니꺼	가스미까	가습둥	가습둥 가습두
(방언차)	(기준)	(10%)	(10%)	(15%)	(20%)	(20%)

이들 어례에서 지역 방언의 변이를 보지만, "음운론적 변이"의 경우는 "음운론적 규칙"이 수용하는 "어휘 목록"이 방언에 따라 같지 않음을 주의하라. 여기 예를 보자.

$$/ Wə \rightarrow O / \text{ (꿩 → 꽁)} \quad \text{경상, 함경, 육진}$$
$$/ jə \rightarrow e / \text{ (겨 → 게)} \quad \text{경기, 경상, 평안, 육진}$$

이들은 모두 "이중 모음의 기피 현상"으로서, 각기 반모음에 의한 축약으로 "원순모음화"와 "전부모음화"를 실현하고 있는 것이다. 그리하여 이들 음운론적 특징은 모든 변종, 방언을 횡단하고 있어, 얼마만큼 어휘 목록에서 반영되고 있는가 하는 것이다. 이것을 다음과 같이 간단히 보인다.

/iə/	–	하시어요(서울)	/uə/	–	꾸어서(서울)
/jə/	벼(서울)	하셔요(서울)	/wə/	꿩(서울)	꿔서(서울)
/e/	베(평안)	하세요(서울)	/o/	꽁(경상)	꼬서(경상)

아울러 이들 교포말의 특징으로 "조선어의 한어화"(한상복, 권태환, 1993: 226)[119]를 지적한다. 여기 세 가지 유형을 드는데, 먼저 (1) 한자로 구성된 단어를 한어(중국어)로 발음한다. 즉 "開荒 개황 → 캐황, 二靑 이청 → 얼청"과 같다. 다음 (2) 조선어 대신 한어를 삽입하여 쓴다. 즉, "출근 → 上班, 퇴근 → 下班, 평화 → 和平"과 같다. 끝으로 (3) 조선어를 말하는 중간에 한어를 섞는다. 즉 "어머니 워 조라(我走了) ← 어머니 나 갈게요, 그래니 꿔라이(儞過來 ← 그래 너 와라)"와 같다.

여기 어휘 변화의 특성과 추이(장홍권, 1991)[120]는 한국말의 기존적 요소를 살려(접결상) 쓰고, 한자어의 증가로 동의어(쩬타/중심)가 발달하며, 중국어 영향에 의한 어의 변화(애인/남편, 아내) 등이 있다는 것이다. 더욱 고유어계의 발달(문영자, 1996)[121]은 문화어[122]의 수용(가마치, 둥글소)과 연변 표준화[123](말단지, 여벌손)가 있고, 연변 비표준화(묶걱질, 싣걱질)는 "농업 용어"에서 흔히 발견되고 있다.

5) 언어 문제

최근 재중 교포의 "언어 문제"에 관한 제안(최윤갑, 2000: 275~282)[124]이 있다. 즉 먼저 (1) 대표적인 "집거 지구"인 연변의 인구가 마이너스 성장을 보이고 있다는 것이다, 이러한 현상을 길림성의 다른 지역, 흑룡강성, 료녕성에서도 멀지 않아 나타날 것이라 한다. 다음 (2) 조선족 "집거 지구"가 허물어지고 있다는 것이다. 이것은 해방 초기 동북 3성의 도시(예, 하얼빈의 도리구, 장춘의 7거리, 심양의 서탑구)에 있었으나, 오늘날 없어졌다고 한다. 그리고 농촌의 경우, 흑룡강성의 499개 조선족 촌 중에서 100% 조선족 촌이 1982년에 390개 촌이었는데, 1990년에는 305개 촌으로 줄어들었다는 것이다. 한편 (3) 조선족 학교가 줄어들고, 한족 학교로 가는 학생 수가 늘어난다는 것이다. 예를 들면 길림성에서 1985년에 조선족 소학교가 419개 교, 조선족 중학교가 118개교가 있었는데, 1995년에는 소학교가 177개교, 중학교가 49개교로 줄어들었다 한다. 그리고 한족 학교에 들어간 학생 비율은 흑룡강성에서 1985년에 조선족 학생 총 수의 28.38%였으나, 1990년에는 36.9%였다는 것이다. 끝으로 (4) 조선어의 사용 범위가 좁아지고 있다는 것이다. 즉 "연변 조선족자치주"는 해방 후부터 58년(대약진 때)까지, 조선어가 제1 공용어였다. 그리하여 조·한족이 함께 모인 장소에서는 "사용 언어"에 따라 한 언어를 번역하였다고 한다. 그러나 58년 이후는 "공식적 장소"에서는 한어를 쓰고, 번역도 별로 없었다 한다. 현재 조선어가 쓰이는 장소는 조선족만 모인 신문사, 방송국, 출판사, 잡지사, 학교, 농촌뿐이라고 하였다.

이와 같은 위기 상황에 놓인 "한국말 보존"을 위하여, 네 가지 대책(최윤갑, 2000, 278~282)[124]을 들어, "언어 계획"(language planning)을 언급한다. 즉 먼저 (1) 조선족 "집거 지구"의 경제를 발전시켜야 한다는 것이다. 이것은 중국 정부의 "가족 계획"과 자녀의 양육·교육비 부담과 경제 활동을 위한 타 지역 또는 도시 이주와 관련된다고 한다. 그리하여 지역 경제의 발전을 도모하여 "주민 이동"을 막아야 한다. 다음 (2) 조선어의 "언어 지위"를 높이고 "사용 범위"를 넓혀야 한다는 것이다. 중국에서 비록 조선어의 지위가 중국어보다 낮지만, 발달된 "남·북한 한국말"의 통일된 힘과 연계하면 중국 안에 있어서 "문화 교류의 증진, 과학·기술의 발달"에 역할할 수 있다는 것이다. 따라서 "영역"에 따른 기능을 강조하고 있다. 한편 (3) 조선어 교육의 질을 높여 "한국말, 한어, 영어"의 "3중언어 교육"(trilingual education)을 제안한다. 여기 교포 학생의 "언어 능력"을 개발함으로써, 한족 학생과의 경쟁력을 높여 주어야 된다고 했다. 끝으로 (4) 민족 교육, 민족 문화에 관한 법을 세우자 한다. 이것은 교포 스스로의 노력이 비록 중요하지만, 중국 정부의 "소수민족 정책"의 발전이 필수적이라 하였다. 따라서 정부의 역할과 함께 조선족 지도층의 "민족 의식"이 강화되어야 한다고 주장하는 것이다.

　　최근 보도(조선일보, 2001. 12. 17.~19.)에 의하면, 동북 3성의 교포 마을(4,000개, 180만 명)에는 10년 이래 불어 오는 "한국 바람(코리안 드림)"으로 "이농, 이혼, 이산 가족" 등, 교포 사회가 심각한 위기 상황에 놓여 있다는 것이다. 특히 한국 내 불법체류 교포가 10여만으로 추정되어 있다. 중국 주재 한국영사관 통계에 따르면 한국으로 시집 온 조선족 여성(태평무, 2000: 286)[125]의 수는 1998년 현재[126] 약 4만 명(1993년, 1,463명, 94년 1,995명, 95년 7,683명, 96년 근 10,000명, 97년 10,000명 이상)에 이른다는 것이다. 따라서 재중 교포의 "역이민 현상"이 중요한 특징이 된다. 그럼에도 한편으로는 "자본주의 사회"로 전환하는 과정에서 "재중교포 사회"가 겪어야 하는 모습이라는 긍정적 평가도 간과할 수 없다. 이것은 교포 사회가 극복해야 하는 과제가 될 것이다. 여기 "교포말의 보존"이라는 "언어 문제"도 같은 것이라 하겠다.

(3) 재일 교포와 코리언

재일 교포의 연구에 헌신한 교포 학자 김영달은 한민족의 일본에 대한 대량 이주 3단계설(金英達, 2003: 17)[127]을 제안하고 있다. 그리하여 먼저 (1) 고대의 제1파를 기원전 2세기부터 기원후 7세기까지, 고구려, 백제, 신라에서 도래인 집단이 일본에 이주하여 선진적인 문화와 기술을 전하였다. 이들은 일본 주민과 융합하여 고대 일본의 국가 민족의 형성에 중요한 구성 요소가 되었으며, 그들 전래 문화의 흔적은 일본 각지의 지명이나 사찰, 신사에 남아 있다. 다음 (2) 중세의 제2파는 임진왜란(1592~1598) 때, 조선의 학자, 기술자, 농민을 포로로서 대량으로 강제 연행하였다. 이들도 얼마 후 일본인 중에 융합되어 갔다. 다만 사쓰마에 납치된 도공 집단은 주거지가 제한되며, 일본인과의 통혼과 개성이 금지되어, 메이지 시대까지 민족성을 보존하였다는 특별한 예가 있다. 끝으로 (3) 근대의 제3파는 일제 침략과 식민지 통치기로서, 많은 한국인의 이주가 있었다. 그리하여 이들은 일본 사회에 완전히 융합되지 않고, 독자적 민족성을 가지게 되며, 이들부터 재일 교포라는 명칭이 사용되는 것이다.

여기 "고대의 제1파"와 관련하여, 최근 주목할 제안(澤田洋太郎, 1999: 87)[128]이 있다. 즉 "나라시대(奈良時代)의 조정과 그 주변의 사람들은 한국에서 온 도래자의 말을 통역 없이 어느 정도 이해할 수 있었다고 생각된다. 그것은 기원 후에도 끊임 없이 한국에서 온 도래자가 많고, 야마도 평야(大和平野)에는 신라계, 백제계 그리고 가야계의 말을 쓰는 사람들이 혼재하고 있어, 많은 사람들은 불완전하기는 하여도 2중 언어제이며 통역 없이 상호 의사 소통이 가능하였다고 생각되기 때문이다"는 것이다.

이들 "재일 교포"는 오늘날 일본 전역에 거주하는 약 66만 명(66만 214명), 1999년의 교포 전체를 지칭하지만, 이들은 우리 나라 전 교포의 11.7%에 해당한다. 여기 재일 교포의 집중 거주지는 오사카 이꾸노구(生野區)와 토쿄 아라카와구(荒川區)가 알려지고 있다. 여기 오사카에는 17만 1,867명(재일 교포의 26.3%)에 이르며, 이꾸노구(조선일보, 2002. 4. 15.)만 하여도 전체

인구 약 14만 중에서 교포가 약 3만에 이른다.

재일 교포의 경우, "이민사" 이전의 자료에서 중요한 보고(河炳旭, 2001: 91~110)[129]가 있다. 즉, 임진왜란 때, 볼모로 납치된 조선 도공들과 그 후예들에 의하여 일본에 이식된 "도예 문화"에 관한 한국말 자료이다. 여기 큐슈 사쓰마 노시로고(薩摩苗代川)의 심수관(沈壽官) 중심의 언급이지만, 이 부락의 예는 그들의 "명치유신"(1869 이후)까지만 해도 한국말이 교포말에서 쓰이고 있었다 한다. 더욱 "도예 용어"에는 한국말이 남아 있다는 것이다. 다음 어례를 든다.

> anazuruton　(앉을 단, 가마장에 쓰는 의자)
> burusaku　　(물 섞기, 물 넣기)
> bata　　　　(바닥, 가마 장의 공터)
> chikusun　　(직손>찍손, 가마에 넣는 마른 나무 토막)
> chire　　　　(지레, 막대기)
> tonguru　　(둥글, 흙덩이)

다음 재일 교포의 특징은 "구 교포"가 주류를 이루고 있다. 그리하여 일본 최대의 "2중언어 집단"을 형성하면서도, 뿌리 깊은 편견을 씻지 못하는 일본인의 태도가 문제라 한다. 더욱 재일 교포의 경우는 다른 교포보다도 예민하게 본국 정세의 영향을 많이 받아 왔다. 그리하여 "한국어, 조선어"라는 명칭의 대립(간노 히로오미, 1988: 307~311)[130]도 계속된 것이다. 여기 에스닉 운동으로서 "원·코리아 페스티벌"(One-Korea Festival)이 1985년 이래 매년 오사카나 도쿄에서 개최되었다. 99년도(朝日新聞, 99. 11. 8.)의 경우, 오사카 이꾸노구 코리아 타운에서 교포 3만 명이 참가하였다. 실행위원장(정갑수)이 "우리들의 조국은 하나, 아시아는 하나, 세계는 하나"라는 슬로우건을 선창할 때, 군중들은 "하나"를 연호하였다는 것이다.

1) 교포 사회의 역사

재일 교포에 관한 공식 통계(일본제국 통계연감)로서 "1885년 1명"이라는 자료(김상현, 1969: 25)[131]를 들지만, 다른 자료(河炳旭, 2001: 26)[132]에는

"1883년 16명"으로 들고 있다. 더욱 최근의 보고(佐藤正人, 1997: 190)[133]에 의하며, 청일전쟁(1894~1895) 이후, 1897년에 일본 큐슈의 한 탄광(佐賀縣 長者炭坑)에 약 230명의 교포 노동자가 5년 간 계약으로 고용되어 있었다 한다. 그리고 러일전쟁(1904~1915) 이후에도 1906년 큐슈 철도 공사장(鹿兒 島線 工事)의 일본 토건회사(鹿兒島組. 間組)에 500명 이상의 교포 노동자가 고용되어 있었다 한다. 따라서 김상현(1969: 25~35)[131]의 시대 구분에서 "유치기"는 그 제안(1910~9)을 소급해야 한다. 다음에 이들 개요를 보면, 먼저 (1) 유치기(1897~1919)는 한일합방(1910) 이전과 이후를 식별하게 된 다. 그리하여 "전 유치기(1897~1910)"에도 수백 명의 계약 노동자들이 저 임금으로 유치되어 탄광, 철도 공사 등에서 일하게 된다. 더욱 러일전쟁 직후부터 일본인은 토지를 대거 매점하는데, 예를 들면 군산 지역에서 1904년부터 1907년까지만 하여도 2만 수천 헥타르에 이른다고 한다. 여기 "동척(東洋拓植株式會社)"의 설립(1908)도 그 일환이다. 그리고 "후 유치기 (1910~1919)"에도 토지 조사 사업을 통한 토지 수탈이 계속되어 농민들의 생활 기반이 붕괴된다. 여기 1차 대전(1914~1919) 발발과 함께 군수 산업 의 "저임금 노동력"으로 한국인을 유치하게 된다. 그리하여 1919년에는 재일 교포가 약 3만 명(28,272명)에 이른다. 다음 (2) 조절기(1920~1930)는 3·1운동(1919) 이후 한국인의 도일이 제한되었으나, 계속된 경제 호황으 로 다시 해제된다. 그러나 세계적인 경제 공황(1927~1929)을 맞아 한국인 근로자의 대량 실업이 따르고, 또 다시 도항 제한을 실시한다. 그 사이 관 동대지진(1923) 때의 한국인 대학살과 함께, 교포 배척 운동 등으로 이들 의 빈민화가 시작되었다. 이 때 재일 교포는 약 30만(29만 8,091명: 1930년)에 이른다. 한편, (3) 억제기(1931~1938)는 만주사변(1931)으로 일본의 대륙 침 략과 함께, 한반도에는 그들 병참 기지화가 진행된다. 여기 한국의 농촌 경제는 파탄되어, 남부여대의 유랑민들이 살 길을 찾아 북간도로 갔다. 더욱 당국의 억제에도 불구하고 계속 일본으로도 유입되어, 이 때 재일 교포는 약 80만(79만 9,865명: 1938년)에 이른다. 더욱 중일전쟁(1937~1945)이 발발하는 전쟁 분위기 속에 특히 관서 지방의 도시 주변에 밀집된 교포의 빈민 부락이 형성된다. 끝으로 (4) 강제 연행기(1939~1945)는 중일전쟁의 장기화와 태평양전쟁의 발발(1941)로 "국가총동원법(1938), 조선징병령(1944)"등 과 같이 최악의 상황에 놓인다. 여기 한반도에서 징용된 사람의 수는 약 600만 명에 이른다. 그리고 전쟁 말기에는 강제 연행된 인원을 합하여, 재일 교포는 약 236만 명(1945 현재)이 된다.

이와 같이 시기적으로 상이한 부정적 요인을 안고 있으면서, 재일 교포의 수는 한결같이 급증하는 모습만 보일 뿐이었다. 그런데 이들 추세는 조국 광복과 함께 대거 귀국하는 사태가 생겨, 잔류 교포 수는 급락하게 된다. 그 결과 1947년 말이면 약 60만(59만 8,507명)이 외국인 등록을 하게 된다. 그리하여 1967년 말까지 20년간 60만을 들쑥날쑥 하다가 1987년 말까지 20년 만에 겨우 약 68만 명(67만 6,982명)에 이르게 된다. 이것은 실제로 사회적 감소인데, 여기에는 1957년에 시작된 10만 명 교포 북송과 혼혈 결혼 및 귀화 등의 부정적 요인의 결과(이형훈, 1988: 66~81)[134]이다. 그리하여 교포 사회는 민단계·조련계의 분열과 겹치게 된다.

2) 교포 현황과 언어 태도

재일 교포 일반에 대하여, 일본 측 자료를 빌려 보기로 하자. 여기 최근의 자료(塚本勳 - 金靜子, 1992: 778)[135]를 인용하여 보인다.

도표 5-9

재일 교포의 세대 구성

(1974. 현재)

출 생 지	일본출생	483,185명(75.6%)	
	한국출생	154,054명(24.1%)	638,806명
	기 타	1,567명 (0.3%)	(100.0%)
연령계층	01~19세	237,153명(37.2%)	
	20~30세	232,153명(36.3%)	
	40~59세	121,933명(19.1%)	
	60세 이상	47,183명 (7.4%)	

한편 이들의 출신지별 통계(宮田浩人, 1977)[136]로써 방언계 추정도 가능할 것이다. 이것을 임영철(1995: 30)[137]에서 재인용하여 둔다.

도표 5-10

재일 교포의 방언

경상도	405,321(63.4%)	제주도	101,378(15.9%)
전라도	73,478(11.5%)	충청도	24,512 (3.8%)
경기도	14,872 (2.4%)	강원도	4,971(0.85%)
평안도	3,218 (0.5%)	함경도	2,873(0.4%)
황해도	1,386 (0.2%)		

이것이 1977년 현재(계 632,018명)이기는 하지만, "경상 방언계, 제주 방언계, 전라 방언계…" 등의 순이다. 그런데 이들의 최대 집거지인 오사카(大阪)의 경우는 약 23만 명(233,847명: 35.42%, 1999현재)인데, 특히 통칭 이까이노(猪飼野: 大阪市 生野區·東成區·東大阪市)가 중심으로, 약 4만 명에 이른다고 한다. 특히 이꾸노구(生野區)에는 주민의 약 20%를 점유한다는 것(生越直樹, 1983)[138]이다. 따라서 이 곳이 재일 교포의 거주 중심지이다. 다음 (도표 5-11)의 지도를 보인다.

이 곳(生野區 中川一帶)을 대상으로 한 최근의 보고(홍승식·한배호, 1977: 91~92)[139]는 교포 출신자가 "제주도(65.78%), 경상도(16.89%), 전라도(9.78%)…"와 같은 순위를 보인다. 더욱 근자 제주 교포를 중심으로 한 연구(신행철, 1982: 123~155)[140]에서 몇 가지 중요한 지적이 있다. 즉 이들 설문의 응답자는 1세, 2세가 대다수이고, 3세도 상당수이지만, 가정 문제에서 "모국어 상실"을 가장 많이 들고 있다.

도표 5-11

오사카 이꾸노구

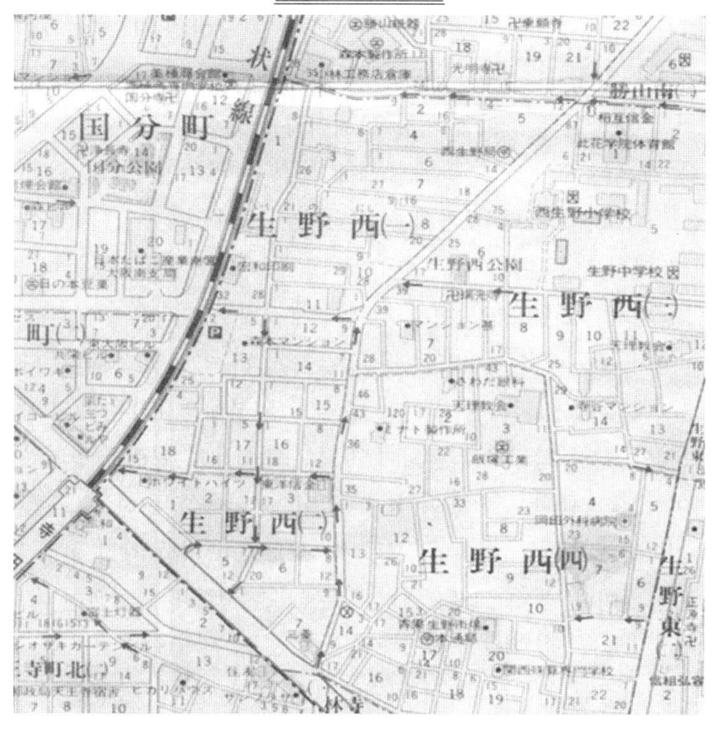

이들 재일 교포의 "언어 생활"에 있어서 근래의 조사 보고를 집약하면 다음 몇 가지를 거론하게 된다. 먼저 (1) 가정 생활에 있어서 모국어의 역할(홍승식·한배호, 1977: 1~52)[141]이 극히 미미하다는 것이다. 그리하여 이들은 급속히 모국어를 상실해 간다고 하였다. 다음 (2) 언어 사용자(生越直樹, 1983)[142]가 부모·친척 또는 연장자일수록 모국어를 잘 쓰고, 동년배 또는 연소자일수록 모국어를 잘 안 쓴다는 것이다. 여기 친근도·연령에 따른 쓰임인데, 연장자에게 경의 표시를 중요시하는 고국의 전통적 유교 사상의 영향이라는 것이다. 더욱 이들 현상이 1세인 경우는 현저하고, 2세인 경우는 감소하는 것이다. 그리고 연장자나 친근한 사이에서 모국어의 쓰임이 지켜지는 것은 교포 사회의 사교면에서 그 성격이 변모하여 간다는 것이다. 끝으로 (3) 언어 상황(生越直樹, 1983)[142]에 따른 모국어의 쓰임이다. 즉 사교성이 있는 인사 또는 대중 앞에서는 모국어를 잘 쓰고, 사교성이 없는 "수사, 소리 지름, 싸움, 꿈 속" 등에는 모국어의 쓰임이 적다는 것이다. 따라서 모국어의 사회적 역할을 지적하는 것이다.

이와 같은 교포들의 모국어 소실에 따른 탈-2중언어제의 요인(生越直樹, 1983)[142]으로 다음 다섯 가지를 지적하고 있다. 먼저 (1) 교포에 대한 일본인의 뿌리 깊은 편견과 차별이 있다는 것이다. 이것은 오늘날 일본에서 교포들의 취직, 결혼 등 여러 면에서 부정적으로 작용한다. 따라서 그들 모국어의 사용과 습득의 의욕을 상실하게 하는 큰 요인이다. 다음 (2) 학교 교육에 문제가 있다는 것이다. 오늘날 일본에는 150여 개의 민족 학교가 있지만, 각종 학교로 취급되어 정규 사립학교로 인정을 받지 못한다. 그리하여 고교·대학으로 진학할 수 없어, 일본에 영주하는 교포들에게 큰 문제가 되고 있다는 것이다. 한편 (3) 부모들이 처한 가정 환경에 문제가 있다는 것이다. 특히 교포 1세의 경우, 일본 생활에 급급하여 자녀들에게 모국어를 가르칠 여유가 없고, 당시의 모국 사정에서 표준어 교육을 받지 못한 사람이 많다. 따라서 가정에서 모국어 교육이 충분하지 않다는 것이다. 아울러 (4) 모국어에 관련된 경제적 측면이 있다는 것이다. 오늘날 일본에서 한국어를 말할 수 있다는 것에 경제적 이익을 기대할 수 없다. 다만, 하와이의 일본어와 같이, 금후의 정세에 따라서 변화할 가능성은 있다고 한다. (5) 끝으로, 매스콤에서 한국어 방송이 시행되지 않는 것도 한 요인이라 하였다. 여기 1984년부터 개설된 NHK의 한글 강좌(增田忠幸, 2001[143], 生越直樹·小倉紀藏, 2001[144])를 함께 들어 둔다.

3) 교포말의 쓰임

근래 재일 교포말의 쓰임에 관한 보고가 있는데, 먼저 (1) 교포말에서 "친족 호칭(管野裕臣, 1978: 40)[145]은 보통 한국말의 어휘를 끼워 사용한다는 것이다. 물론 이 경우, 일본어의 음운 체계로 발음되는 것이라 하겠다. 실제 이들 어례를 교포말 자료(金泰泳, 1999)[146]에서 보면, "친족 호칭"이라는 특정의 "영역"에 "한국에 관한 전형적 어휘"가 쓰인다.

도표 5-12

모국어 단어 쓰임

ハラボジや	(할아버지)	チマチゴリや	(치마 저고리)
ハルモニが	(할머니)	チャングなどの	(장구)
アボジが	(아버지)	ソンセンニムでも	(선생님)
オモニの	(어머니)	チョッパリだ	(쪽바리)
オンニらに	(언니)	オリニキャンプ	(어린이)
ウリマルは	(우리 말)	チエサを	(제사)
ソウルに	(서울)	チョソン	(조선)

다음 (2) 큐슈의 한인계 도공촌에서 "한국말 보존(管野裕臣, 1978: 37~38)[145]에 관한 언급이 있다. 즉 앞에 든 "노시로고"에는 메이지 시대의 초(1868년)까지 "한국성"을 쓰며, 다이쇼 시대(1912~1926)까지 "제사 축문"을 한국말로 읽었다는 것이다. 그리고 오늘날 "한국말 도공어"도 기억한다고 하였다.

최근 재일 교포말의 언어 생활의 연구(熊谷明泰, 1983: 50~73)[147]가 제1세와 제2·3세를 구별하여, 포괄적 기술을 보인다. 그리하여 먼저 (1) 재일 1세의 생득 언어(生得 言語)는 한국말(조선어)이며, 그 대부분은 한국 남부 지방의 방언이다. 그러나 이들 언어는 다년간 일본 사회 내의 집거 과정에서 여러 방언이 혼합하여 "재일 교포 한국말(에스닉 변종)"이 형성된다고 하였다. 이들 태반은 한국말의 독해력이 없고 글말에 의한 공통화 및 한국말 방송 등의 영향을 받지 못하면서 외적 자극 없이 보존되었다는 것이다. 따라서 본국 표준말의 영향을 받지 못한다고 하였다. 여기 "아직(방언, 아침), 아직(표준말)"을 식별 못하는 어례를 보인다. 다음 (2) 재일 2·3세의 언어 생활은 일본어가 중심이다. 이들에 있어서 한국말 습득 기회는 민족 교육, 민족 단체의 활동 등이다. 가정에서도 오늘날 대부분은 모국어를 모르는 2세 부모로 이행되어 있으며, 3세가 성장한 교포 가정에서 한국말 사용은 희소하다는 것이다.

한국말을 민족 교육을 통하여 습득한 2·3세의 경우, 그들 모국어 특징은 다음과 같다는 것이다. 즉 (1) 일본어가 생득 언어이기 때문에, 광범하게 일본어의 문법·어휘·음운의 간섭을 받고 있다. 예를 들면, 어휘에 일본어의 의미 체계가 간섭되어, "zubon-o haku → 바지를 신다"와 같은 쓰임이다. (2) 한국말 일본어의 혼용이 빈번하게 반복되고 있다. 예를 들면 "samukude buruburu furuede iru"(추워서 부르부르 떨고 있다.)와 같은 것이다. (3) 일상어의 습득이 늦어, 글말과 같은 획일적 표현이 다용되고 있다. 이들은 대다수 2·3세 출신 교사에 의한 교과서 중심의 회화를 배울 뿐이다. 여기 표현력의 결핍이 따르는데, 그 보완으로서 일본어의 혼입을 보인다. 예를 들면, "말입니다 ね"(일본어 조사 ~ne)와 같은 것이다. (4) 북한의 언어 규범에 의거한 교육으로, 교포 1세의 방언과 함께 표준말 문화어 등이 공존한다. 여기 "교포 세대말"로서 "교포 1세 말, 교포 2·3세 말, 원·코리아 말"을 함께 보인다.

도표 5-13

재일 교포말의 세대 구조

교포 1세 말 ⇒	교포 2·3세 말 ⇒	원·코리아 말

벤토 → 도시락
벤토 → 곽 밥
도시락 → ?
곽 밥 → ?

이들 교포말의 갭을 다음과 같이 제안하고 있다. 즉 교포 1세의 대다수는 본국 표준말의 영향을 거의 받지 않고 본국 언어 상황의 추이와 거의 관계 없이 도일 전에 습득한 한국 남부 방언을 보존한다. 반면 2·3세는 가정에서 부모의 방언을 단편적으로 계승하면서 민족 교육과 민족 조직을 통하여 본국 표준말 또는 문화어를 따로 습득한 것이다. 따라서 본국의 언어 상황을 예민하게 반영하는 것이다. 위의 도표는 "일제기 한국말, 분단기 한국말, 통일기 한국말"의 전형적 어휘 패턴을 보인 것이다. 그럼에도 "통일된 한국말"에 관련된 "원·코리아 말"은 물음표로 보인다. 이것은 앞날의 "통일된 한국말"의 모습에 따라서 결정될 것이다. 여기 국어학의 과제가 있다.

아울러 오사카 교포말의 연구(塚本勳·金靜子, 1992: 776~790)[148]에서 "1세, 2세, 3세" 등을 식별한 기술에서 일본 내의 "한·일어 피진"을 제안하고 있다. 물론 일제 초기 한국 내의 "한·일어 피진"과 어떻게 다른가의 물음이 있다. 그리하여 먼저 (1) "1세 교포말"에는 일본과 한국말의 혼용이 있다. 즉 "ano 김치 [tʃoʔto] yaruwa"와 같은 것인 바, 특히 1세 교포말에 "피진"이 실재한다고 한다. 다음 (2) "2세 교포말"은 한국말 발음이 일본식이라 하고, "눈치 miru"와 같은 쓰임도 있지만 "듣기 피진"이라 하였다. 끝으로 (3) "3세 교포말"은 일본인의 일본어와 구별되지 않는다 하여, 거의 동화되었음을 시사한다. 그리하여 "2세-3세"의 대화는 일본어의 쓰임이 일반적이며, "1세-3세"의 대화는 "2세"에 의하여 통역된다 하였다. 더욱 "교포 2세"의 경우, "교포 1세"의 "피진"을 상용하지는 않지만, 이해한다는 특징으로 "반 피진"을 제안하지만, 이것은 "재일 교포말"에서 "피진"이 "사용 변종" 또는 "이해 변종"으로 존재하고 있다는 것을 뜻한다. 그리고 여기 교포말에 "피진"의 실재를 제안하는 것은 앞에서 일제기 한반도에서 "피진"이 쓰였음을 지적한 필자의 견해와 상응되는 것이라 하겠다.

4) 언어 문제

앞서 재일 교포어가 보다 예민하게 본국어의 모습을 반영함을 보았다.

이들 언어 문제에 대한 제안(熊谷明泰, 1983: 72)[149]는 다음과 같은 물음을 던진다. "재일 한국인으로서의 주체성을 가지고 인간의 언어 문제를 어떻게 인도할 것인가. 어디까지나 두 본국의 정책에 따라 영원히 그것을 추구할 것인가. 만일 하나의 본국이 이룩되면, 그 정책을 따를 것인가. 일본에서의 생활이 일시적 거류가 아닌 영주로 변하는 중에 언어와 인간의 관계를 깊이 생각할 필요가 있지 않을까?" 이들에 대하여 우리들은 다음의 해답을 보인다. "오늘날 본국이 분단 관계를 딛고 추구하는 통일 관계의 염원이 교포 사회의 분단 관계를 가로질러, 반사되는 것이라 하겠다. 따라서 교포말의 앞날에 관한 선택은 교포를 포함한 우리 모두의 자각에 달려있다"고 하겠다.

(4) 재CIS 교포와 고려말

이들 재CIS 교포는 오늘날 "독립국가 연합"의 전역에서 거주하는 약 50만(48만 6,857명: 1999, 외교통상부: 추계)[150]의 교포 전체를 지칭하지만, 이들은 우리 나라 전 교포의 8.6%에 해당하고 있다. 특히 "고려어"라는 명칭은 현지 교포들이 자칭하는 "고려사람"(kho, 1987: 101)[151]들의 한국말이다. 즉 "고려 사람"이란 명칭은 러시아 중앙아시아 교포들이 주로 사용하고 있는데, 이 명칭은 이미 1920년대 소련에서 나온 한글 출판물에 사용되었다. 이 경우 한인 전반에 대하여 "고려인, 고려 사람, 연해도 고려인, 연해주 한인, 원동 고려인" 등과 같이 불렀다는 것이다. 그럼에도 사할린 출신, 북한 출신과는 식별해야 한다는 것(킹, et. al., 1992: 88~89)[152]이다.

1) 고려인의 역사와 현황

고송무(1980: 193~212)[153]에 의하면, 뿌찔로(Puchillo, 1845~1889)가 엮은 러한사전(1874)의 자서에는 1863년에 12세대의 한인 가족이 우수리 지역에

정착함을 말한다. 물론 이 시기는 19세기 후반 이래의 러시아의 공세가
시작된 초기이며, 1886년 연해주의 완전 할양(琿春東境界約) 이전의 시기임
을 유의하자. 이 시기 연해주에 이주한 많은 교포들은 거의 글을 해독하
지 못한 것으로 밝혀지고 있다. 그 후 1873년, 희랍 정교의 한 신부가 남
부 우수리의 "수이폰, 한까이, 수찬" 등 구역의 13개 마을에 3,473명이 이
주하고 있다고 언급한다. 그리하여 생활도 넉넉하며, 이들 2,054명이 희랍
정교를 믿으며 수이폰의 뻬레쉑 마을에 예배당도 세웠다는 것이다.

　　최근 "러시아지역 독립운동사적지 발굴조사단(단장 반병률)"의 보고(동
아일보, 2001. 9. 1.)에 의하면, 이들 최초의 정착촌은 "지신허"(Tizinhe 地新墟)
인데, "자피거우"와 함께 1910년 6월 "13도 의군(의병장 유인석, 홍범도장군
등)"의 편성 대회가 열린 장소로 추정되고 있다. 그리하여 이 마을도 다른
마을의 예처럼, 1937년 러시아가 중앙 아시아로 교포들을 강제 이주시키
면서 폐촌이 된다. 조사단은 이들 두 마을과 함께 독립 운동 근거지 11곳
의 위치를 밝히고 있다. 따라서 이들의 경우, 당시에 있어서 강력한 "교포
공동체"를 형성한 것으로 보인다, 다음 지도를 보자.

도표 5-14

연해주 한인마을

새로 발굴한 러시아 연해주지역 한인마을

① 시넬리코보(영암평 또는 대전자)
②③ 코르사코프카
④ 리포(카자캐비체바)
⑤ 아누치노
⑥ 지신허
⑦ 자피거우
⑧ 다우지미
⑨ 신영동(니콜라예브카)
⑩ 나홋카(동개터)

여기 1900년대(킹 et. al., 1992: 87)[154]에 들어와서는 일본 제국주의의 손길을 피해 도피하는 사람들과 강원도, 경상도 지역에서 뱃길을 타고 돈을 벌기 위해 들어오는 사람들까지 합쳐 연해주의 한인 수는 1923년경에 이미 10만 명 선을 넘어섰다고 한다. 이들 재소 교포의 경우, 그 구성이 여느 교포보다도 복잡한 것이다. 이들은 소련방기에 거의 단순하게 "구 교포"들이었지만, 소련 붕괴와 가맹국의 독립과 그들의 전란, 분규에 따라서 교포 사회는 큰 고난을 받게 된다. 그리하여 생활 기반을 잃은 많은 교포들의 "재 이민, 집단 이주, 난민화"가 속출하였고, 여기 "북한 정치 망명자, 탈북자"등이 겹쳐서 "신-소수집단"(new minority)을 양산하게 된다. 여기 카자흐스탄(김필영, 2000: 18)[155]의 예를 보면, 먼저 (1) 연해주에 살던 한인들로, 1937년 8월 21일자 소련 공산당 결의문에 의해서 카자흐스탄으로 강제 이주된 사람들이고, 다음 (2) 일본군에 징용되었던 한인들로, 제2차 세계대전 이후 사할린에 머물러 살다가 1970년대에 카자흐스탄으로 이주한 한인들이고, 끝으로 (3) 1950년대 이후 북한에서 소련에 유학한 학생들 가운데 정치적 이유로 망명을 신청하며 카자흐스탄에 정착한 사람들이라 한다.

오늘날 재CIS 교포들은 "2대 교포국" 즉 "우즈베키스탄, 카자흐스탄"에 집중되어 있다. 최근의 추정 자료(동아일보, 2001. 7. 17.)에 의하면 다음과 같은 것이다.

우즈베키스탄	22만 명	타지키스탄	6천 명
카자흐스탄	13만 명	투르크메니스탄	3천 명
키르기스스탄	1만9천 명		

이와 같은 분포는 CIS 전교포의 60%를 상회하는 것이지만, 오직 1937년 스탈린에 의한 강제 이주(이광규, 전경수 1993: 76~84)[156]에 기인한다. 물론 1920년대(킹 et. al., 1992: 88)[154]에도 이미 중앙 아시아의 우즈베키스탄에 소수의 교포들이 살고 있었다고 하지만, 이들은 카자흐스탄에서는 Balkhash 호수로 유입되는 카라탕강과 일리강 부근에 2만 7,000가구 9만 5,256명

이 하차되었다. 그리고 우즈베키스탄에서는 아무다리야강과 사르다리야강 유역인 Tashkent 남부 벌판에 1만 6,272가구 7만 6,052명이 하차되었다. 그리하여 "강제 이주" 당시는 오히려 카자흐스탄의 교포가 월등하게 많았던 것이다. 따라서 후기에 우즈베키스탄에 교포들이 많이 몰려 든 까닭은 전통적으로 카자흐 사람들이 목축업에 종사하는데 반하여, 우즈벡 사람들은 농업에 종사하고 있어서 교포 농민들과 생활 조건이 부합되었기 때문이라 한다. 그리하여 스탈린에 의하여 "적성 민족"으로 탄압받고, 소련방으로부터 "소수 민족"으로 인정 받지 못하게 된다. 따라서 고려어(고송무, 1990: 202~207)[157]는 공식 사용과 학교 교육에서 추방되고, 교포들의 명예는 크게 손상된 것이다.

2) 고려말의 특징

이들 교포의 고려말(고송무, 1990: 116~140)[157]은 함경 북도 "육진 방언"(경홍, 경원, 온서, 종성. 회령, 부령 등이 방언)에 기초를 두고 있으며, "사업 방언"(경성, 길주, 명천, 학성 등의 방언)도 나타나고 있다는 것이다. 여기 자료를 보이는데, 주로 카자흐스탄 알마타에서 수집하였다는 것으로, 우즈베키스탄의 타쉬켄트에서 수집한 것도 함께 보인다. 이것은 복모음 "의"의 "이" 모음화(예, 신라의 역사→신라이 역사), 치음화의 역-이모음화(싫다→슗다, 침→츰), 순음화 "ㅇ"모음의 원순모음화(몰→몰, ㅂ롬→보롬, 포리→포리), 중간자음 "ㅂ"과 그 정칙 활용(새우→새비, 고와서→고바서), 중간자음 "ㅅ"과 그 정칙 활용(가을→가슬, 지어서→지서서), "ㄹ"곡용(가루가→갈기), 주격 "-가"의 미발달(소가 온다→쇠 온다), 하임끌 -구-(알리다→알구다), 활용 어미 -ㅁ둥?(오심둥?), -습꼬마(고맙습꼬마), ~지비(가지비) 등을 지적하고 있다. 또한 이들 어휘에 러시아어의 차용어를 드는데, 전세기 때 함북 지방이 차용한 러시아어(spichka→비지개, 담배)의 간접 차용과 근래의 직접 차용(mesto→매스토, 자리)의 어휘층을 식별한다는 것이다. 그리고 터키계 언어의 차용어도 러시아어를 통한 간접 차용(aul→아울, 동네)과 근래의 직접 차용(aba→아빠, 아주머니)의 어휘층도 식별하고 있다. 더욱 같은 터키계 언어로서 우즈베크어(saksaul→싹싸올, 사막 식물 이름), 카작어(akka→아까, 아저씨)도 식별된다는 것이다.

3) 카자흐스탄

오늘날 카자흐스탄[158]은 1991년 12월 21일 주권 국가로서 출발하고, 국명은 "카자흐스탄 공화국(Republic of Kazakhstan)이 되었다. 면적 2,717,300km^2 (한반도의 12배)에 인구 1,500만 명(외교통상부, 2000: 309~10, 1999년 현재)이다. 여기 주요 민족은 카자흐스탄인(51%), 러시아인(32%), 독일인(3%), 우크라이나인(4%), 우즈베크인(2%) 등이다. 수도는 아스타나(Astana)이며, 교포 약 11만 3,000명(1999 추계)으로 CIS의 2대 교포국이다. 그런데, 강제 이주 이전인 1926년에는 교포가 단 42명으로 전하고 있다. 다음 지도를 보인다.

도표 5-15

카자흐스탄

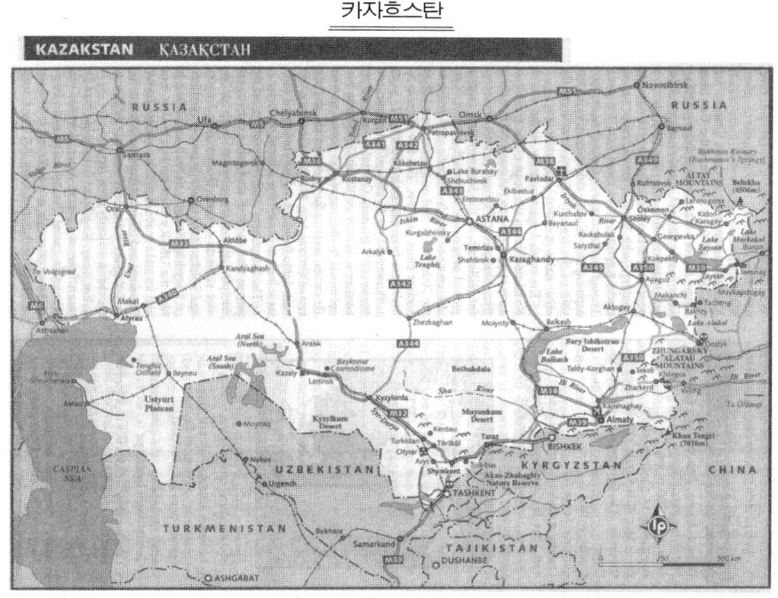

최근 카자흐스탄의 고려어에 관한 두 편의 논문이 발표되고 있다. 먼저 (1) 교포들의 모국어 사용(임홍빈, 1999: 165~176)[159]에 관하여 "언어 능력, 사용 영역, 언어 접촉, 언어 태도" 등의 기술이다. 이것은 먼저 러시아어의 절대적 우위 속에 카자흐스탄어의 전략적 필요성이 수반되는 현실성의 문제가 있고, 교포 사회의 비농업화, 도시화라는 현대화의 문제가 있다. 여기 "혈연적 정서"에 의존하는 고려어의 실태는 "노인층, 한국교육원, 방송 TV, 고려 극장" 등의 노력에도 불구하고, 가정어도 아니며 제2언어로서 "서투른 언어"가 되어 가고 있다고 한다. 다만 "1988년 한국의 올림픽"에서 모국어에 대한 자부심이 생겼다는 긍정적 평가를 보인다. 다음 (2) 교포어에 대한 "언어 분석(이기갑 et. al. 외, 2000: 5~72)[160]이 있다. 특히 "사말리치 말"에 관심이 집중되지만, 여기 자료에는 북한의 "심메마니 변말"인 "무티 새끼(젓가락)"가 쓰이고 있다. 다음 어례를 보인다.

형데 무투 (강계)	형제 무취 (풍산)
형데 무투 (자성)	형제 무투 (갑산)
형데 무투 (후창)	무 티 (혜산)

이들 "무투~무티~무취"는 중국어 "muteu(木頭)"의 차용인 바, 변말의 출처이다. 더욱 경칭어 "진지"(드물게 쓰이고, 제상에 올리는 밥을 주로 가리킴)가 "제례 용어"로 쓰이는 것은 "사용 변종의 추이"이다. 즉 궁중어의 경칭어 "수라"에 밀려난 "메"가 반촌어의 "제례 용어"에 쓰이는 것과 같이 반촌어(표준어)의 경칭어 "진지"가 민촌어에서 "제례 용어"로 쓰이는 것이다.

4) 우즈베키스탄

오늘날 우즈베키스탄[161]은 1991년 12월 21일 주권 국가로서 출발하고 국명은 우즈베키스탄 공화국(Republic of Uzbekistan)이 되었다. 면적 44만 7,400km^{2}에 인구 2,430만 명(외교통상부, 2000: 374~375[162]. 1999년 현재)이다. 여기 주요 민족은 우즈베크인(71%), 러시아인(8%), 타지크인(5%), 카자흐

인(4%), 타타르인(2%), 고려인(1%)… 등의 순이다. 그리고 수도 타쉬켄트
는 인구 200만의 CIS 4대 도시인데, 여기 교포 약 12만 명(120,151명, 1999년
추계)이 집중되고 있어, 명실 공히 CIS의 최대 교포국이다. 그런데, 강제
이주 이전인 1926년에는 교포가 단 36명으로 전하고 있다.

　한편 우즈베키스탄은 독립과 함께 그 해 12월에 CIS에 가입하지만, 국
어는 러시아어를 버리고 우즈베크어를 채택하고 있다, 특히 한국말(고려
어)은 94개 초·중·고교에서 가르치고 있으며, 97년 10월부터 "한국말 실
력평가"를 실시하고 있다. 다음 지도를 보인다.

도표 5-16

우즈베키스탄

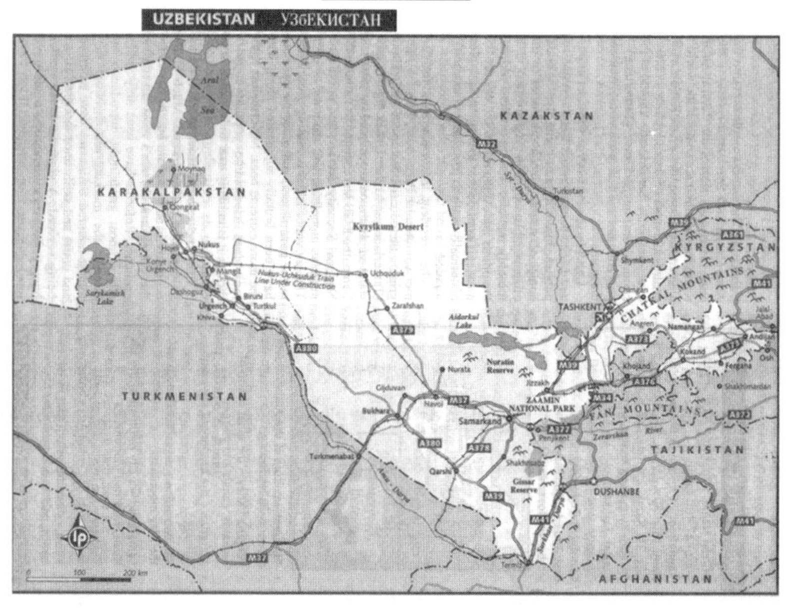

① 교포 사회와 언어

한 세르게이 등(한 세르게이 et. al., 1999: 337·8)[163]에 의하면, 우즈베키스탄의 고려인은 45세 이상의 73.9%가 한국말을 모국어로 생각하고 있으며, 45세 이하는 49.8%만이 한국말을 모국어로 생각하고 있다는 것이다. 더욱 이들 중 상당수는 한국말을 거의 구사하지 못하고 있으며, 단지 60·70세에 이른 고려인들만이 한국말을 구사할 수 있다고 한다. 그리하여 고려인들의 거주 지역 범위가 넓어지고 그들 삶의 밀집성이 떨어졌다는 것과 고려인들의 특성인 "벼 농사"를 무시하고 목화 재배를 강요한 농업 정책이 이들의 이주 원인이라 한다. 따라서 이들의 경제 활동에 모국어와 그 문화가 아무 역할을 하지 못한다는 것이다.

한편 이 곳 우주베키스탄 동남부인 "상 칠치크리존, 중 칠치크리존, 하 칠치크리존"[164]이 교포들의 대표적인 집거 지역이며, 동부 "쉐르들로프 마을(620가구, 2,500명)과 같은 "순수한 고려인 공동체"(동아일보, 1990. 9. 3.)도 알려져 있다. 그럼에도 이 나라의 대부분 교포들(동아일보, 1993. 10. 9.)의 경우, "짐치(김치)에 두비(두비)와 장물(국)을 해 먹고, 숟가락과 젓가락을 쓰면서, 옛 조선의 풍속을 간직하고 있다. 그러나 수십년 동안 핍박 받은 소수 민족으로서, 러시아말만을 사용해 왔던 동포들은 10대~20대 청소년은 물론, 30대~40대조차 우리말을 전혀 모르는 사람이 절대 다수이다"는 것이다. 특히 도시의 경우(동아일보, 1990. 6. 16.), 젊은 세대들(전 교포의 70%)이 한 민족의 생활 습관과 역사도 말도 모르며, 모국어를 읽고 쓰는 사람은 60~70대 노인들이라 하였다.

이와 같은 상황에서, 구소련 시대 이래 철저하게 러시아어 일변도로 언어 생활을 해 온 교포들은 급변한 우즈베크 문화와 언어를 중심으로 하는 새로운 생존 전략으로 살아야 한다는 것이다. 한 고려인 지도자의 말(조선일보, 2002. 2. 2.)처럼 "우즈베키스탄 고려인들은 한민족으로서가 아닌 우즈베크 시민으로 이곳에 뿌리를 내리고 살아야 한다"는 것이다.

도표 5-17

타쉬켄트 주변

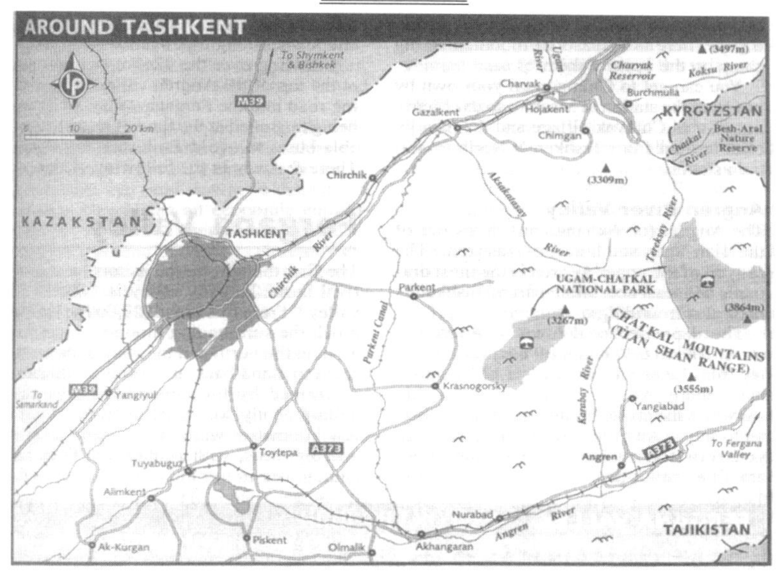

② 언어 사용

우즈베키스탄의 언어 사용에 대하여 유 일리야(1991: 11~25)[165]는 "현저할 정도로, 자신의 민족어와 노어에 능숙한 2개 국어 사용에 의존하고 있다. 우즈베키스탄의 도시 거주 한인들에게 있어서 … 노어를 사용하지 않고서는 그들의 공화국 내에서 사회-정치 생활에의 참여나 생산 활동은 전혀 불가능하다. 그들에게 있어서 노어는 생산 영역에 있으며, 이것은 국제어일 뿐만 아니라, 민족 내부에서의 의사 소통의 언어이다"와 같이 논급하고 있다. 그리하여 원주민인 우즈베크인 이외의 약 20개 소수 민족이 공존하는 "다민족 국가"에서 고려인들은 현실적으로 한국어, 노어, 우즈베크어 등 다중 언어제 밑에 생활하고 있다.

다음 그의 논문에 의거하여, 중요한 몇 가지를 추려서 언급하여 둔다. 먼저 (1) 고려어를 모국어(mother tongue)로 간주한다는 모국어 의식이 50

년대 이후 현저히 저하되어, 더욱 농촌보다 도시가 심한 것이라 한다. 여기 자료를 보인다.

도표 5-17

우즈베키스탄 교포의 모국어〈1〉

<모국어 의식, %>

언 어 변 인	한국어			노 어			(다른 언어)		
연 도	1959	1970	1979	1959	1970	1979	1950	1970	1979
도 시	75.9	67.9	59.5	27.0	32.1	40.3	0.1	—	0.1
농 촌	85.9	81.3	68.8	14.0	18.7	31.1	0.1	—	0.1

다음 (2) "가정어"(home language)에 있어서도 도시 고려인들은 어린이와 학생들은 노어를 많이 쓰고, 성인들은 한국어를 많이 쓴다는 것이다. 따라서 조부모들은 손자들에게 오직 고려어로 말을 걸고 그들은 조부모에게 노어로 대답하는 경우가 관찰된다고 한다. 따라서 이들 "가정어"에는 벌써 세대간에 노어·고려어 2중 언어제가 정착되어 있음을 주목하게 된다. 그리하여 얼마 후면, 교포 가정말에서 고려말이 소실될 것이라는 부정적 추론을 제안하는 것이다. 여기 자료를 보인다.

도표 5-18

우즈베키스탄 교포의 모국어〈2〉

<가정어의 선택, %>

언 어 변 인	고려어	노 어	우즈베크어	고려어와 노어	응답없음
어린이, 학생	29.0	59.2	1.6	5.1	4.9
남편과 부인	34.2	15.4	1.6	6.1	42.1
성 인	60.2	31.4	0.7	4.3	2.1

한편 (3) 고려인들 사이의 대화에서 모국어 사용이 "연령"(age)에 따른 차이가 심한 것이라 한다. 즉 도시에 있어서 미취학 아동(12% 이하), 30대 (15%), 40대(30%), 50·60대(75%) 등과 같이 연장층에서 잘 보존된다는 것이다. 또한 (4) 업무 영역(occupation domain)에 있어서 도시 고려인들은 언어 사용에 있어서 상위층의 지도자 전문가와의 대화에는 노어가 사용된다. 그리고 중위층의 지도자와 전문가와의 대화에만 고려어가 사용된다. 그리고 사무원, 고급 기술자, 육체 노동자 등으로 내려가면서 고려어의 사용이 증가한다. 이들 연금 생활자도 유사하다. 특히 우리들은 이들의 언어 선택이 사회 계층과 긴밀하게 관련되어 있음을 암시하는 것이라 생각하게 된다. 여기 자료를 보인다.

도표 5-19

우즈베키스탄 교포의 모국어〈3〉

〈업무 영역의 사용 언어, %〉

변 인 \ 언 어	고려어	노 어	우즈베크어
상위층의 지도자와 전문가	–	87.4	1.1
중위층의 지도자와 전문가	2.1	76.3	1.0
사 무 원	4.2	80.3	1.4
고급 기술 자격증 노동자	3.4	83.1	3.1
중급 기술 자격증 노동자	5.2	70.7	3.4
무자격 육체 노동자	18.8	34.8	5.1
연금 생활자	9.1	6.1	–

끝으로 (5) "문화 생활"(cultural life)에 관한 자료가 있다. 즉 도시 거주 고려인들 "상류층, 연소층"이 "하류층, 연장층"보다 월등하게 문화 생활을 영위한다는 것이며, "남성"의 경우는 극히 미미한 차이를 보일 뿐이다.(이들 통계 자료는 생략한다.)

5) 중앙 아시아의 언어 문제

재CIS 교포말(이광규 등, 1993: 417~419)[166]에 있어서, 고려말의 보존율이 낮다고 한다. 그것은 강제 이주 및 모국과의 단절에도 관련되겠지만, 러시아어 중심의 교육 제도에서 교포들의 높은 교육열이 맞물리기 때문이다. 더욱 러시아어 중심의 정치, 경제, 문화에 관한 활동과 함께 급속한 도시화 적응의 결과이기도 하다. 여기 혼합 거주와 족외 결혼 등으로 가정어에까지 고려말이 전환된다는 보고(Lewis, 1972: 337)[167]가 있다. 즉 "복합 언어학적 상황"(Complex linguistic situation)은 그러한 혼혈로 인하여 발생한다. 예를 들면, 그의 길기스 제자와 결혼한 한국인 교사의 경우이다. 그의 한국어 사용의 어머니는 길기스어를 모르고, 다만 러시아어를 조금 안다. 그의 부인은 한국어를 모르며, 러시아어를 조금 안다. 남편은 세 언어를 모두 사용하는데, 러시아어는 가정의 유일한 공통어였다고 한다.

최근의 보도(동아일보, 2001. 7. 17.)에 의하면 우즈베키스탄의 고려인의 대표적인 "김병화 콜호스"(이광규 등 1993: 194~210)[166]에는 2만 여 명의 고려인들이 모여 살고 있어 한인 마을로 불리는데, 과거에는 주민의 90%를 점유하였다 한다. 그러나 오늘날 고려인은 절반도 안 되고 농장 대표도 우즈베크인으로 교체되었다 한다. 이 농장은 지난날 김병화(1974년 사망)가 갈대 밭을 논으로 바꾸어 놓았다는 것이다. 이와 같은 현상은 고려인들의 도시화에 따른 결과이기도 하지만, 여기 분산 이주에 따른 사회적 응집력(social cohesion)의 상실이다. 그리하여 모국어의 보존은 더욱 어려워지게 되는 것이다.

소련 붕괴 이후, 신생 민족 국가에서 교포들의 언어 환경은 극히 혼란스럽다. 여기에는 러시아어가 계속 공용어로 쓰이고 각기 새로운 언어를 받아들여야 한다. 더욱 영어의 필요성이 강조된다는 것이다. 그리하여 모든 언어 생활이 "2언어 방식, 3언어 방식" 등으로 새로운 언어 부담(language load)에 시달리고 있다. 여기 모국어 교육을 위해 세워진 타쉬켄트 한국교육원, 알마타 한국교육원에서는 교포들의 현지 적응을 돕기 위하여 우즈베크어, 카자흐어 등의 교육 과정(동아일보, 2001. 7. 17.)까지 급히 만들었다는 소식이다. 특히 아제르바이잔, 카자흐스탄, 키르키즈, 투르크메니스탄, 우즈베키스탄 등, 터키어계 회교국에는 터키어마저 겹쳐 든다는 것(중앙일보, 1994. 12 .7.)이다. 여기 중앙 아세아에는 많은 민족간의 내전으로 고려인들(동아일보, 1994. 5. 31.)은 고통을 받고 있다. 더욱 법적으로 보장된 러시아 국적도 못 받고, 타지크, 우즈베크, 카자크 등에서 러시아로 들어가 북 키푸카스의 로스토프, 크라스노다르, 스타브로폴 등지에 거주하고 있다. 특히 타지크의 경우는 교포 만 3,000명 대부분(조선일보, 1999. 9. 28.)은 7년 간 계속되는 내전으로 60년 동안 살던 땅에서 쫓겨나, 카자흐, 우즈베크, 러시아의 볼고그라드 등으로 피신하였다. 여기 볼고그라드 인근만 하여도 2,000명에 이른다고 한다. 이들에 대한 러시아와 해당국 간의 2중 국적의 문제”와 한국 정부의 입장 등이 겹쳐, 속수무책의 실정이라 한다.

미주 · 원문

1) 임영철(1995) <u>해외 한국인의 사회언어학적 연구</u>, 서울, 266pp.
2) 장순진(1994) 잡거주지구 조선어 사용에 대한 사회 심리적 상태, <u>한글 새소식</u> p.268, 서울.
3) 여기 동화(assimilation)와 문화 적응(acculturation)의 개념을 식별하여 문화적 내셔널리즘(cultural nationalism)을 이해함으로써, 비록 모국어를 상실한 3·4세 교포의 민족 의식을 이해할 것이다.
   桂木隆夫 編著(2003) <u>ことばと共生</u>, 東京, pp.150~151.
4) 熊谷明泰(1983) 在日朝鮮人の言語生活—南北朝鮮の言語政策との關聯において—<u>在日朝鮮人史研究</u> 第12号, 在日朝鮮人運動史研究會, 神戸, pp.50~72.
5) 塚本勳 · 金靜子(1992) 재일한국 · 조선인의 언어—1세 · 2세 · 3세를 통하여—고영근 · 성광수 · 심재기 · 홍종선 편, <u>국어학연구 백년사[Ⅲ]</u>, 서울, pp.776~790.
6) 유일리야(1991) 소비에트 한인들의 민족의 발전과정, 소련에서의 한국어학과 한국어 교육, <u>이중언어학회지</u> 제8호, 서울, pp.11~25.

7) 이광규(1989) <u>재미한국인—총체적 접근—</u>, 서울, 376pp.

8) 이광정(1998) 미국에서의 한국적 교육 실패와 발전적 개선안, <u>이중언어학회지</u> 제15호, 서울, 447pp.

9) 렴광호(1990) 연변의 이중언어 사회에 대한 분석, 중국에 있어서의 한국어 교육 II, <u>이중언어학회지</u> 제7호, 서울, 488pp.

10) 河炳旭(2001) <u>韓國系日本人, 第四の選擇</u>, 東京, 338pp.

11) 管野裕臣(1978) 朝鮮語からの借用語, <u>月刊言語</u> Vol.7 No.2, 東京, pp.36~46.

12) 이기갑·김주원·최동주·연규동·이헌종(2000) 중앙아시아 한인들의 한국어 연구, <u>한글</u> 247, 서울, pp.5~72

13) 이들 "민세적 접촉의 정도"를 다음과 같이 제안하고, 여기 통계표도 함께 보인다.

con3=100만명 이상   con1=1만명 이상
con2=10만명 이상   con0=1만명 이하 및 정치적 통금

(재외 교포, 1999년;통제)		(거류 외국인, 2002년;통제)	
재미 교포	2,057,546명 con3	거류 중국인	213,566명 con2
재중 교포	2,043,578명 con3	거류 미국인	100,649명 con2
재일 교포	660,214명 con2	거류 일본인	30,440명 con1
재CIS 교포	486,857명 con2	거류 필리핀인	29,426명 con1
⋮		⋮	
(계)	5,644,558명	(계)	592,000명

(외교통상부, 재외동포 현황)   (조선일보, 2002. 5. 18.)

외교 통상부(1999) <u>재외동포 현황</u>, 서울, 295pp.

14) 고승제(1973) <u>한국이민사연구</u>, 서울, 375pp.

15) Haugen, E., McClure, J. D., Thomson, D. (eds.)(1981) *Minority Language Today*, Edinburgh University Press, Edinburgh, U. K.,250pp.

16) 이성우·민성희·김성수(2001) 미국에 거주하는 한국인과 아시아인들의 언어사용 능력 결정요인에 관한 연구, <u>한국인구학</u> 제24권 제2호, 서울, pp.255~286.

17) 河炳旭(2001) <u>op. cit.</u>

18) 이광규(1997) <u>러시아 연해주의 한인사회</u>, 서울, 245pp.

19) 이광규·전경수(1993) <u>재소한인, 인류학적 접근</u>, 서울, 438pp.

20) 김태균(1986) <u>함북방언사전</u>, 서울, p.370.

21) 이광규 등(1993) <u>op. cit.</u>

22) 외교통상부(1999) <u>op. cit</u>, 서울, 295pp

23) Prujiner, A., Deshaies, D., Hamers, J. F., Blanc, M., Clément, R. and Landy, R.(eds.)(1984) *Variation du Comportement Langagier Lorsque deux Langues sont en Contact*, Québec, QUE : Centre International de

Recherches sur Bilinguisme.

24) Kachru, B. B.(1992) The second diaspora of English, in Machan, T. W. & Scott, C. T.(eds.), *English in its Social Contexts : Essays in historical Sociolinguistics*, Oxford University Press, New York, pp.230~252.

25) Kachru, B. B. and Nelson, C. N.(1996) World Englishes, in Mckay, S. L. Hornberger, N. H. (eds,) *Sociolinguistics and Language Teaching*, Cambridge University Press, Cambridge U. K., 484pp.

26) Ben-Rafael, E. (1994) op. cit.

27) Landau, J. M.(1999) Language and diaspora: Arabs, Turks and Greeks. In Suleiman, Y.(ed.) *Language and Society in the Middle East and North Africa, Studies in Variation and Identity*, Rurzon, Great Britain, pp.217~233.

28) 고승제(1973) op. cit.

29) 이광규(1997) 근대 한민족의 해외 이주와 한민적 공동체, 고려학술문화재단 제10회 국제 학술심포지엄, 1997.11.7. 세종문화회관, 서울.

30) 塩田紀和(1973) 日本の言語政策の研究, 東京, 274pp.

31) 김진우(2001) 21세기의 한국어(조선어) 전망과 문제, 세계 속의 조선어(한국어) 대비 연구. 심양, 523pp.

32) "a minority is defined as group help together whose race or language is defferent from that of the majority of inhabitant of a given society."
Srivastava, R. N. S.(1984) Linguistic minority and national language, In Coulmas, F. (ed). Linguistic Minorities and Literacy, Language Policy Issues in Developing Countries, Berlin. NY. L Amsterdam. 133pp.

33) Simpson, J. M. Y.(1981) The Challenge of Minority Languages, In. Haugen, E., McClure, J. D., Thomson, D. S. (eds.) *Minority Languages Today*, Edinburgh University Press, Edinburgh, U. K. 259pp.

34) "a linguistic minority means a setted community, or a group of setted communities, within a state, which speaks a language other than the dominent language."
Fennell, D.(1981) Can a shrinking linguistic minority be saved? Lessons from the Irish experience, In Haugen, E., Meclure, J. D. and Thomson, D. S.(eds.) op. cit., pp.32~9.

35) Churchill, S. (1986) *The Education of Linguistic and Cultural Minorities in the OECD Countries, Cleredon, Avon, England: Multilingual matters*. San Diego, Calif: College-Hill.

36) 이것을 다음과 같이 보인다.

다수·소수 집단의 권력·정량

+ 　권력(Power)　 −

	다수집단 (Majority)	대　중 (Janta)
정량 (Quantum)	선　량 (Elite)	소수집단 (Minority)

37) Srivastava, R, N.(1984) Linguistic minorities and national languages, Coulmas, F.(ed) *4Linguistic Minorities and Literacy, Language policy Issues in Developing Countries*, Berlin ： New York ： Amsterdam, 133pp.

38) Haugen, E.(1978), Bilingualism, language contact and immigrant languages in the United States ： a research report, In. ed. Fishman, J. A. *Advences in the Study of Societal Multilingualism*, pp.1-111, The Hague ： Mouton.

39) 여기 소수 집단과 언어 권리(Language right)에 관한 광범한 연구 분야가 있다.
言語權研究會 編(1999)*ことばへの權利*, 東京, 214pp.

40) Liddell, H. G., Scott, R. and Jones, H. S.(1973) *Greek-English Lexicon*, 9th edition, Oxford.

41) Saville-Troike, M.(1982) *The Ethnography of Communication, An Introduction*, Blackwell, Oxford, 290pp.

42) 카톨릭대 고전라틴어 연구소(1995) 라틴-한글사전, 카톨릭대 출판부, 서울, 1038pp.

43) 국어 사전의 주석을 보인다.

겨레·동포·민족의 국어사전 주석

사전	우리말큰사전, 1991	국어대사전, 1982
겨레 동포	한 조상에서 태어난 자손들의 무리 (1) 한 부모에게서 태어난 형제 자매 (2) 한 나라 또는 한겨레에 딸려 있는 사람	한 조상에서 태어난 자손들의 무리 (1) 같은 어머니로부터 태어난 형제 자매 (2) 한 나라 또는 한 민족에 속하는 백성, 같은 겨레
민족	겨레	인종적 및 지역적으로 기원을 같이하거나 같다고 믿으며, 역사적 운명과 문화적 전통, 특히 언어를 공통으로 하는 기초적인 사회 집단. 인종이나 국민의 범위와 반드시 일치하지 않음.

44) 武者小路(1996) 國際政治におけるエスニック集団、初瀬龍年編, エスニシティと

234 한국말 공동체 연구

多文化主義, 東京.

45) Hobsbaum, E. J.(1990) <u>Nation and Nationalism Since 1780</u>. (浜林正夫·嶋曲 耕也·庄司直 譯, 2002, <u>ナショナリズムの歷史と現在</u>, 東京.)

46) 김정학(1964) 한국 민족 형성사, <u>한국문화사대계 I</u>, 고려대 민족문화연구소, 서울, pp.235~356.

47) 이기문(1967) 한국어 형성사, <u>한국문화사대계 V</u>, 고려대 민족문화 연구소, 서울, pp.19~112.

48) "摩天嶺 在郡東六十里 舊號伊板嶺 女眞人謂牛爲伊板"(동국여지승람49, 단천군 조)
"雙介院 在縣南一百五里…女眞謂孔爲雙介"(상동서5, 길성현 조)
"羅端山 在府南三十四里… 胡語七爲羅端"(상동서5, 경원도호부 조)

48) 김형규(1976) <u>증보 국어사 연구</u>, 서울, 447+13pp.

49) 최남선(1943) <u>고사통</u>, 서울, 268+37pp.

50) Isajiw, W. W.(1974) Definition of ethinicity, <u>Ethnicity</u> Vol.1. No.2, pp.111~124.

51) Royce, A. R.(1982) Neither christian nor Jewish, <u>Ethnic Identity, Strategies of Diversity</u>, Indiana University Press, Bloomington, pp.17~33.

52) Shibutani, T. & Kwan, K.(1965) <u>"Ethnic Stratification" A Comparative Approach</u>, New York, pp.40.

53) Glazer, N.& Moynihan D. P.(1963) <u>Beyond the Melting Pot</u>, Cambridge Mass. : M. I. T. Press, p.14.

54) Narall, R.(1964) On ethnic unit classification, <u>Current Anthropology</u> 5-4, pp.284~286.

55) <u>에스니시티의 속성과 빈도</u>

속 성	빈 도
(1) 공통의 국가 혹은 지역의 출신 혹은 공통의 조상	12
(2) 동일 문화 혹은 관습	11
(3) 종교	10
(4) 인종 혹은 신체적 특징	9
(5) 언어	6
(6) 동류의식 : 우리의식 동포 의식과 충성	4
(7) 게마인샤프트적 여러 관계	4
(8) 공통의 가치관 혹은 ethos	3
(9) 독자적 제도	3
(10) 소수파 내지 종속적 지위 혹은 다수파 내지 지배적 지위	2
(11) 이민 집단	1
(12) 기타	5

Isajiw, W. W.(1974) <u>op. cit</u>. pp.111~124.

56) Treadorson, G. A. and Theodorson, G. A.(1969) <u>A Mordern Dictionary of</u>

Sociology, New York.

57) Gordon, M. M.(1964) _Assimilation in American Life_, Oxford University Press, New York, pp.27~28.

58) Francis, E. K.(1947) The nature of the ethnic group, _American Journal of Sociology_, 52: pp.393~400.

59) "the sum total of fellings on the part of group members about those values, Symbols, and common histories that identity then as a distinct group. Ethnicity is simple ethnic-based action"

59) Royco, A. P.(1982) _Ethnic Identity : Strategies of Diversity_, Indiana University Press, Bloommington, p.18.

60) Sollors, W.(1989) Introduction : _The Invention of Ethnicity, In Sollors_, W.(ed.) The Invention of Ethnicity, Oxford University Press. pp.XI~XIV.

61) Smith, A. D.(1989) The origins of nations, _Ethnic and Racial Studies_, 1 2~3, pp.341~344.

62) Ben-Rafael, E.(1994) op. cit.

63) 加藤秀俊(1970) アメリカとは何か, 大橋建三郎・加藤秀俊・齊藤眞 編, 多樣の中の統一, 東京, pp.8~20.

64) 明石紀雄・飯野正子(2002) エスニック・アメリカ, 多民族國家における統合の現實, 東京, pp.161~6.

65) 이광규(2000) 재외동포, 서울대출판부, 서울, 301pp.

66) 金泰泳(1999) アイデンティティ・ポリテイクスを越えて、在日朝鮮人のエスニシティ、東京, 211pp.

67) 이광규(2000) op. cit.

68) Fishman, J. A. (1964) Language maintenance and language shift as a field enquiry : a definition af the field and suggestions for its further development, _Linguistics_ 9, pp.32~70.

69) Paulston, C. B.(1994) _Linguistic Minorities in Multilingual Settings_, Amsterdam, Philadelphia, 136pp.

70) 장태진(1995) 우리말 언어보존의 한 유형, 국어학25, 서울, pp.199~219.

71) Holmes, J.(2001) _An Introduction to Sociolinguistics_, second edition, London, 406pp.

72) "language maintenance refers to a situation where members of a commuinity try to keep the languages they have always used, i. e. to retain the same patterns of language choice"
Hoffman, C.(1991) _An Introduction to Bilingualism_, London and New York, 353pp.

73) "Language maintenance denotes the continuing use of a language in the face of competition from a regionally and socially more powerful language"

Mesthrie, R. Swann, J. Deumert, A. & Leap, W. L.(2000) *Introducing Sociolinguistics*, Edinburgh University Press, Edinburgh, 501pp.

74) "language shift, denotes the replacement of one language by another as the primary means of communication and sociosituation within a community."
Mesthrie, R. Swann, J. Deumert, A. & Leap. W. L.(2000) op. cit. p.253.

75) Pandharipande, Rajeshwari(1988) *Language Shift with maintenance : the case of Sanskrit in India. To appear in The Proceedings of International Conference on language and National Development Hyderabad,* India. January 1988.

76) Bonvillain, N.(2002) Language, Culture, and Communication(한국사회언어학회 엮음, 2002, 문화와 의사소통의 사회언어학, 박준건, 12. 이중언어학회, 서울, pp.452-498.)

77) 明石紀雄・飯野正子(2002) op. cit.

78) "Thomason(1982) defines a dead language as one which (1) has no native speakers, (2) is not used in everyday communication by a speech community, and (3) does not undergo normal processes of change."
Paulston, C. B.(1994) *Linguistic Minorities in multilingual Settings,* Implications for Language Policies, Amsterdam / Philadelphia, p.93.

79) Inoue, F.(1996) language death and language standardization, In. Solntsev, V., Mikhalchenko, V. (eds.) *Sociolinguistic Problems in various Regions of the World,* International Conference Abstracts(Moscow, 22~25 October 1996.), Moscow, 479pp.

80) 최근 사회언어학에 "위기 언어"(endangered language)가 논의되고 있다. 이것은 동·식물의 멸종 직전 생물(endangered species)의 쓰임과 같은 것이다.
多言語社會硏究會(2003), ことばと社會 7號, p.180.

81) Giles, H. B. Bourhis, T. Y. Taylor, D. M. (1977) Towards a thoery of language in ethnic group relation. In Giles, H. (eds.) *Language, Ethnicity and Intergroup Relations,* London ; Academic Press. pp.30.

82) Holmes, J. (2001) *An Introduction to Sociolinguistics, second edition,* London and New York, p.65.

83) 외교통상부(1999) op. cit. 서울, 295pp.

84) 고승제(1973) 한국이민사 연구, 서울, 375pp.

85) 외교통상부(1999) op. cit., 서울, p.15.

86) 이광규(1989) 재미한국인, 서울.

87) 고승제(1973) op, cit.

88) 이길용(1997) 미주로의 이주와 민족운동, 근대한인의 해외이주와 한민족 공동체, 제10회 국제 학술 심포지엄, 1997.11.7., 고려학술문화재단, 서울.

89) 다음 이들 이민 자료를 보인다.

<u>하와이 이민 자료</u>

	(1853)	(1884)	(1910)	(1920)	(1930)	(1940)	(1950)	(1970)	(1980)
전 인구	73,131	80,573	191,909	255,912	368,336	423,330	499,769	768,559	964,691
중국인	364	18,254	21,674	21,674	27,179	28,774	32,376	52,375	55,916
일본인	–	116	79,675	79,675	139,631	157,905	184,598	217,669	239,734
한국인	–	–	4,533	4,533	6,461	6,851	7,030	9,625	17,453
필리핀인	–	–	2,361	2,361	63,052	–	61,062	95,354	132,075
한국인%	–	–	1.2%	1.9%	1.9%	1.6%	1.4%	1.3%	1.8%

小林素文(1989) <u>複合民族社會と言語問題</u>, 東京, 246pp.

90) 朴三石(2002) <u>海外コリアン</u>, 東京, 242pp.

91) 김광태(1993) 미국에서 소수계와 한인사회의 지향 – LA 한·흑 갈등을 중심으로-, <u>세계 속의 한민족</u>, 한국정신문화연구원, 서울, pp.603~30.

92) Schult-Peevers(2001) *Los Angeles*, Lonely plonet, London.

93) 이광규(1989) <u>op, cit.</u>

94) 임영철(1995) <u>해외한국인의 사회언어학적 연구</u>, 서울, 266pp.

95) 이광정(1998) <u>op, cit.</u>

96) 이성우, 민성희, 김성수(2001) <u>op, cit.</u>

97) 외교통상부(1999) <u>op. cit</u>, 서울, pp.15.

98) 리운규·심희섭·안문(1992) <u>조선어방언사전</u>, 연변대출판사, 연길.

99) 김상원(2000) 중국에서의 조선어의 현황과 그 전망, <u>중국 조선족 공동체 연</u>구, 국제고려학회 아세안분회, 연길, pp.398~408.

100) 彭明輝(1997) 韓人移民中國北東的歷史意義(1860~1910) <u>근대 한인의 해외이주와 한민족공동체</u>, 고려학술문화재단, 제10회 국제학술심포지엄, 서울.

101) 고승제(1973) <u>op, cit.</u>

102) 최학근(1968) <u>국어방언 연구</u>, 서울.

103) 김기종(1990) <u>연변자치주의 언어정책</u>, 고대 아세아 문제 연구소(유인물).

104) 최창범(1996) 중국에서의 조선어문사업 정황, <u>한글새소식</u> 286, 서울.

105) 리운규·심희섭·안운(1992) <u>op, cit.</u>

106) 왕한석(1997) 언어생활, <u>중국 요녕성 한인동포의 생활문화</u>, 국립민속박물관, 서울.

107) 이병근·정인호(1999) 중국조선어 방언조사, - 원 평북 방언을 중심으로-, <u>한반도와 중국 동북 3성의 역사 문화</u>, 서울대 출판부, 서울.

108) 전학석(1997) <u>조선어방언학</u>, 연변대학 출판사, 연길.

109) 최근 만유촌 민세는 1,000호 3,600명 내외로 보고되었다.
이병근·정인호(1999) <u>op. cit.</u> p.2.

110) 이상규(1995) <u>방언학</u>, 서울, 439pp.

111) 전학석(1997) <u>op. cit.</u>

112) 정경언(1990) 건국 이래 중국의 조한 이중언어 현상에 대한 개관, <u>중국에 있어서 한국어교육 Ⅱ</u>, 이중언어 학회지 제7호, 서울.

113) 장흥권(1990) 언어접촉과 관련한 몇 가지 리론 문제, <u>중국에 있어서 한국어 교육Ⅱ, op, cit.</u>

114) 이익섭(1996) 중국 연변 조선족 모국어 선택, <u>의기문교수 정년퇴임 기념논 총</u>, 서울, 1156pp.

115) 장순진(1994) 잡거 지구 조선어 사용에 대한 사회심리적 상태, <u>한글새소식 268</u>, 서울.

116) 장의원(1990) 중국에서 조·한 2중언어의 제약적 관계, 제2호 국제학술대회, 중국에서의 한국어 교육Ⅱ, <u>이중언어학회지</u> 제7호, 서울, pp.237~241.

117)　　　　　　　　　　<u>가정주부들의 언어 생활</u>

(연길시 40대 이하 20명)

언어 영역	단일언어		이중언어	
	조선어	중국어	조선어 중심	중국어 중심
부부사이	4	2	12	2
자식과의 대화	5		13	1
부모와의 대화	17		2	1
형제와의 대화	13		5	2

렴광호(1990) 연변의 이중언어사회에 대한 분석, <u>중국에 있어서 한국어 교 육Ⅱ, op, cit.</u>

118)　　　　　　　　　　<u>거리의 언어 사용</u>

(1989년 5월, 대상인원 160명)

변인	영역 언어	전 화			역 전			상 점			소계	합계
		조	한	이중	조	한	이중	조	한	이중		
성별	남	17	25	13	13	33	9	16	24	15	55	106
	여	22	16	13	22	21	8	25	12	14	51	
연령	소 년	11	3	1	10	3	2	9	4	2	15	106
	청 년	7	24	23	7	32	5	7	22	15	44	
	중 년	5	11	7	9	12	2	10	6	7	23	
	노 년	16	5	13	13	8	3	16	5	3	24	
교육	소 학	20	1	1	16	4	2	17	2	3	22	106
	초 중	7	7	10	7	10	7	8	6	10	24	
	고 중	7	21	10	9	23	6	10	18	10	38	
	대 학	4	12	6	3	14	5	4	10	8	22	

거주지												
	밀 강	2	7	1	4	6	0	4	5	1	10	
	묘 령	4	1	8	1	12	0	3	0	10	13	
	와 룡	5	0	3	4	0	4	5	0	3	8	
	천교령	2	8	1	2	8	1	2	8	1	11	106
	관 지	5	4	2	2	5	4	3	7	1	11	
	연 길	7	15	6	5	18	5	6	14	8	28	
	개 산	6	0	3	8	0	1	0	9	0	9	
	투 도	4	3	0	5	2	0	4	2	1	7	
합 계		155	165	104	145	222	57	149	159	116	424	
%		36.6	38.9	24.5	34.2	52.4	13.4	35	37.5	27.5	100	

렴광호(1990) op. cit. pp.193.

119) 한상복·권태환(1993) 중국연변의 조선족, 서울대 출판부, 서울, pp.226.

120) 장흥권(1991) 중국의 현대화와 중국에서의 조선말 어휘의 변화, 한글 새소식 227호, 서울.

121) 문영자(1996) 중국에서의 조선어 이질화 현상, 한국어 교육7, 서울, pp.405 ~414.

122) 사회과학원 언어학 연구소(1992) 조선말대사전, 평양.

123) 연변 사회과학원 언어연구소(1995) 조선말사전, 연길.

124) 최윤갑(2000) 21세기 중국에서의 조선어의 발전 전망, 국제고려학회 아세아 분회 편, 중국 조선족 공동체 연구, 연길, 425pp.

125) 태평무(2000) 21세기의 조선어의 전망과 어문사업 일군들의 과업, 국제고려학회 아세아분회 편, 중국조선족공동체 연구, 연길, pp.283~98.

126) 외교통상부(1999) op. cit, 서울, pp.15.

127) 金英達(2003) 在日朝鮮人の 歷史, 東京, 193+21pp.

128) 澤田洋太郞(1999) 日本語形成の謎に迫る, 東京, 329pp.

129) 河炳旭(2001) op. cit.

130) 최근 재일 교포말에 관하여 藤井久之助(1999~2002)의 연재물이 "ことばと社會, 多言語社會硏究 1~6號, 東京"에 계속 수록되고 있다.
간노 히로오미(1988) 일본에서의 한국어 교육 현황, 한글 제201·202,서울, pp.307~311.

131) 김상현(1969) 재일한국인, 교포80년사, 서울, 499pp.

132) 河炳旭(2001) op. cit., pp.26.

133) 사토 쇼닌(1997) 조선인의 일본 이주의 역사와 조선 독립 운동, 근대 한인 의 해외 이주와 한민족 공동체, 제10회 국제 학술 심포지엄, 1997.11.7. 고 려학술문화재단, 서울.

134) 이형훈(1988) 재일교포 교육, 무엇이 문제인가, 일본에서의 한국어 교육, 이
　　중언어학회지 제4호, 서울.

135) 塚本勳 – 金靜子(1992) op. cit.

136) 宮田浩人(1977) 六五万人 – 在日朝鮮人, すずさお書店.

137) 임영철(1995) 해외한국인의 사회언어학적 연구, 중앙대출판부, 서울, 266pp.

138) 生越直樹(1983) 在日朝鮮人の言語生活, 言語生活 No.376, 東京, pp.26~34.

139) 홍승식·한배호(1977) 재일동포의 실태조사, 아세아연구 동권57호: 고려대
　　학교 아세아 문제연구소, 서울, pp.1~52.

140) 신행철(1982) 재일 제주 교포: 그 소수집단으로서의 성격과 계층 구조, 탐
　　라문화 창간호, 제주대 탐라문화연구소, 제주, pp.123~155.

141) 홍승식·한배호(1997) op. cit.

142) 生越直樹(1983) op. cit.

143) 增田忠幸(2001) NHK テレビ 안녕하십니까? ハングル講座 2月1日, 東京.

144) 生越直樹·小倉紀藏(2001) NHK テレビ 안녕하십니까? ハングル講座 2月1日,
　　東京.

145) 管野裕臣(1978) 朝鮮語からの借用語, 月刊言語 vol.7, No.2, 東京, pp.36~42.

146) 金泰泳(1999) アイデンティティ·ポリテイクスを越えて、在日朝鮮人のエスニ
　　シティ, 京都, 211pp.

147) 熊谷明泰(1983) 在日朝鮮人の言語生活 – 南北朝鮮の言語政策との關聯において-,
　　在日朝鮮人史研究 第12号, 在日朝鮮人運動史研究會, 神戸, pp.50~72.

148) 塚本勳·金靜子(1992) op. cit.

149) 熊谷明泰(1983) op. cit.

150) 외교통상부(1999) 재외동포현황, 서울, p.15.

151) Kho, S.(1987) Koreans in Soviet Central Aia, 고려사람, Studia Orientalia
　　Vol.61, Helsinki, P. 101.

152) 킹, 러쓰·연재훈(1992) 중앙아시아 한인들의 언어 고려말, 한글 217, 서울,
　　pp.83~134.

153) 고송무(1980) 제정러시아의 한국어 및 한국 연구, 한글 169, 서울, pp.193~
　　212.

154) 킹, 러쓰·연재훈(1992) op. cit., pp.83~134.

155) 김필영(2000) 카작스탄 크즐오르다시 계봉우거리, 한글새소식 330, 한글학회,
　　서울, pp.18~19.

156) 이광규, 전경수(1993) op. cit., pp.76~84.

157) 고송무(1990) 쏘련의 한인들, 고려사람, 서울, pp.202~207.

158) 전경수 편(2002) 카자흐스탄의 고려인, 서울대 출판부, 서울, 574pp.

159) 임홍빈(1999) 카자흐스탄 한인동포와 모국어, 새국어생활 제9권 제1호, 봄,
　　국립국어연구원, 서울, 223pp.

160) 이기갑, 김주원, 최동주, 연규동, 이헌종(2000) 중앙아시아 한인들의 한국어
　　연구, 한글 247, 서울, pp.5~72.

161) Mayhew, B., Plinketk, R., Richmond, D.(2000) op. cit.

162) 외교통상부(2000) 세계각국편람, 서울, 610pp.

163) 한 세르게이 미하일로비치 · 한 발레이 쎄르게이비치 공저, 김태항 역(1999) 고려사람 우리는 누구인가, 서울.

164) Mayhew, B., Plunketk, R., Richmond, S.(2000) op. cit.

165) 유일리야(1991) op. cit.

166) 이광규, 전경구(1993) op. cit.

167) Lewis, E. G(1972) op. cit.

제**6**장 거류 외국말 공동체와 언어 접촉

한국말 공동체에 있어서, 이들 "거류 외국말 공동체"는 앞서 언급한
"교포말 공동체"와 여러 모로 대조적인 특징을 보이고 있는 것이다. 그리
하여 이들은 함께 "이민 언어"이기는 하지만, 어느 것이나 해당 국가가
이민 국가(migrant country)로서의 성격을 달리하기 때문에, 그 개념상의 차
이가 있는 것이라 하겠다. 예를 들면 미국의 경우, "이민 언어"는 엄밀히
"입국이민 언어"(imigrant language)를 뜻하지만, 한국의 경우는 응당 "출국
이민 언어"(emigrant language)를 뜻하기 마련이다. 따라서 원칙적으로 이민
을 받아들이지 않는 한국에 있어서 "거류 외국인"이란 "단기·장기 체류
자"의 신분이다. 더욱 "거류 외국인"이라 하여도 "중국, 중앙 아시아"등지
에서 역이민 온 상당수 교포가 포함되고 있음을 주의하자.

이와 같이 두 가지 측면에서 보는 특징은 결국 "이민과 언어"라는 주
제에 귀결되는 바, 하나는 외국에서의 현상으로서 한국말과 해당 외국말
에 관련되며, 다른 하나는 국내에서의 현상으로서 해당 외국말과 한국말
에 관련된다. 그리하여 일반적으로 이주자의 언어는 소수 집단으로서 "낮
은 위신 언어"(low prestige language)이며, 수용자의 언어는 다수 집단어로

서 "높은 위신 언어"(high prestige language)이다. 그리하여 언어에 대한 감정적 태도(emotional attitude)가 두 언어 사이의 언어 접촉(language contact)에 크게 영향됨을 함께 유의할 것이다. 특히 국어학에서도 전자에 많은 관심을 보였으나, 이제는 국내 외국인 이주자가 급증한 만큼, 후자에도 관심을 두어야 할 것이다.

국어 사회언어학에 있어서 "교포말 공동체"의 연구가 한국말의 외연적 특징(extensional feature)에 있어서 "언어 접촉"(language contact)의 이론에 관심을 두며, 더욱 "언어 보존"(language maintenance)에 연구의 초점을 두었던 것이다. 특히 국어의 경우는 앞서 제안한 바와 같이 교포말이란 남·북한 사이의 "분단 언어"(divided language)와 식별하여 "이산 언어"(diaspora language)로 규정한 바 있다. 이들에 대하여 "거류 외국인 공동체"의 경우는 한국말의 내포적 특징(intensional feature)으로서 실재하고 있는 "2중언어적 집단"(bilingual group)에 관한 것이며, 그들 정착도에도 많은 차이가 있다. 그리하여 한국말에 에스닉 변종의 인정 여부가 앞날의 과제가 될 것인데, 여기 민족언어학(ethnolinguistics)의 부문이 강조될 전망이다. 더욱 "한국말 공동체"로 표현되는 주제에 관련하여, "거류 외국말 공동체"란 현실적으로 "한국말 공동체" 속에 존재하는 "실제의 공동체"(community of practice) (Eckert, 2000: 35)[1]이다. 즉 "실제의 공동체는 어떤 기업 주변에 모여 드는 주민의 집합체이다"고 정의하는데, 여기 "한국말 공동체"도 현실적으로 현대의 "다문화적·다언어적"(multicultural, multilingual) 특징을 외면할 수 없는 것이다. 따라서 "4대 교포말"에 대한 "4대 거류 외국말"을 대조하게 되며, 여기 "3대 언어 접촉"을 거론하게 된다. 실제로 오늘날 한국에는 다양한 외국인 공동체가 상당수 존재하고 있지만, 이들 현대 국어는 외국어와의 빈번한 접촉을 하나의 특징으로 삼는 것이라 하겠다. 이것을 다음(도표 6-1)과 같이 보인다.

도표 6-1

거류 외국말과 언어 접촉

(4대 교포말 · 거류 외국말)				
교포말	–	재미 교포말	재중 교포말	재일 교포말	재CIS 교포말
거류외국말	거류동남아어	거류미국영어	거류 중국어	거류 일본어	–
(3대 언어 접촉)				

1. 접촉언어학과 한국말 접촉

(1) 접촉언어학

언어학에서 언어 접촉의 연구사(Winferd, 2003: 6~11)[2]는 19세기 이래 언어의 과학적 연구에서 비롯된다고 하고, 접촉 상황의 3대 유형으로 언어 유지(language maintenance), 언어 전환(language shift), 언어 창조(language creation)를 드는 것이다. 여기 후자에는 "새-접촉 언어"(new contact language)로 부르는 피진(pidgin)과 크리올(creole)이 포함되는 것이다. 더욱 "언어 접촉"의 사회적 생태학을 연구하기 위한 분석의 단위도, 어김 없이 "화어 공동체"임을 제안하고 있다. 우리들은 여기 각별히 유의한다.

이들 "접촉언어학"에 대한 최근 Nelde의 언급(Nelde, 2002: 326)[3]을 보자. 즉 "접촉언어학의 중요한 매개 변인은 언어학적 레벨(음운론, 통사론, 어휘)과 담화 분석, 화체론, 그리고 화용론이다. 여기 첨가 범위는 네이션, 언어 공동체, 언어 경제와 이민 등, 많은 외부 언어적 요인이다"고 한다. 아울러 그가 보인 "접촉언어학"이란 "다중 언어제"(multilingualism)를 기반으로 하여, 개인적 화자의 측면에서 언어의 획득(acquisition)과 혼란(disorders) 등을, 사회언어학(화어 공동체)의 측면에서 도시(urban)와 농촌(rural)의 일상어(vernacular) 등의 연구를 보인다. 따라서 여기 언어 소실(language loss)에 대한 언어 사멸의 식별이 중요하다.

일반적으로 "언어 접촉"은 그 쓰임에 따라서, 몇 가지 분류가 가능하다. 여기 국어학의 경우, "언어 접촉"에 대하여 "방언 접촉"(dialect contact)을 식별하게 된다. 그리고 "비언어적 기준"으로 "교통, 거리, 빈도, 수량"을 세워 "접촉 유형"을 제안하게 된다. 이것을 다음과 같이 보인다.

(교통)   육로, 해로(항해로), 항로(항공로)
(거리)   단거리, 원거리
(빈도)   긴밀, 소원
(수량)   대량, 소수

이들의 유형을 배합하여, 특정적인 언어 접촉(방언 접촉)을 기술하게 된다. 예를 들면 오늘날 교통의 발달로서 "항공로 원거리 긴밀 대량 접촉"(예, 재미 교포)과 같은 다양한 유형이 가능하다. 여기 국내의 "방언 접촉"을 보자. 예를 들면, "거문도"는 "해로 접촉"으로 과거 "장흥, 수문포"와 "단거리 소수 접촉"을 가졌지만, 오늘날 "여수·제주 항로"의 개설로 "원거리 대량 접촉"을 가지게 된다. 따라서기 거문도 방언은 진도 방언(조도 방언)과 함께 "제주도 방언"의 "독새끼(달걀), 비바리(처녀), 마농(파)" 등을 차용하고 있다. 그리하여 "거문도 방언"은 "원거리 접촉"으로 "어형 변동, 어의 변동"을 함께 보이고 있다. 이것은 다음과 같다.

도표 6-2

한국말의 방언 접촉

해로 접촉	(근거리 접촉)	(원거리 접촉)
제주도 방언	진도(조도) 방언	거문도 방언
독새끼(달걀) 비바리(처녀) 마농(파)	독새끼(달걀) 비바리(처녀)	독새끼(병아리) 마농(마늘)

이와 같은 "언어 접촉"은 지리적 연속성(geographical continuity)의 상황이라든가 혹은 언어 또는 방언 사이의 밀접한 "사회적 접근"(social proximity)을 말하는데, 차용어(loan word)나 발음 변화를 가져오게 된다. 여기 접촉 상황(contact situation)에서 발생하는 신 언어의 예로서 "피진(pidgin)"을 드는 것이다. 그리하여 이것을 "특수 접촉언어"(special contact language)라 한다.

(2) 한국말 내부의 방언 접촉

한국말의 방언 접촉(장태진, 1992: 37)[4]은 초기의 제안(小倉進平, 1938[5], 1944[6])에서 평북 후창 지역어가 함남 방언의 영향을, 충북·강원의 일부 지역어가 경북 방언의 영향을, 전남·북 동부 지역어가 경남·북 방언의 영향을 각기 받아들인 것이라 하였다. 그리하여 후자의 경우, "경상도 사람들이 가지고 있는 신라 이래의 문화적인 긍지와 그들이 가진 경제적 세력의 결과"(小倉進平, 1944: 526)[6]라 하였다.

이와 같은 견해는 "한국말 방언학"에서 전북 동북 지역의 언어 분화(이익섭, 1970)[7] 또는 전남 동부 지역의 등어 지대(서주열, 1981)[8] 등으로 계승되지만, 한편으로 "방언 접촉"(김영배, 1984)[9] 또는 "접촉 지역어"(전광현, 1983)[10]의 개념으로 진전되어 왔다. 이 때, "접촉 지역어"가 긴밀한 "방언 접촉"을 보여 음운 층위에 "사회 방언"으로서 빈번한 과도 교정이 있으면 "접촉 방언"(contact dialect)으로 한다는 제안(최전승, 1990: 129)[11]이다. 그리고 경어법에 있어서 전라 방언의 화자들이 이질적인 경상도 방언형이 가지는 이 지역의 사회언어학적 기능을 지적한다. 최근에는 "접촉의 결과 발생한 새로운 방언"(眞田信治 et. al., 1992: 69)[12]으로 거론하고 있다.

여기 "거문도 방언"은 한국의 도서 방언에서 전형적인 "방언 접촉"의 모습(홍순탁 등, 1965: 49~90)[13]을 보이고 있다. 이 작은 도서에는 "장흥, 여수, 고흥" 출신 등을 비롯하여, 어장에서 유자망 어선 90%를 차지한 "부산, 경남" 출신 주민들의 혼합 거주가 심하다는 것이다. 따라서 거문도(이도)의 토착 방언 조사가 부적절하여, 다른 두 섬(동도, 서도)에서 실시하였다는 소식이다. 그리하여 후술(최초 한·미 언어 접촉과 방언 수집)의 19세기 거문도 방언 자료에도 언급되지만, 이들을 "경·전 접촉방언"으로 가정하는 당시의 추정된 "7모음 체계"를 근거로 "모음 체계의 접촉"을 제안하게 된다. 여기 경남 방언의 모음체계에 대한 제안(김영송, 1977: 109)[14]을 받아 들이고, 최근의 논란(조규태, 2001: 50~61)[15]을 참조하자. 그리고 전남 방언에 대한 제안(이기갑, 1986: 22~23)[16]에 의거하여, 이들을 다음과 같이 보기로 한다.

도표 6-3

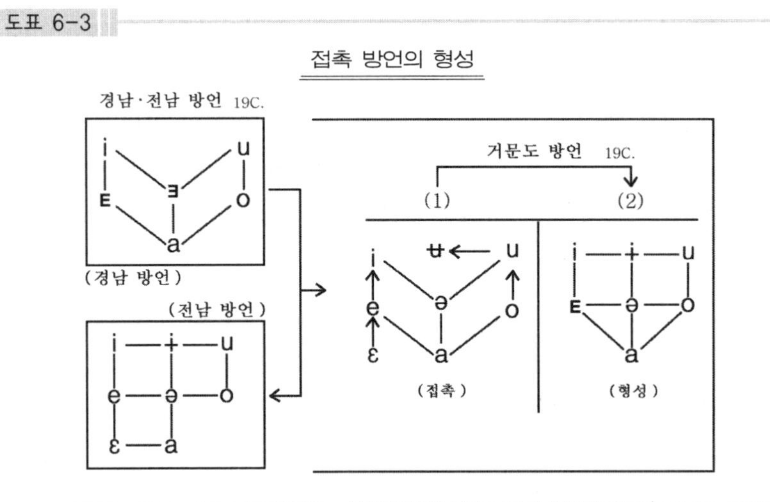

우선 여기 전부 원순 모음 /ü, ö/는 당시까지 형성되지 않은 것으로 처리되지만, 이들 모음 체계[17]의 접촉은 계열 접촉(series contact)과 서열 접촉(orders contact)로 대별하게 된다. 그리하여 지역 방언에 있어서 모음 체계가 다양함에도 불구하고, 모든 지역 방언에 공통되는 전통적 음운 변화의 모습은 "모음 조화"에 바탕을 둔 전통적 계열 체계 /a→ə, o→u/의 변동이다. 이것을 "음성 모음화"(남광우, 1975: 50~54)[18]라 하였다. 예를 보인다.

/comani/ → /cuməni/

이것은 접촉 이전의 것이다. 그러나 이들 접촉의 모습은 "서열 접촉"의 문제가 대종을 이룬다고 하겠다. 여기 "경남 방언"과 "동부 전남방언"의 접촉도 예외가 아닐 것이다. 그리하여 후자의 경우, 그 어역은 "장흥, 보성, 고흥… 등에까지 확장되었을 것으로 추정하자.

이들 모음 체계의 접촉에서 가장 핵심적인 것은 먼저 (1) 전남 방언의 모음 /ε/, /e/와 경남 방언의 모음 /E/의 접촉이다. 기본적으로 전남 방언에는 "ε→e"(개→게, 大)와 같은 "모음 사승"을 특징(이기갑 등, 1998)[19]으로 이들 모음의 중화를 기술한다면, 경남 방언의 경우는 "e→ε, 蟹"와 같은 "모음 하강"을 특징(김영태, 1975)[20]으로 기술될 것이다. 19세기 거문도 방언 자료(이민식, 1998: 290~293)[21]에는 "모음 상승, 저부 모음화"를 함께 보인다. 다음 자료를 든다.

고부 모음화[ε]→(ew)	저부 모음화[e]→(ay)
대통→dewton	세(혀)→chay

여기 [ε]와 [e]를 식별하지 않으며, 오직 "모음 상승"의 중화도 아닌 모음 /E/를 추정하게 된다. 따라서 이것은 경남 방언의 특징으로 보인다. 다음 (2) 전남 방언의 모음 /ɨ/와 경남 방언의 모음 /Ǝ/의 접촉어다. 기본적으로 전남 방언은 /ɨ/, /ə/와 같이 식별하는 별개의 모음으로 잘 알려진다. 오늘날 거문도 방언(홍순탁 등, 1965: 52)[22]에도 같은 것이지만, 주어진 자료에는 /ɨ→ə/의 심한 동요로써 안정성을 찾기 어렵다. 다음 빌려 보자.

(고부모음화) [ə]→[ɨ]	(저부모음화) [ɨ]→[ə]
목덜미/moktəlmi/ → /moktɨlmi/	아희들/ahiitil/ → /akitəl/

아울러 19세기 거문도 방언 자료(이민식, 1998: 290~293)[21]에는 후술에서

도 보지만, 오직 유일한 자료로서 /u, ɨ/의 식별이 없이 모두 철자(oo)로 표기된 것이다. 이것은 영어와 한국말의 모음 체계에서 불가피하다. 다만 /u/의 변이음으로 보는 데 유의하자. 자료를 든다.

$$/u/ \rightarrow (oo) \qquad\qquad /ɨ/ \rightarrow (oo)$$
$$부동 \rightarrow poodong \qquad 흙 \rightarrow {}^{*}hoolk(k'hool)$$

이와 같이, 거문도 방언의 모음 /ɨ/는 19세기 및 현대에도 안정되지 않은 것으로 보인다. 따라서 이들도 함께 경남 방언의 특징으로 보인다.

한편 (3) 현대 거문도 방언에서 거론되는 전남 방언의 특징을 외면하지 않는다. 따라서 다음과 같은 "움라우트 현상"과 함께 전부 원순 모음 /ü, ö/를 인용하여 두자.

$$/u/ \Rightarrow /ü/ \qquad\qquad /o/ \Rightarrow /ö/$$
$$수수 /susu/ \Rightarrow /süsi/ \qquad 조기 /coki/ \Rightarrow /cöki/$$

끝으로 (4) 경상·전라 방언에 함께 나타나는 전부 비원순 모음의 "모음 상승"은 "경·전 접촉방언"에 초연한 또 다른 차원의 "방언 접촉"이다. 자료를 든다.

$$/e/ \rightarrow /i/ \qquad 게 \qquad /ke/ \rightarrow /ki/, /ke/ \rightarrow /k'i/$$

아울러 초기 원 필자의 겸사도 있지만, 후기 저자(이돈주, 1978: 190)[23]의 전남 방언 분류에 "거문도 방언"을 묶음표로 표시하여 보이고 있다. 다만 "거문도 방언"을 "접촉 방언"이라는 가정하에 기술하였지만, 실제로 거문도에는 하나의 "일상어"로서 경상·전라 방언이 공존하느냐 또는 제3의 방언으로 "경·전 접촉방언"인가 하는 판단은 새로운 연구에 기대할 수밖에 없는 것이다.

(3) 한국말과 외국어의 접촉

위에서 주제의 초점이 되는 "4대 거류 외국말"과 "3대 언어 접촉"을 거론함에 있어서, 핵심적 과제는 협의의 한국말 공동체(한국)를 "실제의 공동체"로 파악하여 먼저 (1) "다언어제"의 측면에서 고찰하는데, "국내에는 몇 가지 언어를 말하는 거류 외국인 공동체가 있는가"라는 물음이다. 이것은 거의 "현재의 자료"로써 기술하게 된다. 다음 (2) "언어 접촉"의 측면에서 고찰하는데, "한국말은 어느 외국어와 어떠한 언어 접촉을 겪어 왔는가"라는 물음이다. 이것은 "국어사와 현대어의 자료"로써 기술하게 된다.

첫째 국내에는 몇 가지 외국어를 말하는 "거류 외국인 공동체"가 있는가? 이것은 "서울특별시"의 자료이기 때문에, 곧 "서울에는 몇 가지 외국어가 말하여지고 있는가"를 뜻하게 된다.

근간 "재한 등록 외국인수"에 관한 통계(통계청, 2002: 90)[24]를 보면, 90년대 들어 외국인수는 급격히 증가하며, 1999년 12월 31일 현재 약 17만 명에 이른다. 그 연도별 자료를 든다.

1985	40,920명	1995	110,028명	1999	168,950명
1990	49,507명	1998	147,914명		

오늘날(2001년) 국내에는 약 57만 명의 외국인이 체류하고 있다. 최근 보도(조선일보, 2001. 12. 11.)에 의하면 2001년 10월 31일 현재 (법무부 자료) "국내 외국인 체류 현황"[25]은 "총 체류자" 570,583명이고, 여기 "불법 체류자" 243,734명이다.

한편 서울특별시(공식자료)의 경우, 40개국 이상의 외국인 거류자 약 6만 7천 명(67,908명)이 27개 이상의 언어를 사용하고 있으며, 여기 영어 사용의 외국인(9개국)은 약 22,000명(추계 22,392명)으로 전 외국어 사용자의 33%에 해당한다. 이들 서울의 모습을 300개 이상의 외국어가 쓰이고 있다는 런던의 경우(Wardhaugh, 2002: 123)[26]와 비교하여 보라.

여기 "국가별(40개국 67,908명) 공용어(주요), 외국인 수"의 자료(서울특별시, 2001. 12. 31. 현재)를 보인다. 그리하여 이들을 두 가지 유형으로 보아, 먼저 (1) "다수 외국인 공동체"[27]를 여기 "중국 … 베트남" 등 10개국을 든다. 더욱 4개 외국인 공동체(중국, 미국, 일본, 필리핀)가 포함된다. 이들은 1,000명 이상 20,000명을 넘는 유형이다. 자료를 보인다.

다음 (2) 군소 외국인 공동체를 보인다. 여기 "영국 … 싱가포르" 등 19개국으로, "100명 이상, 1,000명 미만"의 "소수 외국인 공동체"[28] 및 "카자흐스탄… 이스라엘" 등 11개국으로 "10명 이상, 100명 미만"의 "극소수 외국인 공동체"[29]와 함께 기타를 든다.

한편 이들을 "언어별"(국가 수)로 환산하면, 27개 언어(40개국)로 보이게 된다. 따라서 공식 집계로서, 서울에는 "27개 외국어가 거류 외국인들에 의하여 사용되고 있다"[30]고 말할 수 있다. 다음 자료를 보인다.

영 어 (9)	화 란 어 (2)	우즈베크어(1)	타 밀 어 (1)
프랑스어 (4)	일 본 어 (1)	타 이 어 (1)	미얀마어 (1)
독 일 어 (3)	인도네시아어(1)	네 팔 어 (1)	페르시아어(1)
중 국 어 (2)	베트남어 (1)	몽 골 어 (1)	핀란드어 (1)
러시아어 (2)	우루두어 (1)	포르투칼어(1)	노르웨이어(1)
스페인어 (2)	벵 갈 어 (1)	스웨덴어 (1)	히브리어 (1)
이탈리아어(2)	말레이어 (1)	싱할리어 (1)	

여기 "중국어(한국어), 우즈베크(한국어), 러시아어(한국어)"의 자료가 대다수 "교포말"의 화자를 가진 외국 국적자들임을 주의하라. 그리하여 추계 불가능한 것이다. 여기 중국어, 러시아어를 제외한 주요 외국어 화자의 추계(외교통상부, 2000)[31]를 보인다.

도표 6-4

서울의 5대 외국어

영어(22,392명) 33%		프랑스어(1,750명) 2.6%	
미국	15,814명	프랑스	1,257명
필리핀	2,665명	캐나다(1,909명×24.3%)	464명
캐나다(1,909명×61.5%)	1,174명	스위스(66명×18%)	12명
영국	977명	벨기에(48명×35%)	17명
오스트레일리아	868명	독일어(1,034명) 1.5%	
인도	574명	독일	937명
뉴질랜드	184명	오스트리아	54명
싱가포르	104명	스위스(66명×65%)	43명
나이지리아	28명	스페인어(142명) 0.2%	
일본어(7,793명) 11.5%		스페인	60명
		멕시코	82명

　　이와 같이 오늘날 국내에 많은 외국인이 거류하고 있음에도 불구하고, 한국말 공동체가 가지는 "언어학적 소통(linguistic communication)"의 기제는 발달하지 못하고 있다. 최근 국내 외국인을 대상으로 한 설문 조사(조선일보, 2002. 1. 8.)에 따르면, 그들이 관공서에서 느끼는 가장 큰 불편은 의사 소통의 어려움(31%)이라 하였다. 그리고 이들의 일상 생활에 관한 편의 시설(교통 시설, 유통 시설, 운동 시설, 휴식 공간)이 태부족하다는 것이었다. 이것은 단일의 "민족어 공동체"로서, 오랫동안 익숙해 왔기 때문이다. 따라서 현대의 "한국말 공동체"가 지니는 취약점이기도 하다.

　　한편 "한국말"과 "국내거류 외국인"의 경우, 그들이 "에스닉 변종"으로서 "한국말"을 사용한다는 전제에서 기술하게 된다. 비록 그들 자신들은 그들 "본국말"과 "2중 관계"에 있음은 앞서 본 우리 "교포말"과 같은 것이다. 그리하여 우리들은 그들의 "언어 능력"이 어떠하든, "한국어"의 "언어 상황"만을 논의 대상으로 삼는다. 따라서 "한국말"과 국내 거류 외국인의 "한국말 에스닉 변종"을 가정하여, 이들 "사회언어학적 프로필"을 다음과 같이 보인다.

Con3 ＋ Maj/Min ＋ L1/L2

여기 "한국말"에 있어서, "거류 외국인 변종"는 "제2 언어"임을 유의하고, 그것이 "교포말"의 경우와 상반됨을 주의하는 것이다.

둘째 한국말은 역사적으로 어느 언어와의 "언어 접촉"에서 현저한 영향을 받았는가? 이것은 "중국어, 일본어, 영어"와의 관계에서 "한·중 언어접촉, 한·일 언어접촉, 한·미 언어접촉" 등, "3대 언어접촉"을 들지만, 이들은 각기 어떤 특징이 있는가에 관심의 초점을 두는 것이다. 그리하여 먼저 (1) 한·중 언어접촉은 조숙한 중국의 고대 문화에 관련된다. 그들 "한자 차용"과 함께, 글말 중심의 방대한 "어휘 차용"이 있었다. 따라서, 오늘날 "한자어"라는 어휘층이 형성된다. 이것은 유사 이래 한국말이 받은 심각한 영향으로, 전통 문화에 깊이 관련됨은 주지의 사실이다. 따라서 이들 "한·중 언어접촉"은 한국말이 중국말로부터 거의 일방적으로 받은 영향이다. 다음 (2) 한·일 언어접촉은 고대 이래 근세까지는 그들과의 평화적 접촉 또는 그들 침략적 접촉을 통하여, 어느 정도의 언어 교류를 찾아보게 된다. 그러나 20세기에 들면서 일제 침략을 받아, 한국말은 거의 빈사 상태에 이르기까지 억압되었다. 그리하여 한국말의 형태층에서부터 통사층에 이르기까지 극히 부정적인 "언어 간섭"을 받은 것이다. 일부 서구어계 외래어까지도 일본어의 매개 과정을 겪은 것이다. 끝으로 (3) 한·미 언어접촉은 20세기 후반이 본격적인데, 광복 이후 한·미 관계에 특징이 있다. 그리하여 영어가 한국말이 수용하는 외래어의 중심이 된다. 따라서 한국말의 현대화에 크게 영향을 끼치고 있다. 특히 "밤부 영어"에 한국말이 차용되어 있음을 들어 둔다.

셋째 이들 "3대 언어접촉"과 관련하여, "어휘 차용"의 전형적 어례로서 "고구마, 성냥, 추천" 등과 함께 최근 "족형어"의 경우를 개설하여 둔다. 먼저 (1) "고구마"의 어례를 보자. 이 어사는 주지한 바와 같이, 일본의 "쓰시마 방언"의 차용(泉井久之助, 1956: 98~103)[32]인 바, 이 섬에는 1722년에 전래되었다. 그리하여 남도 방언에는 [kokoimo]로서 한자어 원음(孝行芋)이 잘 보존되지만, 북도 방언은 [kokomo] 또는 [koːkomo]이다. 따라서 그들 "북도 방언"을 차용한 것인 바, 북도란 부산항과 지호지간의 거리이다. 특히 과거 이들 생활권은 남북 양도의 중심지인 "이즈하라(嚴原)"보다 항로가 가까워서, 오히려 부산을 택한다는 것이다. 따라서 그들 민속에서 "바가지"의 사용이 있는가 하면, "yanban(부자), chonga(독신자)" 등의 한국말 차용어가 흔하게 쓰인다고 한다.

주지한 바와 같이, "고구마는 열대 미주의 원산으로, 15C말 Columbus, C.(1451~1506)와 그 선원들에 의하여 서인도 지역에서 발견된 것이라 한다. 그리하여 유카탄 반도와 온두라스의 원주민어 "batatas" 또는 아이티어 "batata" 등의 원어가 "고구마"와 함께 스페인으로 전래되어, 스페인어 "patata"의 어원이 되었다 한다. 여기 16C에는 널리 구라파에 널리 전파된다는 것(Gerarde, 1954: 114)[33]인데, 이 때 이미 동남아에 전파되기 시작한다. 중국도 1574년에 루손도로부터 받아 들여, 문어에 "甘藷, 蕃藷, 紅藷" 등으로 쓰인다. 그리고 한국(최남선, 1943: 198~199)[34]에서는 이광려(李匡呂, 영조조)가 통신사 조엄(趙曮, 1719~77)에게 종자 구득을 시키는데, 조엄이 1763년 12월에 쓰시마 북단 Sasuna'ura(佐須那浦)에서 일박 중 그들 방언을 *kōkuima(古貴爲麻, 孝行麻, 海搓錄)로 청취하고 종자를 구득(上田正昭 등, 2001: 291~4)[35], 서울로 보낸다. 그리하여 재배에 성공하지만, 익년 조엄의 귀로에 다시 구득한 종자를 동래 부사 강필리(姜必履, 1713~?)에 의하여 동래, 제주도에서도 재배에 성공하게 된다.

오늘날 한국말 방언(小倉進平, 1944: 198~219)[36]에서는 일본어계 차용어 "고구마"(고구매)가 거의 전국적으로 쓰이며, 표준말에까지 정착하게 된다, 여기에 대하여 중국 문어계 차용어 "감자"(감재, 감지)는 "전남, 제주, 평남"을 중심으로 "충남, 황해"의 일부를 포함하고 "경남, 평북" 등에 산발적으로 분포한다. 더욱 후자는 "당풍(당감재), 호풍(호감재, 되감재), 양풍(양감재), 왜풍(왜감재, 일본감재)" 등으로 문화 유형화의 표현이 겹치는데, 이것은 사물 전파의 세계성에 기인한 것이다. 그리고 특기할 것은 중국 방언계 "디과, 디괴(디괘)"의 쓰임이다. 이것은 중국어 "diguà(地瓜)의 차용"(고려대 민족문화연구소, 1995)[37]이다. 이들 분포(김영배, 1997: 3~4)[38]를 보자.

> 디과 : 평북(평양, 개천, 박천, 연변, 구성, 선천, 구장, 용암, 운천,
>   의주, 신의주, 염주, 철산, 곽산, 정주, 상주, 피현, 태천,
>   강계, 시중, 희전, 자성, 후창,)
> 디괴 : 평북(벽동, 초산)

한편, 남미 원산으로서 "감자"가 60년 늦게 북방 대륙에서 함경 북도로 전파됨에 따라서, 중국 문어계 "감자"(고구마)는 명칭의 혼란이 가중된다. 그리하여 "북 감자, 하지 감자" 등의 명칭이 쓰이게 되는 것이다. 아무튼 일본어계 차용어 "고구마"가 중국어 문어계 차용어 "감자, 감재, 감지"와의 착잡한 어역 다툼을 극복하면서 "표준말"의 지위를 얻게 되지만, 이것은 한말기 이래의 강력한 일본어의 배경일 것이다. 이울러 이들 와중에서도 중국어 방언계 차용어 "디과, 디괴"가 평북 전역에 안전하게 그들 어역을 지키게 되지만, 이 또한 거대한 중국어의 배경일 것이다.

다음 (2) "성냥"의 어례를 보자. 이 어사는 근대어 石硫黃(석류황, 셕뉴황)이 금세기 초 "셕냥, 셩냥"으로 쓰이던 어례(이기문, 1991: 237)[39]인데, 중국어 "liúcihuāng(硫黃, 硫磺)"도 같은 것이다. 이들 방언 분포를 보자. 먼저 (1) 중국어계 차용어에서, "성냥, 성냐, 성낭, 성나, 성내, 선낭" 등이 있으나, "성냥"이 광역어이다. "경남북, 함북"을 중심으로 거의 전국적 분포이다. 그리하여 "표준말"이 된다. 다음 (2) 전통적 조어계로서 "불갑, 화갑"이 제주도에서 쓰인다. 한편 (3) "당풍 유행"으로서 "당성냥, 당성낭, 당황, 당항, 당각, 당봇" 등이 있어, 위의 두 가지 어계가 파생된다. 이것은 "중국풍"을 뜻하는 전통적 표현인데, "당성냥, 당성낭"이 보다 우세하다. 그런데, "당각(<*당갑), 당봇(<*당붓)"은 "나주, 안동"의 자료로서, 제주도의 "불갑, 화갑"과 동계임이 주목된다. 끝으로 (4) 러시아어계 차용어로서, "피지개, 피짓개"가 쓰인다. 이것은 함북을 중심으로 하는 "함경도 방언"의 쓰임으로, 중국어계 차용어와 대조되는 것이다. 이들 분포(小倉進平, 1944: 上 249~50)[40]를 보자.

> 피지개 : 함남(홍원, 북청, 이원, 풍산, 갑산, 혜산)
> 피짓개 : 함북(성진, 길주, 명천, 경성, 나남, 청진, 부거, 부령, 무산,
>   회령, 종성, 경원, 경흥, 웅기)

이 어사는 러시아어 "스뻬치카(спичка)"가 어원(장홍권, 1999: 217)[41]인데, 어두음 소실(apheresis)로서 차용되었다. 이와 같은 예는 육진 방언이 러시아어 차용에서 "어두 복자음"을 기피하는 현상으로 설명된다.

여기 외국어와의 "언어 접촉"에 있어서, "고구마, 성냥"의 두 경우를 보았지만, 이들은 먼저 (1) "중국어 문어계"의 어사 생산성이 "문화 유형"에 예민하게 반사되어 있다. 그럼에도 다음 (2) "표준화"에 있어서는 "성냥"의 경우만 가능하였고, "고구마"의 경우는 오히려 "일본어 방언계"로서 실현되고 있음을 주의하자. 한편 (3) "어역의 안정성"은 비록 좁기는 하지만, 전자에서는 "중국어 방언계"인 "디과, 디괴"가 평북 지역에서 보장됨을 주목한다. 그런데 후자에서는 러시아어계 "피짓개"가 함남 지방에서 보장될 뿐, 넓기는 하나 함북 지역에서는 "피짓개"가 표준어인 "성냥"과 공존하고 있다. 즉 자료(小倉進平, 1944:上 249~50)를 보면, 함북 전역(성진, 길주, 명천, 경성, 나남, 청진, 부거, 부령, 무산, 회령, 종성, 경원, 경흥, 웅기)에서 공존하고 있을 뿐이다. 여기 "푸시개, 푸시기"(담배)가 변말화(장태진, 1988: 795)[42]를 보여, 유의할 것이다. 끝으로 (4) "전통 조어계"는 "성냥"에서 "불갑, 화갑"이 제주 지역에서 보존됨을 각별히 유의하자. 이들을 다음과 같이 도시하여 둔다.

도표 6-5

"고구마, 성냥"의 차용어와 고유어

	(중국 어문어계)	(중국어 방언계)	(일본어 방언계)	(러시아어어계)	(전통조어계)
(고구마)	감자 감재 (당) 감재 (호) 감자, 감재 (양) 감재 (왜) 감재	디과(평북) 디괴　〃	고구마(표준화)		
(성냥)	성냥(표준화) (당) 성냥 (당) 황 (당) 각 (당) 봇			피지개(함남) 피짓개(함북) "성냥"과 공존	불갑 화갑(제주도)

한편 (3) "추천"(그네)의 어례를 보자. 즉 동아시아 제국에 있어서 자체의 문자화(graphization)에 앞서 광범한 "한자 차용"이 나타나지만, 여기 주의할 것은 한국말과 중국어의 표기 이외에, 이른바 "제3 언어"(김완진, 1940: 1~16)[43]가 표기된 자료이다. 흔히 몽고어, 여진어 또 북방 제어에 관한 것들이다. 여기 한자어의 원초적 문제에서 파생된 고유어 관련성을 "추천(鞦韆)"의 어례로써 보자. 이들 추천(鞦韆, qiūqiān)의 원의는 "소와 말의 밀치(尾帶)"를 뜻하는데, 다음 만몽 자료(羽田亨, 1937[44] 小澤重男, 1983[45])는 동계어이다.

(만주어)   (몽골어)

kudarhan (鞦)   qudarga(말의 尻帶)

물론 어말음 소실(apocape)의 어형 "kūda-"이 국어와의 대응형으로 고려할 것이지만, 더욱 몽골어 "qaJaGar(馬勒)"이 어두음 소실(apheresis)의 어형 "JaGar"이 한국말 "자갈"과 일치함을 주의하자.

위의 중국어의 경우에서 "그네/밀치"는 다의어가 된다. 즉 송대 장유(張有)의 "복고편"이 인용된다. 즉 "漢武帝 後庭繩戲 本云千秋祝壽詞也 語譌轉爲秋千 後人譌爲鞦韆"(復古篇)과 같이, 축수사로서 "千秋＞秋千＞鞦韆"과 같은 형성 및 대치인데, 아마 타부 기원으로 보인다.

그리하여 원초적으로 중국어에서 "鞦韆"이 "밀치, 그네"를 함께 뜻하는 "다의어"(polyseme)가 된 셈이다. 더욱 중국의 "그네"(繩戲)가 원래 융적(戎狄)의 놀이었는데, 제(濟)의 환공(桓公)이 북벌한 이후 도입된 것이라 한다. 그리하여 우리 나라의 경우, 고려 현종 10년(1019) 송나라에 사신으로 간 곽원(郭元 ?~1029)의 소언인 "高麗端午有鞦韆之戲"(宋史)가 첫 기록(민족문화사, 1991)[46]이라 한다.

이와 같은 역사적 배경을 가진 "그네"는 "글(후몽자회), 근듸(춘향전), 그네(표준말)"를 비롯하여, 다양한 변이형(후술)을 보이지만, 특히 함북 방언에서 다의어 "굴레"(굴레/그네)에 주목하게 된다.

끝으로 (4) "족형어"의 어례를 보자. 즉 동북아에 있어서, 최근 "족형어"(장흥권, 1999: 477~483)[47]가 크게 유행하고 있다. 즉 현대 사회에 있어서 다양하게 발달하고 있는 가치관에 따라서, 이합집산을 거듭하는 사람들의 "유행성 모방 집단"을 지칭하는 것이다. 이것은 일본에서 1947년에 소설 "斜陽"(太宰治)[48]이 발표되고, 여기 "斜陽族"이 "전후 몰락한 상류층"을 뜻하게 된다. 그 후 55년에 소설 "太陽の季節"(石原愼太郞)[49]의 수상(芥川賞)에 따라서, "太陽族"이 "여름 해변에서 무궤도하게 행동하는 남녀"를 지칭하게 된다. 그리하여 "새로운 타입의 사람들"의 뜻(石綿敏雄, 2001: 146)[50]으로 "beat族, crystal族, rimbow族" 등이 유행하였다. 그리고 90년대에 들면서 중국(장흥권, 1999: 478~481)[47]에서도 "追星族, 崇洋族, 汚染族, … 이혼족, 유한족, 카드족" 등이 유행하였다. 한국에서도 "uomo족, dandy족, 나홀로족" 등의 유행어(동아일보, 1997. 9. 1.)를 비롯하여, 학생 속어(장태진, 1998)[51]에 "메뚜기족, 사마귀족, 두꺼비족, 도마뱀족"까지 쓰이게 한다. 한편으로 "斜陽"도 "斜陽産業"처럼 같은 형식으로 "생산성"을 발휘하다가 다른 형식을 취하게 된다. 즉 일본에서 "日光族"(방갈로족)이 56년 유행(奧山益郞, 1974: 83)[52]인데, 한국에서는 "黃昏"으로 유추되어 60년대 초 학생 속어(장태진, 1963: 112)[53]에 "황혼 연설"(노인의 잔소리)이 쓰인다. 그리하여 "황혼 언덕, 황혼의 부르스 … 황혼의 엘레지"가 이어지게 된다. 최근까지 "황혼 이혼"이 쓰이고 있다. 그리하여 동복아에서 "사양 → 태양 → 월광 → 황혼" 등이 "사람에 관한 시대, 세대, 연령"등을 뜻하면서 끝없이 번져 가고 있는 것이다.

2. 중국어 공동체와 한·중 언어 접촉

오늘날 국내의 "중국어 공동체는 중국 국적 소유자로서 중국과 대만 및 불법 체류자를 합하면, 약 35만 명(34만 6,657명, 2001. 10. 31. 현재, 조선일보 2001. 12. 11.)에 이른다. 그럼에도 불법 체류자로서 조선족 동포 약 23만 명(조선일보, 2002. 3. 27. 추계)을 별도로 고려해야 한다. 물론 이들은 임시 거류자들이다. 우리들이 "한족"으로 지칭하는 "중국어 화자"는 역시 중요한 "2중언어 집단"(bilingual group)이 될 것이다. 그러므로, 일찌기 고승제(1973: 331~375)[54]는 화교 이민에 대하여 한 장을 바치고 있다. 여기 중국의 대한 이민은 1882년 "임오군란" 직후, 체결한 "조중상민수륙무역장정"(朝中商民水陸貿易章程)에서 시작된다는 것이다. 즉 당시 일본 군함을 견제하기 위하여 파견된 군함 3척에 탄 군인 3,000여명과 상선 2척에 탄 상인 40여 명이 한국 화교의 시초라 한다. 이 때 군인과 화교를 지휘한 제독(吳長慶)의 사당이 서울 화교학교에 세워져 있다. 그리하여 이들 화교의 특징(박은경, 1982: 191~192)[55]은 관의 후원으로, "산동, 하북, 산서성" 등 화북 출신이다. 그리고 남자 중심으로 정기적 귀향으로 종족성을 유지하며, 상업·노동을 중심으로 하는 경제 집단이라 한다. 여기 최초의 "화교 거주지"(淸館)는 1884년에 체결된 "인천화상지계장정"(仁川華商地界章程)에 의하여 설정된 인천 차이나타운(동아일보, 1992. 8. 26.)으로, "자유공원" 아래 5,000여 평의 구릉지에 있다. 이곳은 1893년에 화교 수가 1만 여명에 달해, 당시 인천 인구 5만 6천 여명의 16%를 차지하였으며, 50년대에는 1천여 가구였던 것이 1992년에는 150여 가구로 줄었다고 한다.

화교 인구의 추세는 일제기 "만주사변, 중일전쟁"의 발발로서 약간의 기복은 있었지만, 일제 말기에는 8만 명(82,661명, 1942.)을 돌파할 정도로 크게 증가하고 있었다. 그리하여 곳곳에 화교촌이 형성되지만, "서울 중구 북창동"과 "인천 중구 선린동" 등이 대표적이다. 여기 재래 화교들의 직종(박은경, 1981: 107~116)[56]은 "화교 상인(화상), 노동자(꿀리, cooli → 苦力), 화농(華農)"인데, 그 다양화 추세(광주일보, 1983. 6. 7.)는 "요식업, 잡화상, 한약방, 병원, 농업, 포목상, 양장점, 여관, 목욕탕, 철공장, 간장 공장, 당면 공장" 등으로 발전한 바 있었다. 그러나 일시 많이 위축되어 대만을 상대로 하는 보따리 상업(박은경, 1982: 210~215)[57]이 성행하였다는 것이다. 더욱 화교 1세의 경우에는 대만에 들어가도, 1927년에 제정한 만다린(官話)을 잘 모르기 때문에 언어 소통의 어려움(광주일보, 1983. 6. 7.)이 따른다는 것이다. 실제로 1950년대 이래 국내 화교들이 생각하는 고국(문화일보, 2001. 6. 23)은 "대만"이었지만, 중국의 개방 정책과 "한·중 국교 정상화"(1992)에 따라서 화교들은 격변기를 겪었다.

최근 들어 한국에 진출한 중국 기업이 1,200개를 넘었고, 한국을 제2의 고국으로 생각하는 이른바 신 화교(조선일보, 2003. 2. 6)는 갈수록 늘어나며, 중국, 미국, 영국 등에서 글로벌 교육을 받고 한국의 첨단 분야에 대거 진출한 엘리트들은 기존의 노 화교 21,000명의 배가 넘은 5만명을 능가한다는 것이다. 즉, 노 화교가 한국 땅에 대대손손 정착한 화교인데 반하여, 신 화교는 국제화 개방화 시대에 한국에 새롭게 진출한 화교를 총칭한다는 것이다.

한국 거류 화교들의 언어(엄익사, 2002: 189)[58]는 중국의 산동성 동구 방언에 근거를 두는 것이라 한다. 특히 이들 화교 언어와 한국말의 접촉을 "한국 중국 음식명"(엄익사, 2002: 169~190)[59]을 대상으로 언급한 논문을 보인다. 그리하여 먼저 (1) 영어 이름이 있다. 삭스핀, 샥스핀(shark's fin, 위츠·魚翅)을 드는데, 미군들의 유통으로 추정된다. 다음 (2) 일본 이름이 있다. 우동(うどん) 짬뽕(ちゃんぽん)을 드는데, 전자는 일본 우동을 모방하여 중국식으로 만들었고, 후자는 원어가 중국어 chānho(攙和)라는 것이다. 한편 (3) 한국말(한자음) 이름이 있다. 볶음밥, 잡탕밥, 팔보채(八寶菜) 등을 든다. 끝으로 (4) 중국어와 한국어(한자음)의 혼종어가 있다. 깐소(乾燒)새우, 기스(鷄絲)면 등을 든다.

(1) 한·중 언어접촉

먼저 사서에 기록된 중국과의 접촉은 "기자 동래설"(箕子東來說, BC1122년) 또는 한사군(漢四郡)의 설치(BC109~AD313) 등, 4세기 이전으로 지적된다. 그리하여 삼국 시대에 이르면, 크게 중국 문화의 영향을 받게 된다.

여기 "신라, 고구려, 백제" 등은 다투어 중국에 유학생을 파견하여, 중국 문화의 수입에 힘쓰게 되는 것이다. 즉 당 태종 때(639년, 정관13년)의 기록(貞觀十三年 增築學舍至千二百區 四夷若高麗百濟新羅 相継遣子弟入學 遂至八千餘人, 新唐書)에는 대성황을 전하고 있다. 따라서 당시의 "한·중 언어접촉"의 한 단면을 보인 것이다. 여기 한국말이 중국어와의 언어 접촉에서 한자 수입이라는 전 단계의 문자화를 경험하게 된다. 그리하여 조숙된 방대한 중국 문화의 수입에 중요한 동기를 형성한 것이라 하겠다. 나아가 이들 한국말과 중국어 사이의 "언어 접촉"은 특히 "한국말 변화"의 측면에 관심을 두지만, 더욱 "한자 전래"라는 "차용 문자화"의 주체(김형규, 1976: 41)[60]가 "상류 지배계급"이나 "한학 지식층"에 의하여 형성되기 때문에, 한자어 사용도 이들을 중심으로 시작되어 언어 성층화(language stratification)는 자명한 것이다. 더욱 식민지 한사군을 포함하여 "고구려, 백제, 신라" 등에 있어서 한자 차용의 시대차를 중국어와의 관계(유창균, 1980[61], 1983[62])에서 고찰하여, 한국 한자음의 토착화라는 특징이 거론되고 있다. 그리하여 정착된 "한자음 체계"를 바탕으로 하는 "고유 명사의 표기체"를 비롯한 "서기체, 향찰, 이두, 구결" 등이 "한글 창제"가 이룩될 때까지 다양하게 적용한 표기 체제의 발달을 보게 된다. 따라서 이들은 "왕호, 지명"의 한자어화 등에 보는 "특수화된 한자어층"과 "향가"에서 보는 "대중화된 고유어 중심층"이라는 이중 체제를 지탱하고 있는 것이다.

가장 이른 시기의 중국어 차용으로, 흔히 "붓/필 筆, 먹/묵 墨"을 들게 된다. 따라서 여기 "현대 고유어"로 굳어진 "붓, 먹"과 "현대 한자음"으로 쓰이는 "필, 묵"을 식별하지만, 이들은 "고대 한자음, 현행 한자음"의 중층 현상을 보이는 것이다. 그리하여 여기 "중국어가 한국어에 미친 영향"(박은용, 1970)[63]이 크다는 인식은 널리 수용되어 있다. 특히 "어두음 r-"을 기피하는 계통론적 특징이 한자어와 고유어에 긍정적, 부정적 특징으로 공존함을 식별하게 된다. 어례를 다음과 같이 분류하여 보인다.

(한자어, 긍정적)	(한자어, 부정적)	(고유어, 부정적)
노　(艫)	리어(鯉魚)	랄　(날)
녹　(綠)	롱담(弄談)	로래(노래)
양식(糧食)	량식(粮)	러울(넝우리)

여기 고유어에서 "n- ＞ r-"의 어례는 "렴통(념통), 락시(낚), 롤라다(놀라다), 르리오다(느리오다)…" 등이 추가되지만, 거의 "1회성 출전"에 불과하다. 더욱 "러울"은 훈민정음 해례의 출전으로 주목되었다. 이것은 후술의 한자어 "롱담, 弄談"이 15세기 불경에서 빈번한 정음 표기(1회 한자표기 포함)로 쓰였다는 것과 대조할 것이다. 그럼에도 한국말의 계통론적 특징인 개음절 구조를 정태적으로 고정시켜 놓고서, 한국말의" 입성 음절 구조의 영향설"을 전개하기는 시기 상조라 하겠다.

어휘론의 차원에서 "한국말과 중국어의 언어 접촉"(이기문, 1991: 234~240)[64]은 한국말이 차용선으로 등장한다는 "모시, 毛施"의 어례가 여러 모로 시사적이다. 그리고 제3의 언어로서 몽고어의 어례가 예증됨은 한국말 접촉론의 한 디딤돌이 되겠다. 더욱 "15세기 언해 문헌에 나타난 중국어계 차용어"(남풍현, 1968: 39~86)[65]는 제한된 텍스트에서 풍부한 어례를 보인다. 특히 한자어에서 "어두음 r-"의 쓰임(롱담: 弄談)이 "비1회성 출전"을 보인 것과 한자 표기(僧: 승려)에 대한 정음 표기(슝: 여승)가 "사회언어학적 변이"(sociolinguistic variation)로 등장한다. 이것은 이조 여성과 한글 보존(강윤호, 1958: 258~291)[66]이라는 큰 흐름에 관련되는 것이라 하겠다. 특히 "롱담"이 15세기 불경 언해에서 빈번히 "정음 표기"로 보이지만, 이것은 "언어와 이미지"(田中春美 등, 1996)[67]라는 "사회·문화적 의미"(sociocultural meaning)에 관한 것이다. 즉 "불도 수행에 있어서, 농담은 부정적 의미를 가진다"는 것에 유의하자. 그리고 현대어에서 중국어 "lao mien(老麵, 拉麵)"은 일본어(奧山益郞, 1974: 264)[68]에서 "lāmen"으로 1956년에 차용하여 "chikin lāmen"(닛신식품)으로 상품화되었고, 한국에서는 1963년에 차용하여 "삼양 라면"(삼양식품)으로 상품화(동아일보, 1998. 12. 4.)를 시작하면서 널리 쓰이게 되었다. 그럼에도 처음에는 "국어사전"(이희승, 1961)[69]에 "라멘"

(老麵)으로 올림말이 되어 있다.

(2) 차용어와 한자어화

　　차용어에서 중국어의 매개적 기능도 어형 선택에 차이를 보인다. 예를 들면 중앙 아시아 제 언어에서 중국어에 들어온 "chigen cai"(赤根菜)가 한국말에 "시근치/ 시근취→시금치"로 정착하지만, 일본어(石綿敏雄, 2001: 256)[70]의 경우는 "boleng cao"(菠薐草)가 "horenso"로 정착되었다. 여기 최세진의 제안(최세진, 1527: 上8)[71]은 "薐俗呼菠薐菜 又呼赤根菜 又呼菠菜"라 하고 있어, 속어계가 일본어에 차용되었다.

　　한편 여기 "거룻배→艍舠船"의 예를 보기로 하자. 이것은 "고유어의 한자어화"로서 전술(북한의 조선어 공동체)의 "林檎→능금"에서 보는 "한자어의 고유어화"와는 상반된다.

　　여기 "거룻배"에 관한 언급은 먼저 (1) "거도선"(今村鞆, 1930, 107)[72]이 임진왜란 이후의 "병선 배치"에 관련하여, 처음 거론된다. 다음 (2) "거도선"을 병선(이희승, 1991)[73]으로서, "거룻배"와는 별개로 보는 주석이 있고, 끝으로 (3) "거도선"을 "거룻배"와 동일(한글학회, 1992[74], 사회과학원, 1992[75])로 보는 주석이 있다. 그리하여 "거도선"이 사전 올림말로 취급된 것은 90년대 이후가 된다. 이들 "거도선"은 "居刀船, 艍刀船, 艍舠船"과 같이, 점차 지정 문자의 변동(居→艍, 刀→舠)을 보이고 있다. 이들은 처음 "강희자전"(1716)에 "舠, 小船形如刀"가 있을 뿐이다. 그런데 "신자전"(1915)에 "적은 배, 얕은 배"가 거의 "거루"로 주석되는데, 다음과 같은 "올림자"를 보인다.

舠 (거루, 小船)　　艑 (거루, 淺船)　　　艓 (낙거루, 小舟)
艇 (거루, 小船)　　艖 (거루, 小舸)

여기 올림자에 "거(艍)"가 없다는 것을 주의하자. 따라서 "거룻배"는 한자어가 아닌 "고유어"임이 분명한 것이다. 이와 같이 최남선의 경우는 그의 편서 "신자전"에서 보이는 것처럼, "거룻배"의 어의를 보다 광의로 보고 있다. 그러므로 "소선(작은배)", "천선(얕은배)"을 모두 "거루배"로 주석하는 것이다. 한편으로 "홍자옥편"(1964)을 보자. "거루, 거루배, 작은배" 등의 주석과 신증자를 보인다.

거루　　　(舠)
거루배　　(艀, 艍)
작은배 등 (艇, 艑, 艓, 艖)

이와 같이, "거루"의 범위가 좁아지고 신증자에 "거루배"가 주석된다. 그리하여 "舠"와 달리 "艍"는 최근에 올림자가 된 것을 알게 된다. 따라서 전자가 중국계의 "기존자"이며, 후자는 "거룻배"를 뜻하는 한국계의 "신증자"이다. 더욱 여기 주의하는 것은 "거루"가 "거룻배"의 "약어"이기 보다는 벌써 "거루"가 그 스스로 "거룻배"를 뜻하고 있다.

이것은 "서울"을 중심으로 하는 경기도와 황해도의 방언 자료(小倉進平, 1944 상: 264)[76]에서 보인다. 그리고 제주 방언(현평호, 1962: 363)[77]에는 "i ∽u"의 모음 대응에 의한 "*거리"가 쓰이고 있기 때문이다. 다음 자료를 들어 두자.

거루　　　서울　　　　　　　　　*거리, 걸리 : 제주(전역)
〃　　　경기(장단, 연천)　　　　〃　　걸귀 :　〃 (서흥)
〃　　　황해(금천, 연안, 옹진, 태탄)

이들 "거룻배"의 어원설에 이탁의 제안(이탁, 1967: 67)[78]이 있어, 중세 국어 ":걸 渫 개천"의 연음인 "거루"와 "배"와의 합성으로서, "작은 내의 배"라 하였다. 그러나 우리들은 "거도선, 거룻배"를 동계어로 보고, 그 어원을 중세 국어 "거두다"의 변이형 "거도다/ 거두다"로써 기술하게 된다. 어례를 보자.

(거도 불다) 旌旛을 거도 부놋다 (杜諺 23-1)
(거두 불다) 朔風이 거두 불어   (松江 1-21)

이와 같이, "거룻배"의 어원은 "거두는 배"가 될 것인 바, 다음과 같은 이들 발달표를 보인다.

거도다 → 거도배(舡舠船)
    ↓   ↓
거두다 → 거두배 → 거루배 → 거룻배

여기 "거두배 → 거루배"의 발달을 촉진시킨 동기는 "나룻배 / 거룻배"와 같은 유추가 함께 작용한 것으로 보인다. 여기 "거룻배: 거도선"이 "임진왜란"(1592~1597) 이후, 우리 나라 "함선 배치"에 등장하는데, 여기에 대한 일인 학자의 견해(今村鞆, 1930: 107)[79]가 있다. 즉 "거두선이란 대선에 부속된 전마선(傳馬船)인데, 원래 한국의 대선에는 없었으나, 일본의 전마선을 보고 만들어진 것이다"고 하였다. 그리하여 이들 "거룻배"의 쓰임은 널리 확산된 것으로 보지만, 일본어 "ten-ma"(傳馬)가 한때 외래어로서 남해·서해의 방언(小倉進平, 1944: 265)[80]에 분포된다는 것이다. 다음 자료를 보인다.

덴마 : 남해지역(하동, 여수)
  〃 : 서해지역(옹진, 강경)
덴매 :   〃   (은율)

3. 일본어 공동체와 한·일 언어접촉

오늘날 국내 거류 일본인 총수는 약 3만명(조선일보, 2001. 12. 21.)이며,

서울 시내에는 약 8천 명(7,793명, 2001. 12. 31. 현재)이 거류하고 있다. 특히 용산구 이촌동 일대에는 약 2천 명(1,867명, 서울특별시, 2001: 644)[81]이 집거한다. 그리고 한국인과 결혼한 일본인 여성 모임으로 부용회(芙容會)가 있어, 회원 수는 약 1,200명(광주일보, 1983. 6. 9)으로 추정한다.

(1) 한·일 언어접촉

일찍이 "삼국사기"에 신라 시대의 "왜전"(倭典)이라는 기구가 있어, 주로 일본에서 온 빈객을 접대하는 곳(小倉進平, 1940: 366)[82]으로 추정하고 있다. 그리하여 진평왕 43년에는 영객전(領客典)으로 바꾸고 경덕왕이 또 다시 사빈부(司賓府)로 바꾸었다는 것이다. 여기 한·일 언어 접촉은 긍정적 또는 부정적 측면의 교차가 심한 것이다. 즉 통신사(1443~), 수신사(1876~)의 내왕과 같은 "평화적 접촉"이 있는가 하면, 빈번한 왜구와 왜란(임진왜란, 1592~1598) 또는 식민지 경영(1910~1945)과 같은 "침략적 접촉"을 거듭한 바 있었다. 근자 한·일 국교정상화(기본관계조약 1965. 12. 18.)가 있었다.

근래 일본은 한국 침략을 위한 준비로서 "한국어 교육"(小倉進平, 1940: 383~384)[82]을 시작하게 된다. 즉 1872년 쓰시마 이즈하라(對馬 嚴原)에 어학소(語學所)를 세웠는데, 이것은 이듬 해(1873) 부산으로 옮기게 된다. 그 후 1877년에 이것을 "조선어학교"로 개칭하다가, 1880년 도쿄의 외국어 학교에 조선어과가 설치됨에 따라, 자연 폐지된다. 그리고 부산에는 1879년에 사립 한어학사(韓語學舍)가 세워져 수년 간 존속하였으며, 일본 영사가 그들 거류민 자녀를 위해 희제학교(喜齊學校)를 세워, 한어과를 병치한 바 있었다.

일제의 과거 한국에 대한 식민지 이민 정책(김영모, 1982: 229~232)[83]은 소위 "내선화 정책"(內鮮化 政策)이다. 다시 말하면, 한국인은 만주 지방으로 보내고 그 대신 일본인으로서 한국 땅을 채우려 하였다. 일본인이 우리 나라에 거주하게 된 것은 1876년 병자수호조약(丙子修好條約)의 체결과 함께 시작되었다. 그 후에 청일, 러일 전쟁을 계기로 급속히 증가되었고, 그들은 1905년 을사보호조약(乙巳保護條約)과 1910년의 한일합병(韓日合倂)으로 해가 갈수록 대량으로 이주하여 왔다는 것이다. 여기 "일본인 대한 이민의 통계"(김영모, 1982: 230)[83]를 빌려 보기로 하자.

(1876년)	54명 (병자수호조약)	(1910년) 171,543명	(한일합병)
(1894년)	9,354명 (청일전쟁)	(1919년) 346,619명	(3 · 1운동)
(1904년)	31,093명 (노일전쟁)	(1925년) 443,402명	
(1905년)	42,460명 (을사보호조약)	(1940년) 707,337명	(2차세계대전)

일본인들의 대한 이민은 농촌의 경우, 동양척식주식회사(東洋拓殖株式會社)를 내세워, 1910년이래 1928년까지 17회에 걸쳐 약 4,000호 2만 명을 농토가 비옥한 남한 지역에 이주시켰다. 그 대신 한국인은 만주 특히 간도(間島)로 이주하게 된다. 이들 간도 이민의 수는 급증하여 사실상 한국인의 간도처럼 보였으나, 사실인 즉 대개는 중국인 지주의 소작인 또는 노무자로 전락하고 있었다. 그리고 도시의 경우, 이주 일본인은 상공업 중심 또는 관공리가 중심이지만, 초기에는 불량배 같은 저질인이 많아서 그들이 "문화 이식"과 함께 한국의 전통적인 미풍양속(美風良俗)을 해친 것이라 한다. 더욱 일본 자본 주의의 상륙과 함께 토착적 민족 공업을 몰락시키고 철저한 경제 수탈을 감행하면서, 대륙 침략의 병참 기지화에 진력한 것이다.

이와 같은 과정을 겪으면서, 일본어는 한반도에 있어서 "식민지 지배 언어"라는 언어 지위를 획득하게 된다. 그리하여 일제의 "8대 36년"의 "총독 정치"(김민수, 1973: 503~511)[84]가 시작되는 것이다. 먼저 (1) 무단 정치(1910~1919)는 데라우찌(寺內) 총독부터 자행되자만, 급격히 강요된 일본어가 그들 하수인들에게 통할 수 없었다. 흔히 "속설"에 "알아야 면장을 하지, 왔다리 갔다리가 숮쪼나"(…오거나 가거나가 출장이냐)가 있다. 뒷 구절을 분석하면 "한국어 어휘 요소와 일본어 문법 요소, 일본어 어휘 요소와 한국어 문법 요소"로 구성된 혼종어(hybrid)로서, 한국 내의 "한 · 일어 피진"

이 존재하였음을 암시한다. 이들 일본어 혼종을 다음과 같이 예시하여 두자.

(체언 혼종)	조시 좋다	(調子 좋다)
(피수식어 혼종)	고리대 가시	(高利貸 貸し)
(어간 혼종)	호리꾼	(掘り꾼)

다음 (2) 문화 정치(1919~1937)는 사이또(齋藤) 총독부터 전환되지만, 그들은 "3·1운동"을 계기로, 민심 수습에 힘썼다. 그리하여 총독부 관리를 중심으로 한국어의 학습을 장려하게 된다. 따라서 제한적이나마 한국어의 "언어 지위"를 격상시킨 것이다. 이것은 "한국말 공동체"와 "일본어 공동체" 사이의 심각한 갈등을 해소하려는 책략이었다. 끝으로 (3) 한국말 말살 정치(1937~1945)는 미나미(南) 총독부터 자행되지만, 그들은 중일전쟁(1937~1945)과 태평양전쟁(1941~1945) 등으로 "한국말 공동체"는 최악의 수난을 당한다. 한국말의 사용은 관공서와 학교, 사회와 거리의 모든 "공식적 상황"에서 금지된다. "조선어학회 사건"(1942)과 같은 "언어 탄압"과 함께 일본어 보급(보급률 서울 45.1%, 강원도 14.6%)에 박차를 가하게 된다.

광복(1945) 이후, 약 20년 간의 "한일 국교"의 공백기와 "우리말 도로찾기 운동"의 전개는 일본어 간섭이 배제되는 시기다. 그럼에도 위와 같은 역사적 배경과 국내에 상존하던 "일본어 세대" 등으로, 한일 언어 접촉은 음성적 지속(송민, 1979: 31)[85]이 계속된 것이라 한다. 따라서 여기 착잡한 "한·일 언어접촉"의 모습과 심각하였던 "일본어 언어 간섭"의 잔재가 있다.

한국말이나 일본어에서 찾아보게 되는 "한·일 언어접촉"의 자료는 두 언어의 어휘층에 겹겹이 쌓여 있다. 그리하여 이들의 일반적인 "언어 의식"에서 전혀 상대방 언어가 차용되었다고 생각하지 않은 어휘가 있다. 즉 한국말이 된 일본어와 일본어가 된 한국말이 있다. 어례를 보자.

(한국말이 된 일본어)	(일본어가 된 한국말)
구 두	miso (味噌, 된장)

냄 비   tera (寺, 절)
고구마   choku(猪口, 작은 사기잔)

이들 어휘의 선정 기준은 한국말(한글학회, 1992)[86]과 일본어(安田吉實·손락범, 1987)[87]의 일반 사전의 주석(외래어 어원) 또는 올림말 표기(일본어의 katakana 표기)가 생략된 것이다. 그러나 어원 사전(김민수, 1997)[88] 또는 외래어 사전(荒川惣兵衛, 1968)[89]의 경우는 그렇지 않다.

그 주석을 보자.

구 두 < 일 靴 [kutu]   miso < 朝, miso 密沮
냄 비 < 일 鍋 [nabe]   tera < 朝, *덜
고구마 < 일 孝行薯 [kokoimo]   choko < 朝, *조곰

여기 다른 일본어의 외래어 사전(楳垣實, 1966)[90] 또는 외래어 연구(楳垣實, 1975: 67~68)[91]에서 오자(密祖) 오주(chor剎) 연구 부족(choko<鍾의 입성) 등이 있으나, 한국말 차용설은 거의 일관된 것이다. 여기 한국 학자의 제안(유창돈, 1961: 332)[92]을 추가한다. 아울러 "구두"의 차용에 대하여 규슈 방언 "kut"(신)의 제안(장흥권, 2000: 341)[93]은 탁견이라 하겠다. 여기 규슈는 통신사의 내왕 통로 등으로, 한일 간의 언어 접촉에서 중요시되어야 한다. 한편 다음 어례는 일본어에서 외래어(安田吉實 등, 1973)[94]로 처리되어 있다.

온 돌 → ondoru (溫突)   저고리 → chogori
기 생 → kisan   (妓生)   바 지 → patchi
김 치 → kimuchi (沈菜)   총 각 → chonga (總角)
한 글 → hanguru   언 문 → ommun

여기 "언문"은 외래어 이외에 그들 한자어 "諺文, ommon"도 함께 수록하고 있다. 그러나 "patchi"의 경우는, 18세기(에도시대) 그들 문헌의 쓰임(楳垣實. 1975: 68)[91]이 있어, 차용 시기가 오래된 것이라 한다.

한편, "일제기"에 있어서 서구어계 외래어는 일본어를 거친 "간접 차

"shovel"을 들어보자. 먼저 (1) 화란어 schop계 일본어 sukoppu가 한국말
용"인 것이다. 여기 예로서 "농기구 명칭"에 관한 화란어 "schop"와 영어
방언(小倉進平, 1944: 173)[95]에서 "수곰포, 수굼포"의 어형으로 차용되었다.
다음 자료를 보자.

> 수곰포 : 경북(김천)
> 　　　　경남(마산, 거제, 통영, 전주, 남해, 함양)
> 수굼포 : 경북(영천, 포항, 영득, 대구, 의성, 예천, 안동, 청송, 울진,
> 　　　　평해)
> 　　　　경남(울산, 양산, 동래, 부산, 진주, 남해, 통영, 거제, 마산,
> 　　　　거창, 합천, 창녕, 밀양)

　이들 "지역적 분포"는 특히 "경상 방언"의 어역과 거의 일치함을 주묵
하게 된다. 다음 (2) 영어 "shovel"계 일본어 "shaberu"가 널리 쓰이게 된
다. 그러나 일본어의 경우(眞田信治, 2000: 141~142)[96]가 "신제품의 대소 양
형"에 중첩된 신구 외래어의 두 어사가 각기 배분되어 쓰인다는 것이다.
그러나 배분된 명칭이 관동 방언(신구/ 소대), 관서 방언(신구/ 대소) 등, 방
언에 따라 상반되어 쓰인다는 것이다. 이와 같은 상황 속에서, 한국말의
다른 방언들은 몇 가지 "고유어 명칭"을 쓰게 된다. 먼저 (1) 재래의 유사
농기구인 삽(錻)의 명칭을 쓰게 된다. 여기 충독부 사전(조선총독부, 1928:
456)[97]에 "삽…형이 샤베루와 유사함"으로 추정하여, "소형인 삽"(이훈종,
1968: 53)[98]에 일치시킨 것이다. 이것은 중세 국어 "·삶"에 해당하며, 신자
전에는 "가래"와 혼돈한다. 자료를 들자.

> ·삶　　鍪, 錻　　(訓蒙字會 中 17)
> 가래　　錻, 鍪　　(신자전 4-27)

　이들 "농기구"의 발달이 "종류를 횡단하는 대소형의 혼돈"으로 나타
나는 예를 "호미·큰호미·괭이"를 뜻하는 "한자 석"(정달용, 1964: 536~
545)[99]에서 보자.

호미　　　鋤, 鉏, 鈲…
큰 호미　　钁
괭이　　　　〃

방언 자료(小倉進平, 1944: 173[100] 김영배, 1997: 13[101])를 보자.

　　삽 : 평북(박천, 영변, 회천, 태천, 초산)
　　　　평남(평양, 대동, 진남포, 강서, 강동, 성천, 영원, 덕천, 평원, 안주)
　　　　함남(신고산, 안변, 덕원, 문천, 고원, 영흥, 함흥, 오로)
　　　　강원(양양, 강릉, 삼척)
　　　　충북(청주, 보은, 영동, 충주, 단양)
　　　　충남(공주, 강경, 서천, 홍선, 천안)
　　　　경북(울진, 평해)

　　다음 (2) 재래의 유사 농기구인 "가래"의 명칭을 쓰게 된다. 이것은 "대형인 가래"에 일치시킨 것이다. 이것은 중세 국어 "가래"가 있어 "목제, 철제"가 있음을 시사한다, 자료를 들자.

　　　　가래　枚　俗呼木枚鐵枚　(訓蒙字會 中17)
　　　　가래　枚　　　　　　　(신자전 2-28)

방언 자료(小倉進平, 1944: 173)[100]를 보자.

　　　　가래 : 함남(정평, 함흥, 오토, 신흥)
　　　　　　　경북(영천)
　　　　　　　경남(울산)

　　이들 지역 분포에서 "삽, 가래"의 차이가 있어, 소형인 "삽"에 많은 적합성을 인정하고 있다. 한편 (3) 재래의 어사에 파생 또는 합성으로 쓰게 된다. 자료(小倉進平, 1944: 173)를 보자.

　　　　삽　장 : 함남(신고산)
　　　　삽가래 : 함남(덕원, 문천, 영흥)

삿가래 : 함남(신고산, 안변)
　　　　경북(의성, 예천, 안동, 청송)

끝으로 (4) 기타 어례(김영배, 1997: 12~3[102], 小倉進平, 1944: 173[103])를 든다.

산　지 : 평북(태천, 구성, 선천, 용천, 천산, 신의주, 의주, 삭주, 창성,
　　　　　　벽동, 위원, 자성, 후창, 동림, 곽산, 파현, 염주)
광창이 : 함북(나남, 청진, 부령, 무산, 회령, 종성, 경원, 경흥)
　　　　　함남(홍원, 북청, 풍산)
광차이 : 함북(성진, 길주, 명천, 경성)
　　　　　함남(단천)
광차우 : 함남(신흥, 이원, 갑산, 혜산)
광치위 : 함북(부거)
강차위 : 평북(후창)

　　이와 같이 외부 사회에서 새로운 문화 요소가 주어질 때, 사물과 함께 들어온 "외래어"가 수용되거나 거부함에 있어서, 몇 가지 언어적 특징을 보이는 것이라 하겠다.

　　한편 제주도 방언의 일본어 차용(김완진, 1957: 112~131)[104]에 관한 보고가 있다. 이들 자료는 광복 10년 남짓한 1956년의 조사인데, 어휘 목록이 무려 243낱말에 이르고 있다. 그리하여 같은 제주도의 "최소 공동체"인 창천리(남제주군 안덕면)의 자료(제주대, 1972: 98~117)[105]인 384 낱말의 63.3%에 해당하고 있다. 따라서 지역 방언의 차용어이기 보다는 변방 방언에 있어서, 정체된 2중 언어제(bilingualism)의 해체 과정이 아닌가 한다. 여기 대조 언어학적 측면에서 거론된 몇 가지 제안을 보인다. 즉 음운면에서 다음의 예를 들어 둔다.

d->n-　deŋwa(電話)>neŋwa
r->n-　rampu(ranpu)>nampo
k->h-　kaba>haba
s->s-　saboŋ>sabõ(사분)
-ts->-s-　natsumikaŋ>nasimikaŋ

-a>-ɯ rɯšio(ㄹ지오)
-o>-u kago>kaŋu
click ɯja (ㅇ야!)

아울러 어형과 의미에서 다음 예를 든다.

(혼희) jokočhigi (jokotori＋새치기)
(의미) 옷(한복)/huku(원피스)

(2) 일본어의 간섭

한국말이 외국어와 언어 접촉을 시작하면서, 현저하게 간섭(interfer-ence)을 받은 외국어들이 있다. 물론 어휘 체계에는 중국어계 한자의 특수한 간섭을 받았지만, 문법 구조에는 영어와 일본어의 간섭(송민, 1979: 29)[106]이 중요하다는 것이다. 더욱이 금세기 전반기에 있어서 한국보다 앞서 서구화를 이룩한 일본이 한국을 강점함에 따라서, 일본어의 한국말에 대한 간섭은 거의 전면적이라 하겠다. 그리하여 이들을 형태 층위의 간섭과 통사 층위의 간섭으로 대별하고 있지만, 특히 언어 접촉에는 형태 층위가 가장 용이하며, 더욱 어휘 체계는 개방되어 있는 것이다. 따라서 전자의 경우가 기술의 중심이 되고 있다. 다음 상론을 보인다.

첫째, 형태 층위의 간섭이 있다. 이들은 먼저 (1) 모사(replica)에 의한 직접 차용이 있다. 즉 고유 일본어로서 "오뎅, 고데, 모찌" 등을 비롯하여, 일본어를 거친 외래어로서 "라면(중국어), 빵(포르투갈어), 메리야스(스페인어), 고무(화란어), 와이셔츠(영어), 쓰봉(프랑스어), 카제(독일어)" 등이 있다. 그리고 이 과정에서 발생한 단축어(아파트, 테러, 파마)와 혼종어(야끼 만두, 가오 마담, 식 빵, 전기 다마) 등이 있다. 여기 주의하는 것은 고유 일본어계에 대한 대치(모찌→찹쌀 떡)를 비롯하여 비영어계에 대한 대치(뻥끼→페인트) 등을 보게 된다. 다음 (2) 한자를 통한 간접 차용이 있다. 즉 일본어계 한자어와 전통적 한자어를 식별하지만, 개화기 이래 방대한 일본어계 한자어를 수용하게 된다. 그리하여 가장 전형적 패턴이 일본어계 한자음의 “글말화”와 고유어계 한자어의 “입말화”인데, 이것은 일제의 식민지 정책의 결과이다. 그리고 일부의 전통 한자어는 반촌어에서 위신 형식(prestige form)으로 잔존하는데, 이것은 고로들에 의한 비정규적 교육(서당 교육)으로 전승되었다. 다음 어례를 보인다.

<table>
<tr><td colspan="2">(글말 / 입말)</td><td>(반촌어)</td></tr>
<tr><td>병사(兵士)</td><td>병정(兵丁)</td><td>생산(生産, 출산)</td></tr>
<tr><td>목공(木工)</td><td>목수(木手)</td><td>산소(山所, 묘소)</td></tr>
<tr><td>이익(利益)</td><td>이문(利文)</td><td>내외(內外, 부부)</td></tr>
<tr><td>원금(元金)</td><td>본전(本錢)</td><td>통기(通寄, 통지)</td></tr>
<tr><td>가족(家族)</td><td>식구(食口)</td><td>여수(與受, 수수)</td></tr>
</table>

여기 주의할 것은 일본어계 한자어가 글말의 지위를 가질 때, 전통 한자어가 특수 글말로 격상되는 예(빙탄→氷炭不容)가 있다.

아울러 쓰임의 분화 또는 옛말이 된다. 어례를 든다.

<table>
<tr><td>(쓰임의 분화)</td><td>(옛말)</td></tr>
<tr><td>송별→소별연 / 전별→전별금</td><td>양주(부부)</td></tr>
<tr><td>청부→청부 살인 / 도급→도급 순위</td><td>일색(미인)</td></tr>
<tr><td>전멸→전투 전멸 / 몰사→사고 몰사</td><td>작반(동반)</td></tr>
<tr><td>화장→얼굴 화장 / 단장→집안 단장</td><td>판수(맹인)</td></tr>
<tr><td>소매→소매상 / 산매→도산매</td><td>물목(송장)</td></tr>
</table>

이들 현상과 함께, “우리말 도로 찾기”의 차원에서 전통 한자어의 환원(小使→使喚)도 있지만, 일부 입말 중에는 민촌어(惱憤→도분나다)로 추락된 예가 보인다. 이와 같이 한자어에서 일본어의 간섭은 심히 심각한 면을 가지지만, 또한 어떤 제약된 측면도 간과할 수 없게 된다. 한편 (3) 번역 차용(loan translation)이 있다. 즉 수요 어휘의 공급을 일본어계 한자어가 부담하기 때문이다. 여기 “명도, 가출, 매점” 등이다. 끝으로 (4) 조어 요소의 차용이 있다. 즉 “～적(的), ～성(性), ～식(式), ～기(期), ～상(上)” 등과 같은 한자어 조어를 비롯하여, “demosuru→데모하다”와 같은 합성

동사가 있다. 그리고 "짝 사랑, 웃 돌다" 등도 번역 차용이라 한다.

둘째, 통사 층위의 간섭을 들고 있다. 여기에는 먼저 (1) "관용구의 차용"이 있어, 통사적 번역 차용의 예를 보인다. 즉 "애교에 넘치다, 호감을 사다, 사고를 내다" 등과 같은 것이다. 여기 주의할 것은 신구 세대를 통하여 관용구의 변동이 있는데, 예를 들면 "사고를 일으키다→사고 내다→사고 치다"와 같은 것이다. 다음 (2) 통사 구조의 차용이 있어, 서구어의 특징을 먼저 수용함에 따라서 이들이 함께 차용된다. 더욱 글말의 경우이다. 예를 보인다.

rather than…	…joriwa musiro	…보다는 오히려
in spite of…	…nimo kakawarazu	…에도 불구하고
in means that…	…'o'imisuru	…을 의미하다.
	'ari'uru	…있을 수 있다.
	'arubeki…	…있어야 할…

최근의 제안(송민, 1988: 33)[107]에는 "언어 의식의 간섭"이 있다. 이들에 숫자 금기(四/死)가 있으나, "4→F"와 같은 대치로써 중화된다. 그러나 숫자 선호(18번/장기 노래)가 있다. 특히 후자는 가부키(歌舞技)의 대본 18종을 지칭하는 말인데, 처음에는 뛰어난 "교오겐(狂言)"을 뜻하다가 뒤에 일반 장기라는 뜻으로 쓰였다. 따라서 한국말은 이것을 그대로 받아 쓴 것인데, "18"이란 숫자는 한국말의 언어 의식과 무관하다는 것이다.

4. 미국 영어 공동체와 한·미 언어 접촉

국내에 거주하는 미국인의 연도별 통계(통계청, 2000: 90)[108]를 보면, 이들의 꾸준한 증가세가 20세기 말에는 한풀 꺾이고 있다. 이것은 급격한 코시안의 증가세에 산반하다.

1985	7,750명	———	
1990	14,019명	+ 80.9%	(5년간)
1995	22,214명	+ 58.5%	(5년간)
1998	26,051명	+ 17.3%	(3년간)
1999	25,827명	− 0.9%	(1년간)

여기 최근의 자료(조선일보, 2001. 12. 11)에 의하면 2001년 10월 31일 현재, 불법 체류자를 합하여 10,354명에 이른다. 더욱 서울의 경우(서울특별시, 2001: 21)[109]도 같은 것인데, 그 자료는 정밀하다. 이들 지역별 분포도 용산구(이태원)과 서대문구가 잘 알려진 것이다. 이들 서울의 경우도 90년대 후반기는 증가세가 꺾이고 있다. 예를 든다.

1991	11,195명	———	1992	14,058명	+ 25.6%
1993	14,304명	+ 1.7%	1994	15,032명	+ 5.1%
1995	15,932명	+ 6.0%	1996	18,377명	+ 15.3%
1997	18,251명	− 0.7%	1998	17,751명	− 2.8%
1999	18,763명	+ 5.7%	2000	16,658명	− 12.6%

광복 이후, 한국말 공동체에 있어서 영어는 공용어로서 크게 부각되어 왔다. 즉 군정 초기 합동 공용어로 3년 간(1945~1948) 쓰인 바 있다. 오늘날 국제 사회에 있어서 영어의 기능은 날로 증대하고 있다. 영어가 비즈니스 언어의 대부분을 차지하고, 전산 상거래 등, 인터넷 언어도 거의 점유하고 있는 상태이다. 더욱 최근에는 "제주 국제자유도시 정책"에 따른 "제주지역 영어 제2공용어화 계획"(문화일보 2001. 5. 15.)이 제안되어, 많은 논란이 계속되고 있는 상태이다.

(1) 최초의 한·미 언어 접촉과 방언 수집

한국말을 처음으로 미국에 소개한 것은 1818년에 영국선 Lyra호 선장 Hall, Basil(1788~1844)이 쓴 "조선 서해안 및 유구열도 답사기"(Accont of a

voyage of Discovery to the West Coast of Corea. and the Great Loo-Choo Island)
라는 제안(이민식, 1998: 290~293)[110]이다. 즉 1816년에 Lyra호가 Alcest호
(Maxwell 선장)와 함께 "백련도, 대청도, 소청도, 외연도, 비인만" 등, 한국
서해안을 답사하고 거문도를 경유, 유구로 가게 된다. 그리하여 다음과
같은 26개 낱말을 수집하지만, 이것이 Philadelphia에서 출판된다. 이것은
비록 불완전하지만, 그들에 의하여 수집된 최초의 한국말 방언이다.

Poodong	(不同)	Jee	(이)
Bool	(물)	Phang na moo	(밤나무)
Dewton	(대롱)	Pan-a-ee	(方笠)
Bodee	(머리)	Phee	(피)
Jeep	(입)	Hota	(좋다)
Ko	(코)	K'hool	(흙)
Shee-om	(손)	Khul	(칼)
Chay	(세, 혀)	Chonuksa	(적삼)
Quee	(귀)	Choogay	(중의)
Samb-Jee	(쌈지)	Poschien	(보선)
Pa-ap	(밥)	Tok	(독)
Pootsa	(부채)	Kat	(갓)
Hung-inn	(행전)	Tac	(닭)

여기 국어학의 관심은 우선 이 자료가 "19세기 전기의 어느 방언인가"
를 추정하는데 있다. 그리하여 먼저 항로와 경유지에서 항만 조건으로
"거문도"를 추정한다. 즉 Lyra호가 임무를 마치고, 귀향하여 잠시 체류하
고 휴식을 취한 것으로 예상되는데, 이 때가 방언 수집에 적절한 기회일
것이다. 이들 유사한 예를 보면, 이미 1797년에 Provindence호를 타고 부
산에 입항한 바 있는 영국인 Broughton, William Robert 일행이 북태평양
탐험 항해기(1804년 간)에 38개 낱말을 소개한 예가 있다. 그리고 Hall 선장
보다 후기인 1845년 Belcher, E.가 제주도와 거문도에 체류하면서 한국말
558개 낱말을 "Samarang호 항해기"에 소개한 것이 알려지고 있다.

다음 이들 "어휘 자료"를 검토하는 일이다. 대개 이와 같은 외국 선원
들에 의한 언어 접촉의 자료들은 거의 단편적이며, 적은 수의 기초 어휘

(basic vocabulary) 또는 민속 어휘(folk vocabulary) 등이 일반적이다. 그러나 한국말에 관한 한, 자료의 정밀성은 크게 기대하기 어렵다.

여기 리라호의 자료가 26개 단어로서 전기 영선 프로비던스 호의 38개 단어 수와 유사하다. 그러나 소수의 "민속 어휘"(갓, 방립, 쌈지, 행전)가 수록되는, 기초 어휘로서, 일관된 프로빈던스 호의 자료와는 다른 점이다. 그럼에도 이들은 무려 558개 단어를 남긴 후기의 사마랑호의 경우는 또 다른 특징이 되는 것이다. 그럼에도 이들 리라호의 자료에 관한 한 이 어휘의 기록은 영어 철자의 표음적 관습을 기준으로, 불완전하나마 한국말 또는 그 지역 방언의 특징이 반사된다고 하겠다. 더욱 "자료 검토"에 있어서 재래의 해독(이민식, 1998: 292)[110]을 다음과 같이 일부의 수정을 제안한다.

Dewton	(a pipe)	대 롱→대 통
Hung-inn	(stocking or boots)	짚 신→행 전
Phang-na moo	(tree)	향나무→밤나무
Choogay	(trousers)	고쟁이→중 의

여기에는 단어 표기에서 영어에 의한 "언어 간섭"에 따른 오류(error)[111]가 있고, 대역어 선택과 같은 과오(mistake)가 식별된다. 더욱 언어 학자가 아닐 경우, 이들이 함께 나타나기 쉬운 일이다. 여기 "향나무"를 "밤나무"로 제안한 것은 오류 수정이며, "짚신"을 "행전"으로, "고쟁이"를 "중의"(바지)로 수정한 것들은 과오 수정이다. 더욱 여자의 내의가 어휘 목록에 들 수 없음은 문화 수정에 속한다. 그리하여 이들은 연구자에 관한 것이다.

한편 "표기의 과오"를 지적한다. 물론 이것은 텍스트에 관한 것이다. 따라서 원래 자료를 수집하고 기록한 승선원 클리포드(Clifford)와 미국 필라델피아의 스몰(Small, Abraham) 등 출판 관계자에 관한 것이다. 이것은 "오자, 탈자, 첨자, 이자"와 같은 부류이다. 어례를 든다.

(오자)	Hung-inn → *Hang-Jun	(행전)	(탈자)	Hota → *Chota	(좋다)
〃	Shee-om → *Shee-on	(손)	(첨자)	Pa-ap → *Pap	(밥)
〃	Jee → *Nee	(이)	〃	Poschien → *Poshien	(보선)
〃	Jeep → *Neep	(입)	(이자)	K'hool → *hoolk	(흙)
(이오자)	Chonuksa → *Chouksam	(적삼)			
(탈오자)	Pan-a-ee → *Pang-eep	(방입)			

이들에 대하여, 다른 한편으로는 방언 자료를 검토하는 일이다. 다행으로 기왕의 "거문도 방언[112]"에 대한 조사 보고(홍순탁 등, 1965: 49~90)[113]가 있어, 여기 의존하게 된다. 그리고 공동 연구자인 이돈주의 자료 정리(이돈주, 1978)[114]에 어휘 145단어가 재수록 되지만, 전역 표시까지 포함하면 어휘수는 훨씬 상회할 것이다. 음운론적 측면에서, 자음 체계를 보면, 먼저 (1) "계열 체계"(series)에서는 한국말에 대한 영어의 차이가 철자 표기에 잘 반사되어 있다. 따라서 그 출처가 한국말 또는 영어 등으로 분명하게 된다. 우선 "평음"의 어례(묶음표→자소)를 보자.

ㅂ → (P)	Pashien (shoe)	보선
ㄷ → (T)	Tac　(a cock)	닥(닭)
ㅈ → (Ch)	Choogay (trousers)	중의(바지)
ㅅ → (Sh)	Shee-om (hand)	손
ㄱ → (K)	Kat　(black hat)	갓
ㄱ → (Q)	Quee　(ear)	귀
ㄷ → (D)	Dewton (a pipe)	대통

이들은 거의 어두의 무성음의 표기(P, T, Ch, Sh, K)이다. 그리고 마찰음 표기는 한국말 출처인 "[ʃ]→(Sh)"로 보인다. 그런데 연구개음에서 "[K]→(Q)"와 같은 원순음화는 한국말의 출처이나, 표기는 영어 철자의 출처이다. 아울러 어중의 유성음화는 한국말의 출처를 잘 반사하고 있다. 어례를 든다.

ㄷ [d] → (D) Poodong (no)	부동 (不同)
ㅈ [ʤ] → (J) Samb-Jee (tobacco pouch)	쌈지

아울러 "경음"의 예는 보지만, 오직 유일한 것이다. 이때 "쌈지"는 정확히 경음으로 발음되었을 것이다.

쓰[S] → (S′) Samb-Jee (tobacco pouch) 쌈지

이것은 한국말 출처인 "[S] → (S)"로 보인다. 그리하여 앞선 기술과 같이, "ㅅ[ʃ] / 쓰[S]"으로 발음되는 치경 마찰음의 구개음화 유무라는 음성학적 특징이 이들의 "평음/경음"의 음운론적 자질이 된다는 것이다. 끝으로 "격음"의 예를 보자.

ㅍ → (Ph)	Phee	(grass)	피
ㅌ → (T)	Dewton	(a pipe)	대통
ㅊ → (Ts)	Pootsa	(fan)	부채
ㅋ → (K)	Ko	(nose)	코
ㅋ → (Kh)	Khul	(knife)	칼

이들 예에서 무기음과 유기음 사이의 동요를 보이는데, 이것은 원칙적으로 영어의 출처이다. 그리고 설정음(coronal)에 무기음으로 실현되고, 연구개음에 같은 예가 있어 주목된다. 여기 "대롱, 부채"의 어례는 이중 유기음을 무기음으로 청취하였을 것이다. 더욱 "칼, 코"의 표기가 주목되는데, "칼, 고"와 같은 방언 자료일 가능성이 짙다. 실제 문헌어(최보일, 1985: 336)[115]의 예도 "칼"의 격음 출현이 17세기 초기(언해태산요, 1608)에 나타난다. 따라서 전자의 경음화 속도가 빠른 것인 바, 이들 자료와 일치함을 유의하자. 그렇다면, 당시 19세기 전반(1861년)까지 도서 방언인 거문도 방언에 "코"가 "고"와 같은 무기음[116]으로 발음되었을까? 오늘날 전남 방언은 거의 전역(여천, 완도 제외)에서 "갈치"가 쓰인다.

다음 (2) 서열 체계에서는 종종 한국말 출처의 특징이 철자에 반사되어 있다. 이들 어례를 든다.

ㄹ [ɾ] → (D)   Bodee   (hair)   머리

〃 [1]→(L)	Khul	(knife)		칼
ㅎ [ç]→(Ch)	Chay	(tongue)		세(혀)

　여기 한국말 어두음 "ㄹ"의 독특한 조음점과 조음 운동이 철자에 반사된다. 더욱 서해의 지역 방언에서 보게 되는 "ㅎ"의 구개음화가 로망스 어계 철자(Ch)에 반사되었다. 그리고 비음에 있어서도 몇 가지 특기할 것을 보이고 있다. 어례를 들자.

ㅁ → (M)	Phang na moo	(tree)		밤나무
ㅁ → (B)	Bodee	(hair)		머리
ㅁ[-m] → (Mb)	Samb-Jee	(tobacco pouch)		쌈지
ㄴ[n] → (N)	Phang na moo	(tree)		밤나무
ㄴ[ɲ] → (J)	Jee	(teeth)		니(이)
ㅇ[-ŋ] → (ng)	Poodong	(no)		부동
ㅇ → (n)	Dewton	(a pipe)		대통
ㆁ → (g)	Choogay	(trousers)		중이

　여기 "ㅁ → (B)"와 같은 두 곳을 보이지만, "ㅇ → (n)"의 "Dewton(대통)"도 같은 것이다. 그러나 "ㆁ →(g)"의 "Choogay(중의)"의 예는 흔히 방언에 나타나는 종성[ŋ]의 탈락 과정에 보이는 비모음화 현상으로 보인다. 더욱 ㅁ[-m]→(Mb)의 "Samb-Jee(쌈지)의 어례는 후속 자음의 유성음화를 선행음을 이중 조음처럼 청취한 결과일 것이다. 이울러 넓게 음성적 특징으로 추정되는 이 모음 앞의 구개음화된 [ɲ]를 주의하자. 이것은 ㄴ [n]→(J)와 같이 표기되는데, "Jee(니), Jeep(닙)"의 두 어례를 든다.

　한편으로, 종성에 있어서 이들 표기는 내파음의 특징이 반사되어 있다. 종성 ㅅ의 표기 "ㅅ[t]→(T)"가 바로 그것이다. 어례를 든다.

ㅂ → (P)	Jeep	(mouth)		입
ㅅ [t] → (T)	Kat	(black hat)		맛
ㄱ → (K)	Tok	(stove)		독

아울러 종성의 복자음(cluster)에는 다음 어례가 있다.

ㄺ　[-l] → [lk]　Hoolk　(earth)　흘(흙)
ㄲ　[-k] → ㄲ　　Tac　　(a cock)　닥(닭)

여기 당시의 지역 방언에서 일부 복자음의 발음 가능성을 제안한다. 즉 이들은 "전남 방언, 등어 지대, 경남 방언"과 같이 식별하는 "삼남 지역"의 방언(서주열, 1981)[117]에 있어서 종성 복자음의 다양한 특징을 유의하라. "Tac"(닭 → 닥)은 오늘의 거문도 방언(이돈주, 1978)과 일치하고 있다. 그러나 "K'hool → *hoolk"(흙)의 추정형처럼, 이것은 경상방언의 특징이다. 더욱 빈번한 종성 탈락(다섯 → 다서, 여섯 → 여서)도 같은 것이다. 따라서 "접촉 방언"의 특징이 여실히 나타나는 것이다.

　　이들 "모음 체계"에 있어서는 지역 방언에 따른 다양성을 고려한다. 따라서 이들 자료의 출처가 되는 모음 체계를 제안하게 된다. 먼저 (1) 추정되는 각 모음의 어례를 들고, 이들에 관한 기술을 보인다.

/ i /　[i] → (ee)　　Phee　　　피
/ E /　[e] → (ay)　　Chay　　　*세(혀)
　〃　[æ] → (ew)　　Dewton　　대통
　〃　 〃 → (a)　　 Pootsa　　부채
/ ɨ /　[ɨ] → (oo)　　*Hoolk　　흙
/ ə /　[ə] → (ie)　　Poschien　보선
　〃　 〃 → (ou)　　*Chouksam　적삼
/ a /　[a] → (a)　　 Tac　　　*닥(닭)
　〃　[a] → (u)　　 Khul　　　칼
/ u /　[u] → (oo)　　Poodong　부동
/ o /　[o] → (o)　　 Poschien　보선
　　　(이중모음　[wi] → (Uee) Quee 귀)

　　여기 모음 체계에 관한 자료에서, 몇 가지를 지적하게 된다. 먼저 (1) "Quee(귀)"는 우선 영어의 "Queen[Kwiːn]"을 참조할 때, 원수음화된 자음 [K]를 "Q"로 표기하고 있다. 모음 철자 "-uee"는 우선 상승 이중모음

/wi/를 고려하여 /kwi/로 추정하지만, 이것은 홍순탁 등의 논문(홍순탁 등, 1965: 57)[118]과 일치한다. 더욱 변이형 /kittEki/의 자료에서 보아 "kwi>ki" 와 같은 경상 방언의 음운 규칙과 일치한다. 그러나 단모음 /ü/도 함께 고려하여, /kü/도 배제하지 않는다. 이것은 이돈주의 저서(이돈주, 1978: 40)[119]에 거문도 방언 "[kü], [kü?tɛgi][퇴][120]의 자료가 있으며, 전라 방언과 일치한다. 그럼에도 전자에 비중을 두어, 경상 방언의 특징으로 볼 것이다. 다음 (2) 영어의 기생 모음(parastic vowel)으로 인식하고 있는 한국말 "으" 모음은 이들에게 쉽게 이해되지 않았다. 그리하여 "u→(oo), i→(oo)"와 같은 표기로서, 단순히 "우"의 이음으로 보게 된다. 따라서 그들 표기 체계인 "o→oo"(오→우/으)와 같은 것이라 하겠다. 한편 (3) 중앙 모음 "어"는 영어의 경우 애매 모음(obscure vowel) 또는 혼성 모음(mixed vowel)이기 때문에, 이 모음은 전부 모음(iɛ)와 후부 모음(ou)에 넓게 걸쳐있다. 그리하여 이들을 다음과 같이 보인다.

아울러 (4) 전부 중모음 /ɛ/에 대한 표기도 특수하다. 이들 표기는 그 음가에 시사를 주는 것으로, 전부 중모음에서 이음 [e]의 조음점 하강(→ay)과 이음[æ]의 조음점 상승(→ew)이 있다. 그리하여 "에/애"가 식별되지 않은 것으로 보인다. 이것을 다음과 같이 보인다.

(하강표기)	에	(* 세<혀)	[e]→(ay)	Chay	[æ]	
(상승표기)	애	(대통)	[æ]→(ew)	Dewton	[e]	/ ɛ /

또한 (5) 저모음 /a/가 발음되는 전부 모음 [a]를 이들은 거의 영어의 [ɑ] "father"[faːðə]와 같은 발음으로 청취하였을 것이다. 다만 "칼"을 "Khul" 로 기록한 것은 선행 자음으로 강한 유기음을 동반한 연구개음[Kʰ]의 영

향으로, 발음되는 후부모음 [a]를 그들 "call"[Kɔːl]과 유사하게 청취하였을 것이다. 여기 "갓"을 "kat"으로 표기한 것과 대조하면, 유기음 발음의 보다 결정적 영향이라 하겠다. 따라서 모음 /a/는 [a]와 [ɑ]로 발음되었을 것이다. 이것을 다음과 같이 보인다.

(전부모음) (닭) Tac [a] → (a) ┐
(후부모음) (칼) Khul [ɑ] → (u) ┘ ── / a /

끝으로 (6) "Pootsa"(부채)의 경우, "애 → (a)"와 같은 표기는 순전히 영어 간섭에 의한 것이다.

위에서 우리들은 이들 자료를 "거문도 방언"으로 추정하면서, 논급하여 왔지만, 여기 모음 체계를 /i, ɛ, ɨ, ə, a, u, o/와 같은 "7모음 체계"로 제안하여 둔다. 따라서 1964년 홍순탁 등의 제안(홍순탁 등, 1965: 52)[121]에 보인 /i, E, a, o, u, ɨ, ə, ø, y/와 같은 "9모음 체계"와 비교된다. 여기 후속 자료(이돈주, 1978)[114]의 "뒤지[tüdʒi](두더지), 퇴끼[t'öʔki](토끼)"도 같은 것인데, 이들 약 150년 간의 모음체계 변천은 논외로 하자. 다만 "거문도 방언"[122]을 이들 두 방언에 의한 "접촉 방언"(contact dialect)으로 추정하여 둔다.

(2) 외래어와 영어

한국말의 외래어는 19세기 후반부터 들어 온다. 여기 언더우드의 "한영즈뎐"(1890년 간)[123]을 특기하여 두자. 물론 10년 전에 이미 리델의 "한불즈뎐"(1880년 간)[124]이 나온 것으로, 함께 비교할 수 있다. 먼저 (1) 외래어 "야소, 예수"와 고유어 "하ᄂᆞ님"의 의역을 보인다. 특히 "한불즈뎐"의 "텬쥬"가 비교되며, 외래어로서 "미사"가 있다. 자료를 보인다.

<table>
<tr><td colspan="3">(한영즈뎐)</td><td colspan="3">(한불즈뎐)</td></tr>
<tr><td>하느님</td><td>上帝</td><td>… God</td><td>텬쥬</td><td>天主</td><td>… Dieu</td></tr>
<tr><td>야소</td><td>耶蘇</td><td>Jesus</td><td colspan="3">—————</td></tr>
<tr><td>예수</td><td>耶蘇</td><td>〃</td><td>예수</td><td>耶穌</td><td>Jésus</td></tr>
<tr><td colspan="3">—————</td><td>미사</td><td>彌撒</td><td>messe</td></tr>
</table>

여기 외래어 차용의 방법(장홍권, 1999: 214~215)[125]을 보자. 우선 어느 것이나, 한자어의 형식을 취한다. 그리고 고유어(하느님) 또는 한자어(天主)로 의역하고 있다. 다음 (2) "고유어, 한자어"의 체계로 옮겨가는 경향이 있다. 자료를 보인다.

<table>
<tr><td colspan="3">(한영즈뎐)</td><td colspan="3">(한불즈뎐)</td></tr>
<tr><td>담ᄇᆡ</td><td>南草</td><td>Tobacco</td><td>담비</td><td>南草</td><td>Tabac</td></tr>
<tr><td>남초</td><td>〃</td><td>〃</td><td>남초</td><td>〃</td><td>〃</td></tr>
<tr><td colspan="3">—————</td><td>담파고</td><td>痰破古</td><td>〃</td></tr>
</table>

여기 "한불즈뎐"의 경우, "고유어(담비), 한자어(남초), 외래어(담파고)"와 같은 체계인데, "한영즈뎐"의 경우는 "담파고"가 올림말에서 제거된다. 이 것은 문세영의 "조선어사전"(1938년 간)[126]에 담배의 옛말로 주석함을 참조 하라. 물론 이것은 "담바고·담파고 → 담바+i → 담비"와 같은 어말음 삭 제(apocope)와 "i" 접미사의 결합 및 축약(contration) 등으로, 담배의 형성을 고려하게 된다. 따라서 이들은 변이형(variant)으로 "Tabac…담배"의 내부 에 배열되어 있었다. 한편 "남초"의 어원(최남선, 1943: 155~156)[127]은 "남방 전래"이며, 약효가 있어 "남령초(南靈草)"라고도 한다는 것이다. 더욱 이들 은 게일의 "한영대자전"(1931)[128]에 "연초(煙草), 셔초(西草)"가 등록되는데, "서초"란 "평안도, 황해도인 서부지역 산의 담배"라 하였다. 그리고 연초 (煙草)는 총독부의 "조선어사전"(1928 간)[129]부터 연초(煙草)로 대치되어서, 일제기에 관용된 바 있다. 이와 같은 곡절 끝에, 오늘날 고유어 "담배"가 정착된 것이라 하겠다. 끝으로 (3) "붓, 먹, 잔"에 대한 "펜, 잉크, 컵"의 외 래어가 없다. 이것은 "한불즈뎐"도 같은 것이다. 자료를 보인다.

<table>
<tr><td colspan="2" align="center">(한영ᄌ뎐)</td><td colspan="2" align="center">(한불ᄌ뎐)</td></tr>
<tr><td>붓　筆</td><td>A pen</td><td>붓　筆</td><td>Pinceau</td></tr>
<tr><td>먹　墨</td><td>Ink</td><td>먹　墨</td><td>Encre</td></tr>
<tr><td>잔　杯</td><td>A cup</td><td>잔　杯</td><td>Coupe</td></tr>
</table>

여기 "펜, 잉크"가 "한영대자전"에는 외래어의 올림말이 되어 있으며, 더욱 최신선영사전(1928년 간)에 외래어로 수록되었다는 조사(장흥권, 1999: 212)[125]가 있다. 따라서 이 시기에는 외래어로 인정되지 않았다. 오늘날 고유어 "붓, 먹"은 생산성이 없으며, 한자어 "필, 목"에서 "분필, 철필, 연필…" 등만이 크게 발달하다가 외래어 "펜, 잉크"에서 "볼펜, 사인펜…"과 같이 "펜"에 생산성이 전이되어 간다. 더욱 "초크, chalk"에서 보면, 이것을 붓으로 볼 것인가, 아니면 먹으로 볼 것인가"에 해당하는 물음이다. 게일의 "한영대자전"에 올림말 "백묵 白墨, 분필 粉筆"이 함께 수록되지만, 일제기의 일본어 "白墨, hakuboku"의 영향을 벗어나, 오늘날 "분필"로 정착되어 있다. 이것은 중국어(고려대 민족문화연구소, 1995)[130]에도 "粉笔 fěnbǐ"가 앞서고, "白墨 báimò"을 인정하는 경우와 유사하다. 그러나 이제는 외래어로서 "초오크"(이희승, 1961)[131]가 수록되어 있는 것이다. 배양서의 조사(배양서, 1970: 309)[132]에 의하면 현대 국어에서 외래어는 급격하게 증가하였으며, 더욱 영어계 외래어가 90%를 웃도는 것이라 한다. 다음 자료에서 어계별 내역(이희승, 1961)을 함께 보인다.

도표 6-6

국어사전의 외래어

문세영　(1938) 조선어사전, 서울	1,403 낱말
한글학회 (1957) 큰 사전,　　서울	3,986 〃
이희승　(1961) 국어대사전, 서울	14,265 〃

다음 어계별 통계(이희승, 1961)에서 영어계가 탁월하지만, 더욱 오늘날

세계화 추세에서 현저하다. 한국말에 있어서 외래어의 특징은 초기에 있어서 다양한 서구 제어를 차용하지만, 일본어의 언어 간섭이 있었다. 그리고 전후에는 현저하게 영어계 외래어로 교체되거나, 일부 한자어 또는 고유어로써 대치되고 있다. 다음 몇 가지 기준으로 기술하여 둔다. 먼저 (1) 재래의 제 언어계 외래어들이 여러 분야에 따른 특수화된 기능으로 수용된 바 있다. 다음 어례를 보인다.

(영어)	bazar → 바자	tomato → 도마도
(독일어)	Typhus → 태부스	Arbeit → 아르바이트
(프랑스어)	conte → 꽁트	ballet → 발레
(이태리어)	solo → 솔로	soprano → 소프라노
(러시아어)	vodka → 보드카	tochka → 토치카
(포르투칼어)	pão → 빵	temporo → 뎀뿌라
(일본어)	konro → 곤로	kaban → 가방

여기 흔히 말하는 외래어의 분야별 특수성(石綿敏雄, 2001: 171)[133]이란 영어(정치, 외교, 일반), 독일어(의학, 물리, 화학…), 프랑스어(철학, 정치, 문학…), 이태리어(음악, 미술, 요리…) 등과 같은 통설인데, 한국말도 예외가 아니다. 이들 어휘의 수용 시기와 관련하여, 일제기의 일본어 간섭(*토마토>도마도)의 흔적이 남아 있는 것이다. 더욱 최근에는 "문장 내의 호응"(소주 한 잔, 칵테일 한컵)을 보이기도 한다. 다음 (2) 일본어계(화란어, 포르트갈어 포함)가 영어계 외래어로 대치되었다. 이들 전형적 어례를 들어 둔다.

화란어 → 영어	잉키(inkt) → 잉크(ink)
〃 → 〃	뽐뿌(pomp) → 펌프(pump)
〃 → 〃	뻥끼(pek) → 페인트(paint)
일본어 → 〃	자끄(chaku) → 지퍼(zipper)

여기 일본어계 외래어는 일본어 또는 그들 "언어 간섭"으로 차용된다. 따라서 화란어, 포르투갈어 등이 포함되지만, 이들은 "언어 순화"(language purism)의 차원에서 실현된 것들이다. 그리고 "자끄"는 일본어 "긴짜꾸(巾

着)”가 어원이라 한다. 다음 “펌프”의 변이형을 보자.

```
(pomp →)뽐푸～폼(폰)푸～펌프～펌푸(→ pump)
       뽐푸～폼(폰)푸～펌프                 (이종국, 1937)
       펌푸                              (문세영, 1938)
       펌푸                              (배양서, 1970)
```

아울러 일부의 어례는 신구 양형의 외래어가 공존 상태에 있는 것이다. 더욱 이들 구형 외래어에도 일본어의 간섭이 있었음을 주의하자. 다음 어례를 둔다.

```
화란어～영어     가스(gas)～깨스      (gas)
화란어～영어     고뿌(kop)～컵       (cup)
영어  ～영어     마후라～머플러      (muffler)
  〃       〃     코피～커피          (coffee)
```

이들의 경우, 먼저 (1) 구형 외래어의 우세가 있는데, “까스, 마후라”와 같은 것이다. 즉 “도시 가스”와 같은 회사 명칭 또는 “빨간 마후라”와 같은 가요 명칭이 널리 쓰이고 있다. 다음 (2) 신형 외래어의 우세가 있는데, “컵, 커피”와 같은 것이다. 특히 “고뿌·컵”의 경우, “음료배/ 우승배”의 예처럼 어의 분화를 보인다. 더욱 “코피·커피”의 경우, “도농, 세대, 계층”등과 관련이 있어 보인다. 이들 자료에서 “컵, 커피”의 변이형을 들어 보자, 여기 일본어의 간섭을 보이기 위하여, 어례를 식별하는 것이다.

```
(Kop → Koppu →)고뽀～곱부～고뿌/컾～컵(～cup)
             곱보～곱부～/컾        (이종국, 1937)
             고뿌/컾               (문세영, 1938)
             고뿌/컵               (배양서, 1970)
(koffia → kohi～kohi →)코-히-～코몌～가피(珈琲)～커피
             코-히/코몌～가피      (이종국, 1937)
             가피(珈琲)            (문세영, 1938)
             커피                  (배양서, 1970)
```

여기 외래어 차용에서 제3 언어의 간섭이 중요하다. 그리하여 일본어 간섭의 경우, 커피의 방언 간섭(楳垣實, 1955: 156~157)[134]도 고려하게 된다. 따라서 관서 방언 kōhi와 관동 방언 kōhi의 간섭차를 함께 고려한다는 것이다.

이와 같은 관점에서 차용 원어에 관한 다원적 견해는 원어의 접촉 구조(constellation)을 제안하게 된다. 그리하여 "거피"의 경우, 그 전파 경로(荒川惣兵衛, 1968)[135]가 참조됨은 물론이다. 즉 오스만 터키 제국의 Selim 1세(1467~1520)가 1517년 페르시아 원정 때 거피를 가져왔고, 1551년에는 서구 최초의 커피점이 Constantinople에서 열리게 된다. 그리하여 17세기에는 구라파(네덜란드1616, 영국1651, 프랑스1652)에 널리 전파되며, 미국에서는 1718년 네덜란드 사람에 의하여 수입된 것이 최초이다. 더욱 동양에서는 1690년에 아랍 사람에 의하여 실론섬에 옮겨진 것이 특기된다. 그리고 일본에는 17세기에 네덜란드 선박에 의하여 Nagasaki에 전파되며, 1615년의 "長崎土産コーヒー"(磯野信春)에 출전이 있다는 것이다. 특히 한국에서는 구한말에 고종 황제도 가피차를 즐겼다고 널리 알려진다. 끝으로 (3) 외래어가 한자어 또는 고유어로 대치된다. 여기에는 완전 대치(대치)와 불완전 대치(공존)가 식별된다. 다음 어례를 보인다.

bier	(라틴어)	→ 비루/맥주	(대치)
botao	(포르투갈어)	→ 보당/단추	〃
hanbkerchief	(영어)	→ 항커치/손수건	〃
milk	(영어)	→ 밀크~ 우유	(공존)
towel	(영어)	→ 타월~ 수건	〃

(3) 한국말과 뱀부 영어

다음 미국 영어에 관하여 한국 뱀부 영어(Malmstrom, 1973: 4~8)[136]를 중심으로 기술하기로 한다. 즉 한국 뱀부 영어(Korean Bamboo English)는 미국 병사들이 한국어 공동체와의 의사 소통을 위하여, 그들 스스로 만들어 낸 "군대어"(army talk)이다. 따라서 엄밀하게 영어가 한국어와의 접촉 과정에서 스스로 특수하게 발달시킨 한 변종인 것이다. 그러므로 "언어 목록"으로는 영어에 귀속되는 것이라 하겠다.

Malmstrom. J.(1973: 4~8)[136]는 한국에 있어서 뱀부 영어(Bamboo English)라 하며 짧게 한 장으로 쓰고 있다. 우리들은 여기에 많이 의존하지만, 수용하기 어려운 주장도 공존함을 밝혀 둔다. 그에 의하면, "Bamboo"라는 술어는 "동부 태평양 지역"을 암시한다. 그리하여 미국이 "2차 세계대전" 이후 일본을 점령하였을 때, 미국 군인들이 뱀부 영어를 배워 사용하게 된다. 실제로 수년 간, 일본에 "뱀부 영어"라 불렀던 속어(slang)가 사용되었는데, 그들 외래어사전(荒川惣兵衛, 1968)[137]에 "bambū chaina"(bamboo china, 싸구려 食器)가 1955년의 쓰임으로 전하고 있다. 그리고 뒤에 한국 동란 때, 이것을 사용하였다. 이 언어는 순수한 구어(spoken language)이어서, 문어 형식을 가지지 않았다. 그러므로 연구자가 이것을 옮길 때 사용하는 철자(spelling)는 군인들의 구어에 근거를 두게 된다. 이들 구어는 오늘날 오래도록 잘 기억되어 있지 않다. 그러므로 그들이 공유하고 있는 경험은 독점적이지만, 그 밖의 사람들에게는 그렇지 못하였다.

"Edewa shipsho bali bali bus driver"(빨리 빨리 이 쪽으로 오시오, 기사 양반)

이 장면은 1952년 한국의 서울 공항인데, 이 말하고 있는 미국 군인은 빨리 시내로 가자고 한다, 그의 낯선 말은 "이쪽으로 오시오, 서둘러 빨리, 기사 양반"을 뜻하고 있다.

군인들이 외국에 주둔할 때는 언제나 자기들의 모국어(tongue of natives)에 주둔국의 언어를 적용하여 의사 소통을 하게 된다. 한국 동란 때, 미국 군인들은 영어, 일본어, 한국어를 섞어서 한국 사람들과 의사 소통을 하였다. 그들이 사용했던 언어는 통상의 군대어로서, 일본어의 혼합(desh of Japanese)과 한국어의 삽입(pinch of Korean)을 적용시킨 것이다.

다음 약간의 어례를 시별하여 보인다.

<table>
<tr><td>(한국어 어계)</td><td></td><td>(영어, 일본어 어계)</td><td></td></tr>
<tr><td>kimchi</td><td>(김치)</td><td>papasan</td><td>(남자)</td></tr>
<tr><td>bali-bali</td><td>(빠르다)</td><td>mamasan</td><td>(여자)</td></tr>
<tr><td>ipsumida</td><td>(가득차다)</td><td>boysan</td><td>(소년)</td></tr>
<tr><td>opsumida</td><td>(비어있다)</td><td>skoshi</td><td>(적다)</td></tr>
</table>

여기 어형의 자의성을 엿보지만, 더욱 "opsumida"에서 유추된 "ipsumida"의 오류(erro)가 만들어진다. 더욱 일본어계에 taksan(많다), dai-jobu(좋다), sayonara(안녕!) 등이 추가될 수 있는데, 이들은 광복 초기까지 많은 한국어 화자들에 있어서 일본어가 이해 변종으로 기능할 수 있었다는 것이 중요하다. 그러한즉, "뱀부 영어"의 한국 내 쓰임은 더욱 합리성을 얻게 된다. 그리하여 그들 주변에 관련되어 있던 일부의 한국 사람들에게 다소 통용되었다 하여도, 과연 한국어 공동체의 "화어 목록"에 편입시킬 것인가. 이들 사회적 실재는 제한적이다.

한국의 뱀부 영어는 피진(pidgin)의 일종인데, 이러한 언어는 의사 소통의 어려움을 극복하기 위하여 발달한다고 하였다. 즉 문화와 언어가 다른 두 집단의 사람들이 함께 살면서 함께 언어 생활을 해야 할 때, 이들은 서로 의사 소통을 하기 위하여 몇 가지 화어(speech)를 발달시킨다. 이렇게 해서 임시 변통된 것이 피진이라 불리우고 있다. 이것은 어떤 집단의 토착어(native language)가 아니라, 실제적 의사 소통을 위하여 합작된 혼합어(mixed language)인 것이다.

이들 한국 뱀부 영어의 문형은 기본적으로 영어와 같다. 우리들이 문법 체계를 이용할 때, 일반적으로 단어는 문장에서 이들의 위치로 말미암아 명사, 형용사, 동사, 부사 등으로 인지되고 분류된다. 한국어는 또한 한국 뱀부 영어에 단어를 제공한다는 면에서 중요한 역할을 한다고 하겠다. 그러나 앞서 보인 "shipsho"의 쓰임처럼, 단어로 확대 적용함을 주목하게 된다.

5. 동남아 공동체의 형성

이들 "동남아 공동체"의 형성은 대개 90년대 이래인 것으로 제안하는 데, "필리핀, 태국, 베트남, 인도네시아, 방글라데시, 스리랑카, 파키스탄, 네팔" 등 동남아 제어 집단을 들게 된다. 다음 이들의 연도별 통계(통계청, 2000: 90)에, 최근 자료(2001년 10월 31일 현재, 불법 체류자 포함)를 첨가한다.

도표 6-7

동남아 거류 외국인

	(1985)	(1990)	(1995)	(1988)	(1999)	(2001)
필 리 핀	215	578	9,004	7,960	10,797	44,739
태 국	—	—	—	—	—	37,660
베 트 남		1	5,693	8,144	10,021	31,549
인도네시아	19	78	3,434	9,714	13,635	79,339
방글라데시	11	11	2,700	5,741	6,732	—
스 리 랑 카	8	72	1,674	2,397	2,243	—
파 키 스 탄	27	27	803	1,274	1,775	—
네 팔	9	12	824	976	1,190	—

이들은 80년대 이래 교육과 소득의 수준이 향상되고 도시화가 급진전 됨에 따라서, 저임금, 단순 노동을 지칭하는 이른바 "3 D 업종"(Difficult, Dangerous, Dirty)이라는 "기피 직종"에 종사하는 외국인들에 관한 것이다. 그리하여 중소 제조업종 중에서 일반인들이 취업을 꺼리기 때문에, 그 공백을 메우기 위하여 기술 연수라는 이름으로 수용되었던 것이다.

재래의 동남아와의 접촉은 안남(安南)에 관한 기록(小倉進平, 1960: 676~677)[138]이 있다. 즉 이선달(李先達)의 표주록(漂舟錄)이 있어, 표류민에 관한 언급이다. 그리고 지봉유설(芝峰類說)에 안남어에 대한 기록을 드는 것이다. 근래 한국의 월남 파병으로 얼마의 한국말이 그들의 차용어로 수용되었을 것이다. 국내에 알려진 것은 "따이한"(한국) 정도가 아닌가 한다.

오늘날 이들 외국인 근로자들이 가장 많이 모여사는 곳(조선일보, 2002. 7. 15.)은 경기도 안산시[139] 원곡동 일대인데, 대부분 "중국, 파키스탄, 방글라데시, 스리랑카, 필리핀" 등 제3세계 출신 불법 체류자들이다.

이곳은 90년대 초 반월·시화 공단 내 영세 업체들이 외국인 근로자들을 고용하기 시작하여, 97년 말 "외환 위기"까지 외국인 근로자들의 수는 4만여 명에까지 이르렀다. 최근 경기가 회복되고 공장 가동률이 늘면서 안산 시내 외국인 근로자의 수는 계속 증가하고 하고 있어, 안산 시민 총수(62만 701명, 2002. 6. 30. 현재)의 약 5%에 육박한다. 더욱 이들의 정착을 위하여 1994년 이래 "안산 외국인 근로자 센터"(대한 예수교장로회 설립)가 크게 역할하였고, 이들의 한국에 대한 공동체 의식도 많이 향상된 것이라 한다. 그럼에도 이들 한국말 능력에 관한 언어학적 정보는 아직 전무한 상태이다.

이들 동남아인과 한국 여성과의 국제 결혼은 2002년의 경우 총 2,798건(조선일보, 2003. 5. 5.)에 달했다는 것이다. 그리하여 이들 사이의 혼혈아인 이른 바 "코시안"(kosian. 코리안+아시안)의 수가 급증하고 있어, 앞으로 10년 후면 10만을 넘어설 전망이라는 것이다. 여기 21세기 "신혼혈인 시대"를 예고한다는 제안이다.

위의 통계표에서 보는 것처럼, 필리핀인이 최대 집단이다. 여기 서울 혜화동 성당(조선일보 2000. 5. 18.)에서는 천주교 서울 대교구의 지시로, 지난 96년부터 매주 일요일에 필리핀 사람들만을 위한 미사가 열린다. 필리핀인 신부의 강론이 있는 이 성당에는 영어와 타가로그어로 동시에 진행되는 일요일 미사에는 4,000여명의 필립핀인들이 참석한다고 한다. 그리하여 이들은 혜화동 성당을 중심으로 하여 그들 공동체적 유대를 지속하고 있다는 것이다.

이제 한국에도 "소수 집단"이라 할 수 있는 "외국인 근로자 35만명 시대"(문화일보, 2002. 1. 24.)를 맞고 있다. 그리하여 이들 근로자들도 임금 인상을 요구하며, 첫 집단 파업을 하였다는 것이다. 즉 포천의 한 가구 공장의 외국인 근로자 9개국 100여명(러시아 30명, 우즈베키스탄 30명, 이란 13명, 나이지리아 9명, 루마니아 6명, 필리핀 6명, 몽골, 태국, 몰도바 등)이 서로 말이 통하지 않은 상황에서 "노 페이, 노 워크"(No pay, No work)라는 영어로 된 구호를 외쳤다 한다. 영어는 이들의 "공통어"였다.

위의 외국인 근로자는 같은 "소수 집단"이라도 베트남 난민들의 경우(광주일보, 1983. 6. 8.)와는 다르다. 즉 이들은 "정치적 난민"으로서 "신 소수 집단"인 것이다. 이들은 1975년(4월 30일) "월남 패망"을 당하여 LST편으로 1,379명이 한국에 온 것을 비롯하여, 보트 피플(boat people)등 78년까지 근 3,000명의 월남 난민이 들어 왔다. 그러나 대부분 연고자를 찾아 미국, 호주, 서독, 캐나다 등지로 떠났다. 따라서 남은 사람은 83년 3월말 현재 9가구 355명이다. 더욱 이중 20세 이상의 남자는 10여명에 불과하고 나머지는 모두 어린이와 미망인들이다. 이들은 당국의 도움으로 희망자는 한국 국적을 받았지만, 미취득자는 30여명으로, 대부분 다른 나라의 연고자를 찾아 다시 떠날 준비를 한다는 것이다. 또한 한국 귀화자들은 단순 노동, 식당 종업원, 가정부 등의 직업이다. 그들은 "언어 소통"의 장애와 문화의 차이 때문에 정착에 어려움이 많은 것이라 한다.

미주 · 원문

1) "A community of practice is an aggregate of people who come together around some enterprise."
   Eckert, P.(2000), op. cit., p.35.
2) Winford, D.(2003) An Introduction to Contact Linguistics, Malden, MA., USA, Blackwell, 416pp.
3) "The significant parameters of contact linguistics are linguistic levels (phonology, syntax, lexicon) and also discorse analysis, stylistics, and pragmatics. An addition there are the many external linguistic factors,

such as nation, language community, language foundaries, and migration."

Nelde, P. H.(2002) Language contact, <u>The Oxford Handbook of Applied Linguistics</u>, Oxford University Press, Oxford / New York, pp.325~334.

4) 장태진(1992) 사회언어학과 한국방언의 연구(일문), 日本方言硏究會 第54回 연구발표회 발표원고집, 筑波大學, 東京, pp.32~40.

5) 小倉進平(1938) 方言境界線の一例, <u>帝國大學新聞</u> 1938. 11. 14.

6) ______(1944) <u>朝鮮方言の硏究(下)</u> 東京, pp.523~526

7) 이익섭(1970) 전라북도 동북부 지역의 언어분화, <u>어학연구</u> 제Ⅵ권 제1호, 서울대, pp.57~87.

8) 서주열(1981) <u>전남·경남 방언의 등어지대 연구</u>, 서울, 154pp.

9) 김영배(1984) 방언 접촉의 한 고찰, <u>국어학 4</u>, 서울, pp.83~91.

10) 전광현(1983) 영동·무주 접촉 지역어의 음운론적 고찰, <u>도양학 제12집</u>, 단국대, 서울, pp.1~20.

11) 최전승(1990) 판소리 사설에 반영된 19세기 후기 전라방언의 특징—경어법 체제를 중심으로, <u>한글 제210호</u>, 서울, pp.123~77.

12) 眞田信治·澁谷勝己, 陣內正敬, 杉戶淸樹(1992) <u>社會言語學</u>, 東京, 199p.

13) 거문도 방언의 모음을 / i, e, a, o, u, ɨ, ə, ∅, y / 로써, 9모음 체계를 제안하고 있다.
   홍순탁·이돈주(1965), 거문도 방언에 대하여, <u>호남문화연구 제3집</u>, 전남대 광주, pp.49~90.

14) 김영송(1977) 경남방언·음운, <u>한글 제153호</u>, 서울, pp.83~125.

15) 조규태(2001) 경남방언 모음체계의 사회언어학적 고찰, 경상대 경남문화연구원 편, <u>경남방언 연구</u>, 서울, 301pp.

16) 이기갑(1986) <u>전라남도의 언어지리</u>, 서울, 247pp.

17) 특히 "경북 방언"의 경우, "반촌어"에서 /ɨ/와 /ə/가 "글(書), 걸(웇)"의 어례처럼 단어의 뜻을 구분하는 지역에는 7모음 체계가 된다고 할 수 있다는 것이다.
   이상규(1995) <u>방언학</u> 서울, p353.

18) 남광우(1975) 단무음화 음성모음화 연구, <u>동양학 제5집</u>, 단국대, 서울, pp.43~55.

19) 이기갑·고광모·기세관·정제문·송하진(1998) <u>전남방언사전</u>, 서울, 673pp.

20) 김영태(1975) <u>경상남도 방언연구(1)</u>, 서울, 281pp.

21) 이민식(1998) <u>근대 한미관계 연구, 증보판</u>, 서울, 467pp.

22) 홍순탁·이돈주(1965) <u>op. cit.</u>

23) 이돈주(1978) <u>전남 방언</u>, 서울, 223pp.

24) 통계청(2000) <u>국제통계연감</u>, 서울, p.90.

25) 이들 중 "중요 국가별 현황"은 다음과 같다.

국내 외국인 체류자

국 명	체류자	불법체류자	국명	체류자	불법체류자
중 국	197,000명	124,599명	태국	21,096명	16,564명
미 국	98,795명	1,559명	인도네시아	21,091명	8,248명
일 본	29,051명	417명	베트남	20,083명	11,458명
필리핀	28,969명	15,770명	러시아	10,945명	2,512명
대 만	24,580명	478명			

26) Wardhaugh,R.(2002) *An introduction to Sociolinguistics*, fourth edition, Blackwell, Massachusetts, USA, 408pp.

27)

다수 외국인 공동체

중 국	중국어	21,259명
미 국	영어	15,814명
일 본	일본어	7,793명
필리핀	영어	2,665명
캐나다	영어, 불어	1,909명
대 만	중국어	1,371명
러시아	러시아어, 한국어	1,302명
프랑스	불어	1,257명
인도네시아	인도네시아어	1,210명
베트남	베트남어	1,109명

28)

소수 외국인 공동체

영 국	영어	977명	네 팔	네팔어	166명
독 일	독일어	937명	몽 골	몽골어	161명
오스트레일리아	영어	868명	브 라 질	포르투갈어	156명
인 도	영어	574명	네덜란드	화란어	143명
파키스탄	우루두어	509명	스 웨 덴	스웨덴어	136명
방글라데시	벵갈어	448명	스리랑카	싱할라어, 타밀어	126명
말레이시아	말레이어	237명	이탈리아	이태리어	110명
우즈베키스탄	우스베크어, 한국어	193명	미 얀 마	미얀마어	105명
뉴질랜드	영어	188명	싱가포르	영어	104명
태 국	타이어	175명			

29) 극소수 외국인 공동체, 생략/ 총계 97,908명.

30) 일찍이 Romaine이 "런던에서는 장소에 따라서 50종의 상이한 언어가 쓰인 다"고 하였다. Romaine, S.(1994) <u>Language in Society, An Introduction to</u>

Sociolinguistics, Oxford University Press, U.K., p.68.

31) 외교통상부(2000) op. cit.

32) 泉井久之助(1956) 言語の研究, 東京, 319+10pp.

33) Gerade, B.(1954) *The world in your Garden*, Washington, p.114.

34) 최남선(1943) 고사통, 서울, 269+37pp.

35) 上田正昭 辛基秀 仲尾宏(2001) 朝鮮通信使とその時代, 東京, 303pp.

36) 小倉進平(1944) 朝鮮語方言の研究, 上, 東京, 514+31pp.

37) 고려대민족문화연구소(1995) 중한대사전, 서울. 3379pp.

38) 김영배(1997) 평안방언연구, 자료편, 서울,383pp.

39) 이기문(1991) 국어어휘사연구, 서울, 421pp.

40) 小倉進平(1944) op. cit.(상)

41) 장흥권(1999) 조선어, 한어, 일본어 현대 어휘와 그 변이에 대한 대비연구, 북경, 503pp.

42) 장태진(1998) 국어변말사전, 서울, 852pp.

43) 김완진(1970) 이른 시기에 있어서의 한중 언어 접촉의 일반에 대하여, 어학연구 제6권 1호, 서울대 어학연구소, 서울, pp.1~16.

44) 羽田亭(1937) 滿和辭典, 京都, 478pp.

45) 小澤重男(1983) 現代モンゴル語辭典, 東京, 681pp.

46) 민족문화사(1991) 한국민속대사전, 서울, 1635pp.

47) 장흥권(1999) op. cit.

48) 太宰治(1950) 斜陽, 角川文庫, 東京, 196pp.

49) 石原愼太郎(1970) 太陽の季節, 新潮文庫, 東京, 285pp.

50) 石綿敏雄(2001) 外來語の總合的研究, 東京, 360pp.

51) 장태진(1998) op. cit.

52) 奧山益郎(1974) 現代流行語辭典, 東京, 294pp.

53) 장태진(1963) 한국은어사전, 서울, 168pp.

54) 고승제(1973) 한국이민사연구, 서울, pp.331~375.

55) 박은경(1982) 화교의 종족 정체성과 이동의 관계, 현상과 인식 제6권 제4립, 서울, pp.180~216.
   한국말의 에스닉 변종에서 전형적으로 "화교 변종"을 제안하지만, 이들의 정착은 일제말 그들의 전성기가 아닌가 한다. 여기 "비단 장수 왕서방"이라는 대중 가요의 가사에 "한국말, 화교 변종, 중국어" 등, 3가지를 식별한다. 여기 "비단이 장수, … 돈이가 …" 등을 예시한다.

56) 박은경(1981) 한국 화교의 역사, 진단학보, 제52호, 서울, pp.97~128.

57) 박은경(1982) op. cit.

58) 엄익사(2002) 중국언어학 한국식으로 하기, 서울, 373pp.

59) 엄익사(2002) 한국, 중국 음식명의 음운학적 분석, op. cit., pp.169~190.

60) 김형규(1976) 국어사 연구, 서울, 188pp.

61) 유창균(1980) 한국 고대한자음의 연구 I, 대구, 424pp.

62) ______(1983) 한국 고대한자음의 연구Ⅱ, 대구, 366pp.

63) 박은용(1970) 중국어가 한국어에 미친 영향-음운편, 논문집 6 · 7집, 효성여대, 대구, pp.9~85.

64) 이기문(1991) 국어어휘사연구, 서울, 421pp.

65) 남풍현(1968) 15세기 언해문헌에 나타난 정음 표기의 중국계 차용어사 고찰, 국어국문학 39 · 40, 서울, pp39~86.

66) 강윤호(1958) 이조 여성과 한글보존-한글 보존 사상의 한국 여성의 공적-, 김활란 박사 교직 근속 40주년 기념 한국여성문화논총, 이화여대, 서울, 346pp.

67) 田中春美, 田中幸子(1996) 社會言語學への招待, 東京, 215pp.

68) 奥山益郎(1974) op. cit.

인천 차이나 타운

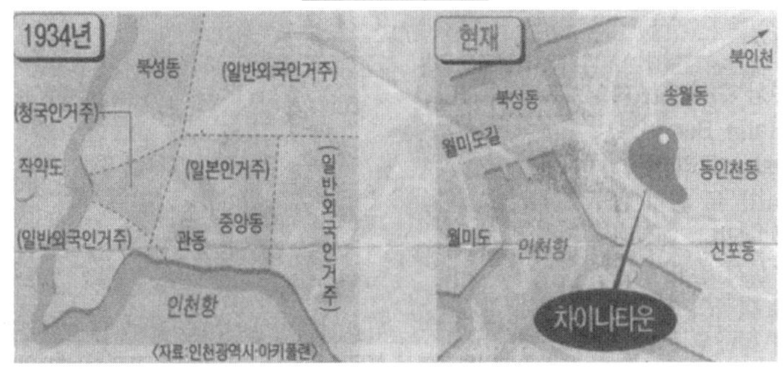

69) 이희승(1961) 국어대사전, 서울, 3330+117pp.

70) 石綿敏雄(2001) op. cit.

71) 최세진(1527) 훈몽자회, 대제각 영인, 서울.

72) 今村鞆(1930) 船の朝鮮, 서울, 177pp.

73) 이희승(1991) 국어대사전 제7판, 서울, 4486+142pp.

74) 한글학회(1992) 우리말큰사전, 서울, 5496pp.

75) 사회과학원 언어학연구소(1992) 조선말대사전Ⅰ, 평양, 1990pp.

76) 小倉進平(1944) op. cit.(상)

77) 현평효(1962) 제주도 방언 연구 제1집, 자료편, 서울, 595pp.

78) 이탁(1967) 국어 어원 풀이의 일단, 한글 제140호, 서울, pp.22~68.

79) 今村鞆(1930) op. cit.

80) 小倉進平(1944) op. cit.(상)

81) 서울특별시(2001) 주민등록인구통계, 서울, 653PP.

82) 小倉進平(1940) op. cit.(하)

83) 김영모(1982) 한국사회계층연구, 서울.

84) 김민수(1973) 국어정책론, 서울, pp.503~11.

85) 송민(1979) 언어의 접촉과 krstjq 유형에 대하여 -현대 한국어와 일본어의 경우- 논문집 10, 성심여대, 서울, pp.29~62.

86) 한글학회(1992) op. cit.

87) 安田吉實·손낙범(1987) <u>민중엣센스 일한사전</u>, 2490pp.

88) 김민수(1997) <u>우리말 어원 사전</u>, 서울, 1309pp.

89) 荒川惣兵衛(1968) <u>角川外來語辭典</u>, 東京, 1534pp.

90) 楳垣實(1966) <u>外來語辭典</u>, 東京, 527pp.

91) 楳垣實(1975) <u>外來語</u>, 東京, 429pp.

92) 유창돈(1961) <u>국어변천사</u>, 서울, 354pp.

93) 장흥권(2000) <u>일반사회언어학</u>, 삼양, 445pp.

94) 安田吉實·손락범(1973) <u>op. cit.</u>

95) 小倉進平(1944) <u>op. cit.</u>(상)

96) 眞田信治(2000) <u>脫·標準語の時代</u>, 東京, 222pp.

97) 조선총독부(1928) <u>op. cit.</u>

98) 이훈종(1968) <u>국학도감</u>, 서울, 119pp.

99) 정달용(1964) <u>홍자옥편 수정 10판</u>, 서울, 637+147+122+3pp.

100) 小倉進平(1944) <u>op. cit.</u>(상)

101) 김영배(1997) <u>op. cit.</u>

102) 김영배(1997) <u>op. cit.</u>

103) 小倉進平(1944) <u>op. cit.</u>(상)

104) 김완진(1957) 제주도 방언의 일본어 어사 차용에 대하여, <u>국어국문학 제18호</u>, 서울, 236pp.

105) 제주대(1972) 창천리 학술조사, <u>국문학보</u> 제4집, 제주대, 제주, pp.83~172.

106) 송민(1979) <u>op. cit.</u>, pp.29~62.

107) 송민(1988) 국어에 대한 일본어의 간섭, <u>국어생활</u> 제14호, 서울, pp.25~34.

108) 통계청(2000) <u>op. cit.</u>, p.90.

109) 서울특별시(2001) <u>주민등록 인구통계</u>, 서울, p.21.

110) 그들 여행기의 지도에 "거문도"(Port Hamiltion) 표기가 있어, 이 곳 경유를 추정하고 있다.
이민식(1998) <u>op. cit.</u>
한국말의 방언학 연구서에 이미 언급되지만, 여기 28개 단어(일기에 포함된 "hoya hoya"을 포함하여)를 수집하였다는 기록이다.
小倉進平(1944) <u>op. cit.</u>, pp.531~2.

111) 여기 오류(ero)는 언어학적 특징이고, 과오(mistake)는 비언어학적 특징으로 구분하여 사용하였다. 여기 수행 오류(performance error), 화어 오류(speech error), 통사 오류(syntactic error) 등을 식별한다. 일본어 차용인 "dokada → 노가다"는 화어 오류에 기인한다.
Trudgill, p. ed.(1984) Introduction, <u>Applied Sociolinguistics</u>, London, pp.1~4.

112) 거문도(巨文島)는 원래 삼산도(三山島)라 하였다. 이도(夷島, 또는 古島)를 중심으로 동도(東島) 서도(西島)등 세 섬이 깊은 내해를 안고 있어, 천연의 양항이다. 주민 구성의 역사는 왜구·왜란에 따른 공도 정책에 의하여 임진 왜란(1592~8) 이후 재입도로 개편된다. 따라서 연고자 입도를 감안하여도 거

의 400년을 상회하기 어렵다. 재래의 해로는 장흥 수문포와의 교통이 빈번하였으나, 근래 여수・제주 간 항로 개설에 따라 중간 기항지가 된다. 더욱 어업 발달로서 부산・경남 출신자의 대량 진출이 있어, 이 작은 도서(면적 1km²)의 방언에 심각한 영향을 준다고 한다. 특히 1885~7년에는 영국 동양 함대에 의하여 점령된 바 있다. 주민은 삼산면 2,559명(한국도시행정연구소, 2003, 지방행정구역연감; 1403)이다. 다음 이곳 방언 사전이 간행되었으나, 공교롭게 145개의 "거문도 방언"의 어휘가 모두 수록되지 않았다.

이기갑・고광모・기세관・정재문・송하진 공편(1998), 전남방언사전, 서울, 673pp.

113) 홍순탁・이돈주(1965), 거문도 방언에 대하여, 호남문화연구 제3집, 전남대, 광주, 155pp.

114) 이돈주(1978) 전남 방언, 서울, 223pp.

115) 최보일(1985) 우리말 적음화의 사적고찰, 국어국문학논문집 제6집, 송랑구연식박사 화갑기념호, 동아대, 부산, pp.323-346.

116) 한국말을 수집한 Hall, B. 선장 일행의 기록에서 다음의 소개가 중요하다. 즉 Phang namo(Tree), Phee(Grass), Hota(Good), K,hool(Earth), Khal(knife)의 5낱말에 대하여 "이 5낱말은 우리들이 도저히 원주민처럼 발음할 수 없을 정도로 강하게 기음화된 h로 발음된다."고 하고, 또한 한국말의 성질에 관하여서는 "한국말은 대개 불유쾌한 언어가 아니며, 중국어에 있는 것과 같은 harsh한 음을 포함하지 않는다. 원주민은 쉽게 영어의 발음을 시늉내며, 일반적으로 극히 높은 톤으로 말을 한다" 등, 파고 드는 관찰을 하고 있다.

小倉進平(1944) op. cit., p.532.

한국말 기음에 대한 같은 견해는 다음에 거론되고 있다.

Kim, Chin-Wu(1970) A Theory of aspiration, Phonetica 21, pp.107~16.

117) 서주열(1981) 전남・경남 방언의 등어지대 연구, 서울, 154pp.

118) 홍순탁・이돈주(1965) op. cit., Kim, Chin-Wu(1970) op. cit.

119) 이돈주(1978) op. cit.

120) "한국어 방언사"에서, 이중 모음 "외, 위"의 문제는 다음에 상론되어 있다. 최전승(1978) 이중 모음 '외'・'위'의 단모음화 과정과 모음 체계의 변화, 어학 제14집, 전북대 어학연구소, 전주, pp.19~48.(최전승, 1995, 한국방언사연구, pp.359~95.)

한국말 "귀"의 고형은 "*kui"의 추정이 가능한가? 만주어 "ho~, hū"가 보인다.

hohori(耳門)   hūsuri, hosori(耳寒, 비듬, 귀여지)

박은용(1969) 만주어 문어 연구, 대구, 178pp./ 김형수(1995) 만주어・몽고어 비교어휘사전, 서울, 998pp.

121) 홍순탁・이돈주(1965) op. cit.

122) "거문도 방언"이 "제주도 방언"의 어휘를 차용한 예가 있고, 국어 변말이 이들 방언의 어휘를 함께 차용한 예가 있다. 여기 "거문도 방언, 학생 속

어"보다 "제주도 방언, 범죄 은어"가 더욱 폐쇄되어 있는 변종에 속한다고
하겠다.

방언의 변말 차용

방 언	(제주도 방언) 마농(파) 독새끼(달걀)	(거문도 방언) 마농(마늘) 독새끼(병아리)
변 말	(범죄 은어) 독새끼(달걀)	(학생 속어) 도개끼(병아리)

현평효(1962) 제주도 방언 연구, 제1집 자료편, 서울, 593pp.

장태진(1998) 국어변말사전, 서울, 852pp.

123) 언더우드(1890) 한영ᄌ뎐, 요코하마.

124) 리델 등(1880) 한불ᄌ뎐, 요코하마.

125) 장흥권(1999) op. cit.

126) 문세영(1938) 조선어사전, 서울.

127) 최남선(1943) 고사통, 서울. 269+37pp.

128) 게일(1931) 한영대자전 제3판, 서울.

129) 조선총독부(1928) 조선어사전, 서울.

130) 고려대민족문화연구소(1995) 중한대사전, 서울.

131) 이희승(1961) 국어대사전, 서울.

이희승 국어사전에서 어계별 통계를 보인다.

영 어	12,887낱말 (90.3%)
독일어	440낱말 (3.1%)
프랑스어	410낱말 (2.9%)
이태리어	280낱말 (1.9%)
라틴어	126낱말 (0.9%)
그리스어	65낱말 (0.5%)
러시아어	57낱말 (0.4%)
(합계)	14,265낱말(100.0%)

이희승(1961) op. cit., 부록, pp.2-74.

132) 배양서(1970) 한국 외래어에 관한 서설, 한국외래어사전, 서울p.309.

133) 石綿敏雄(2001) 外來語の總合的研究, 東京, 360pp.

이종국(1937) 모던 조선외래어사전, 서울, 666+331pp.

배양서(1970) 한국외래어사전, 서울, 318pp.

134) 楳垣實(1955) op. cit.

135) 荒川惣兵衛(1968) op. cit.

136) Malmstrom. J.(1973) *Language in Society*, raised second edition, New
Jersey, USA, pp.4~8.

137) 荒川惣兵衛(1968) <u>op. cit.</u>
138) 小倉進平(1940) <u>op. cit.</u>(하)
139) 다음 안산시 동남아인 거주지의 지도를 보인다.

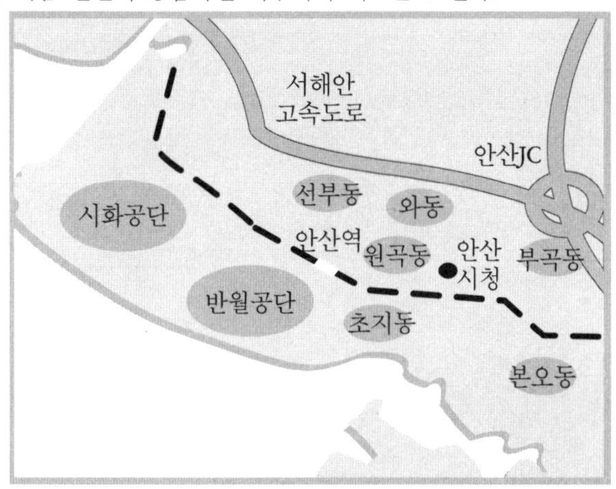

제**7**장 결 론

이들 "한국말 공동체의 연구"에 있어서, 먼저 제기되는 문제는 술어론에서 보이고 있는 국내 대다수의 관련 논저가 주제의 술어인 "speech community"를 아무런 검토 없이 "언어 공동체"로 대역하고 이것을 관념화한 데서 비롯된다. 그리하여 "language community, linguistic community …" 등에 대한 개념의 혼란을 자초하게 된다. 따라서 이것을 정정하고 "화어 공동체"를 제안하게 된다. 다음 중요한 문제는 이들에 관한 사회언어학의 여러 정의들이 그들 학문적 배경에 따라서, 상호간 괴리 현상을 보이는 것이다. 연구자들은 세계의 대다수 화어 공동체들이 2중 언어제 또는 다중 언어제라는 언어 사용의 특징을 가진다는 통설에만 매달려 있어, 한국말과 같은 "분단 언어"의 이론적 문제는 아예 아랑곳하지도 않았다. 그리하여 최근에 거론되는 "이산 언어"와 함께 새로운 연구 과제가 아닌가 한다. 더욱이 "단일 언어제"에 익숙한 우리들은 국내 거류 외국인 말을 우리와는 무관한 양, 돌아보지도 않았다. 확실히 금세기는 "다언어·다문화 시대"이며 한국도 예외가 아니다.

우리들은 한국말 공동체의 기술에 있어서 "화어 공동체"와 "소통 공동체”의 “통합 패턴”을 세워, 여기 제1패턴(남한 한국말 공동체), 제2패턴(북한 한국말 공동체, 교포 한국말 공동체), 제3패턴(거류 외국인 공동체) 등을 식별하게 된다. 그리하여 이들 패턴들의 배합으로 광역 한국말 공동체를 세워, 여기 한국말 공동체1(남한, 북한, 교포 한국말 공동체), 한국말 공동체2(남한, 북한 한국말 공동체), 한국말 공동체3(남한 한국말 공동체), 한국말 공동체4(남한 한국말 공동체, 거류 외국말 공동체) 등을 식별하게 되는 것이다. 그리하여 “화어 공동체”의 경우 남한, 북한, 교포 공동체 등이 긍정적이며, “소통 공동체”의 경우 거류 외국말 공동체가 긍정적이다.

한국말 공동체에 있어서, 그 “현대 국어”에 특기할 것은 1910년 이래 상실하였던 “국어 지위”를 38년만인 1948년에 회복하였다는 사실이다. 그리하여 “회귀형, 역전형”의 언어 지위의 변동을 겪어, 훌륭하게 “언어 부활”을 실현하였다. 이것은 사회언어학에서 높이 평가함을 지적하여 두자. 그럼에도 불구하고, 여기 불행하게도 “분단 국가”라는 특수한 정치적 상황으로, “언어 이질화”라는 새로운 사회언어학적 문제가 크게 대두되었다. 그리하여 우리들은 “언어 분단”을 기술하지만, 이것을 교포말 공동체에 해당되는 “언어 이산”의 개념과 식별하게 된다. 그리하여 우리들은 “화어 공동체의 구성원 이동이 수반하지 않은 순수한 인위적인 언어 분리”를 “분단 언어”로 제안하였다. 여기에 대하여 “구성원 이동이 수반하는 보다 자연적인 언어 분리”를 “분기 언어”로 식별하자는 것이다. 한국말의 “분단 관계”에서 언어 이질화를 전형적으로 “두음법칙”에 관하여 집중적으로 기술한다. 이것은 북한의 “문화어”의 문제에 직결되지만, 다만 연소층에서 이질화가 현저하고 연장층에는 그렇지 않다는 사회언어학적 세대를 주의하게 된다.

한편 “교포말 공동체”의 기술에 있어서 4대 교포말에 제한하였지만, 그 배경과 현대의 모습은 서로 특수하다. 그리하여 여기 모국어 보존에 관심의 초점을 두는 것이다. 그리하여 교포말의 일반적 변인은 먼저 (1) 거류 세대에서 1세·2세의 경우에 모국어 보존이 가능하지만, 3세·4세에는 불가능하다는 것이다. 다음 (2) 연령에서 노인층에 모국어 보존율이 높으며, 연소층에는 낮다는 것이다. 특히 재CIS 교포의 경우, 노인층에서만 모국어 보존이 일반적이라 한다. 한편 (3) 도시화에서, 재CIS 교포의 경우는 도시 교포말에는 거의 모국어의 보존이 불가능하다는 것이다.

이들에 대하여, 언어 사용에 관한 "영역"의 특징을 보자. 먼저 (1) 가정에 있어서 친족간 대화는 상위 친족이 모국어를, 하위 친족이 현지어를 쓰는 예가 많다. 더욱 부부간 대화에 모국어 쓰임이 보고된다. 특히 재일 교포의 경우, 일본어 회화에서 친족 호칭어만은 모국어의 단어를 끼워 쓴다는 것이다. 역시 재일 교포들이 "제례 용어"에 모국어를 보존한 예가 있다. 다음 (2) 교회에서, 모국어의 쓰임은 재미 교포의 예이다. 더욱 교회 직영으로 "한글학교"가 운영된다는 것이다. 한편 (3) 문학·예술에 있어서 모국어의 쓰임은 중국 교포의 예이다. 또한 (4) 교육에 있어서, 연변자치주의 경우는 초등 교육에 모국어 교육이 크게 강화되지만, 고등 교육에는 현지어(중국어)가 중요하다는 것이다. 끝으로 (5) 행정에 있어서, 연변 자치주의 경우는 당·정에 모국어(공용어)가 쓰이지만, 행정 상용어는 현지어(중국어)가 쓰인다는 것이다. 그럼에도 한국말이 공용어로 규정된 연변 자치주의 예는 특수한 것이다.

마지막으로 국내 거류의 "외국말 공동체"의 기술에 있어서는 연구 자료에 극심한 제약이 있다. 그리하여 그들 화어 공동체의 언어 사용에 대한 기술이 어려운 실정이다. 그럼에도 "언어 접촉"에 관하여 우리들은 "한국말의 3대 언어접촉"을 제안하게 된다. 먼저 (1) "한·중 언어접촉"은 한자의 문자 차용과 함께, 조숙한 고대 중국의 문화를 접함에 따라 긍정적이든 부정적이든 "한자어"는 한국말의 질적 발달에 큰 영향을 주었다. 또한 "입말의 대량 접촉"은 한말 "임오군란" 이후의 일이다. 다음 (2) "한·일 언어접촉"은 이조 때 통신사의 내왕과 같은 비록 평화적 측면도 있지만, 왜구·왜란을 비롯하여 "식민지 지배" 등으로 "입말의 대량 접촉"과 함께 심각한 "언어 간섭"을 남겼다. 끝으로 (3) "한·미 언어접촉"은 글말에 의한 전통적인 "간접 접촉"도 크지만, 광복 이후 "입말의 대량 접촉"으로 외래어 등 현대화에 관련되고 있는 것이다. 아울러 최근 동남아인의 대량 유입이 있어, "코시안"이 거론되고 있다.

ABSTRACT

A Study of Korean Laguage Community :
Theories of Macrosociolinguistics

Chang, T. J.

In sociolingustics, there have been various proposition on the concept of speech community owing to differences in both academic backgrounds and personal viewpoints concerning terminology and definition. First of all, there are problems of both selection of terminology such as speech community, language community, linguistic community, etc. and their Korean equivalents. Moreover, as for the concept of speech community, the dominant language which has, as a practical reality, the function of the language of wider communication has assumed the primary position. On top of this, too much emphasis on bilingualism has brought about a negligent attitude toward the importance of monolingualism and relevant areas; i.e., divided language, diaspora language, and so on.

Firstly, as for the limitations the concept of speech community faces today, pessimism should be minimized and the theory of communication community should be employed. In other words, both historical aspect which emphasizes language and ethic aspect which emphasizes mother tongue should be put into consideration. Secondly, should one depart from the arguments about speech community and concentrate on network theory. This concept is effective in doing a detailed research into relatively small groups, which is quite different from a large scale investigation into the whole community. Thus, this research is centered around the individual level, not the group level. However, it has been point out that there are no boundaries in a network. Considering these, Synthetic pattern speech-communication community is proposed.

On the other hand, the Korean language proposed here in the wide sense includes the ethnic varieties found in the Korean language spoken in the ethnic group in south Korea, the Korean language spoken in north Korea which has language norms quite different from those of the Korean Language spoken in south Korea, and the Korean language of Korean emigrants in foreign countries which undergoes both language maintenance and language lose. therefore, Korean language community in a wider sense includes not only fluent speakers of the Korean language but also those who live in Korea with a least competence of the Korean language and the third and fourth generation Koreans who hardly speak the Korean language. Thus, the former needs communication community and the latter needs speech community.

Diaspora of language among Korean emigrants has begun in the second half of the nineteenth century. Those emigrants were all refugees who later become agricultural emigrants in the northeastern part of China and on Primary Region of Russia. This type of emigration continued during the Japanese colonial rule of the Korean Peninsula. There have also been Korean emigrants in Japan and America; Korean emigrants in Japan emigrated there during the Japanese rule and worked as miners and public workers, but most of Korean emigrants in America went there during the 1960s and after at their free will. The division of Korean language has started with the establishment of the north Korean regime and also with the establishment of the so-called culture language by the north Korean regime. Especially, the culture language has peculiar norms very different from those of the Korean language spoken by main stream Koreans so that heterogenization of the Korean language has been accelerated. Moreover, the presence of foreigners has influenced over the Korean language change firstly by chinese in olden days, then by Japanese sometime during the first half of the twentieth century, and now by various language of factory-workers from southeast Asian countries.

The following table shows a sociolinguistic profile of both the pattern of Korean language community and the sociolinguistic pattern of the Korean language. Along with the component representations of the integrated pattern of these speech community (SC) and communication community (CC), the pattern of common language, divided language, diaspora language, and ethnic varieties are identified, and oppositions among language contact (Con) and its degree (0 to 3), majority language (Maj), minority language (Min), first language (L1) and second language (L2) are described.

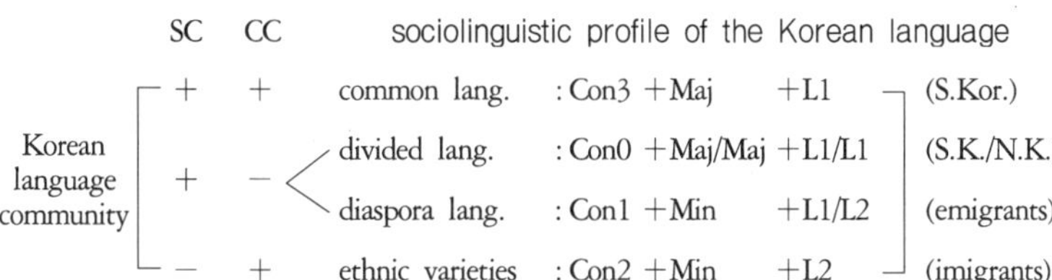

요 약 ...

　사회언어학에 있어서 지금까지 거론하고 있는 화어 공동체의 개념은 그 술어론에 있어서나 정의에 있어서, 학문적 배경이나 개인적 견해의 차이로 인하여 다양한 제안을 보이고 있다. 우선 술어에 있어서 "speech community, language community, linguistic community …" 등의 선택과 한국말 대역어의 사용에 문제가 있다. 더욱 화어 공동체의 개념에 대하여서는 그 현실적 실재로서 광역어의 기능을 가지는 지배 언어를 중심으로 보고, 여기 2중 언어제의 보편성을 강조한 나머지 우리들에게는 중요하다고 보는 단일 언어제의 관련 부문을 소홀히 하였다. 예를 들면 분단 언어, 이산 언어에 대한 연구와 같은 것이다.

　오늘날 화어 공동체의 개념이 당면한 한계성에 대하여 먼저 (1) 비관론을 줄이고, 소통 공동체의 이론을 수용하게 된다. 즉 언어를 중심으로 하는 역사적 측면과 모어를 중심으로 하는 에스닉 측면을 함께 고려하는 것이다. 다음 (2) 화어 공동체의 논란에서 아예 이탈하고, 완전히 망상체의 이론에 전념할 것인가? 이 개념은 대규모의 전체 조사와 달리, 비교적 작은 집단을 세부적으로 연구하는 데 유효한 수단이 된다. 그리하여 이 연구는 집단보다 개인의 레벨이 중심이라 하겠다. 그럼에도 망상체에는 그 경계가 없다는 지적이 있다. 이와 같은 문제를 고려하여, 우리들은 화어·소통 공동체의 통합 패턴을 주장하는 것이다.

　한편으로 여기 제안하는 광의의 한국말에는 국내 거류 에스닉 집단들의 한국말에서 볼 수 있는 에스닉 변종을 비롯하여, 문화어 또는 조금 다른 언어 규범을 가지는 북한말 및 언어 보존과 언어 전환이 공존하는 교포말을 모두 포함하는 것이다. 그러므로 이 한국말 공동체에는 아직 한국말이 서툴거나 거의 쓰지 못하는 국내 거류 외국인 및 모국어가 서툴거나 거의 소실한 교포 3세, 4세들을 함께 포함한다. 따라서 전자에는 소통 공동체가 중요하고, 후자에는 화어 공동체가 중요하다.

한국말 교포말 이산은 19 세기 후반에 시작된다. 즉 중국의 동북 지방과 러시아의 연해주에 이주한 농업 이민인데, 모두 유민들이다. 여기 전자의 경우는 일본의 식민지 정책으로 계속되었다. 그리고 일본과 미국의 경우는 광산·토목 노동자 또는 농장 노동자인데, 전자는 일본의 식민지 정책으로 계속되고, 후자는 20세기 60년대 이래 자유 이민으로 계속 되었다. 그리고 한국말 분단은 북한 공산 정권 수립으로 구체화되지만, 그들의 문화어 신설과 언어 규범의 변동으로 한국말의 이질화가 심화되어 갔다. 그리고 외국인의 국내 거류와 언어 접촉은 고대에 중국과의 긴밀한 관계가 있었지만, 한 때 일본의 지배를 받았고 오늘날 한미 접촉과 동남아인 근로자도 중요하다.

다음 한국말 공동체의 패턴과 한국말의 사회언어학적 유형에 관한 사회언어학적 프로필을 보인다. 이들 화어 공동체(SC)와 소통 공동체(CC)의 통합 패턴의 성분 표시와 함께, 한국말에 있어서 공통어, 분단 언어, 이산 언어, 에스닉 변종 등의 유형을 식별하여 이들 프로필의 기술에 언어 접촉(Con)과 그 정도(0-3)를 비롯하여 다수 집단어(Maj), 소수 집단어(Min) 및 제1 언어(L1), 제2 언어(L2) 등의 대립을 기술한다.

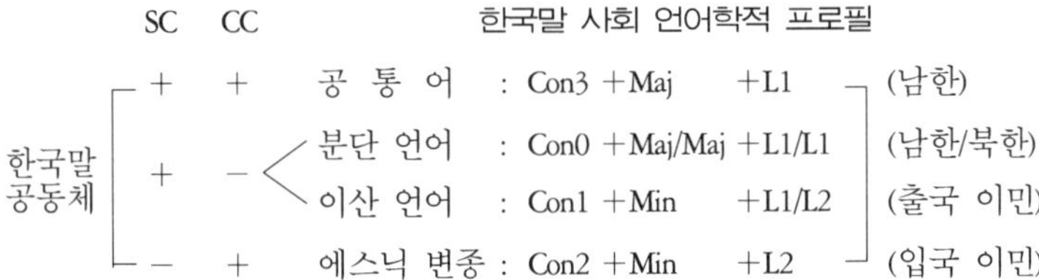

참고서적

고승제(1973) 한국 이민사 연구, 서울.

고영근(1994) 통일시대의 어문문제, 서울.

______(1999) 북한의 언어문화, 서울.

국제고려학회 아세아분회(2000) 중국 조선족 공동체 연구, 연길.

김민수(1985) 북한의 국어연구, 서울.

______ 편저(1997) 김정일 시대의 북한언어, 서울.

김영배 편저(1992) 남북한 방언연구, 서울.

김진우(1985) 언어, 그 이론과 응용, 서울.

박영순(2001) 한국어의 사회언어학, 서울.

사나다 신지·임영철(1993) 사회언어학의 전개, 서울.

외교통상부(2000) 세계각국 편람, 서울.

이상규(1995) 방언학, 서울.

이기문 강신항 김완진 안병희 남기심 이익섭 이상억(1983) 한국어문의 제문제, 서울.

이익섭(1984) 방언학, 서울.

______(1994) 사회언어학, 서울.

장태진(1988) 국어사회언어학 연구, 서울.

______ 편저(1995) 국어사회언어학 논총, 서울.

장홍권(1999) 일반사회언어학, 심양.

전학석(1997) 조선어 방언학, 연변대학출판사, 연길.

최전승(1995) 한국어 방언사 연구, 서울.

황대화(1998) 조선어 동서방언 비교연구, 백화사전 종합출판사, 평양.

Ammon, U., Dittmar, and Mattheier (eds.)(1987) Sociolinguistics, Berlin : Mouton de gruyter.

Ammon, U.(ed)(1989) Status and Function of Languages and Language Varieties, Walter de Gruyter : Berlin / Now York.

Ammon, U. and Hellinger(eds)(1991) Status Change of Languages, Walter de Gruyter :

Berlin / New York.

Bell, R. T.(1976) Sociolinguistics, Goals, Approaches and Problem, ST. Martin's Press, New York.

Ben-Rafael, E.(1994) Language , Indentity, and Social Division, The case of Israel, Oxford University press, Oxford / New York / Tronto.

Bloomfield, L.(1933) Language, New York : Holt, Rinehart and Winston.

Bright, W.(ed)(1964) Sociolinguistics : Proceedings of the UCLA Sociolingusistics Conference, 1964, the Hague : Mouton.

Capell, A.(1966) Studies in Socio-linguistics, Mouton : The Hague.

Chambers, J. K.(1995) Sociolinguistic Theory : Linguistic Variation and its Social Significance, Oxford : Blackwell.

Coulmas, F.(1985) Sprache und Staat : Studien zur sprachplanung und Sparachpolitik, Walter de Gruyter (山下公子譯, 1987, 言語と國家-言語計割ならびに言語政策の研究-,東京.)

Coulmas, F.(ed)(1997) The Handbook of Sociolinguistics, Oxford : Blackwell.

Dittemar, N.(1976) Sociolinguistics, A critical survey of Theory and Application, Edward Arnold, London.

Dittmar, N. and Schlobinski, P.(eds) The Sociolinguistics of Urban Vernaculars, Case studies and their Evaluation, Walter de Gruyter, Berlin / New York.

Edwards, J.(1985) Language, Society and Identity, Basil Blackwell, Oxford, UK / New York, USA.

Eckert, P.(2000) Linguistic Variation as social Practice, Blackwell, Malden, USA / Oxford, UK.

Fase, W. Jaspaert, K. Kroon, S.(1992) Maintenance and Loss of Minority Language, John Benjamins B.V., Amsterdam / Philadelphia.

Fasald, R.(1984) The Sociolinguistics of Society, Basic Blackwell, New York.

________(1990) Sociolinguistics of Language, Introduction to Sociolinguistics Volume II, Basil Blackwell, Canbridge, USA. (황적륜 외 공역, 1994, 사회언어학, 서울.)

Fishman, J. A. Ferguson, C. A. Das Gupta, J.(eds)(1968) Language problems of Developing Nations, John Wiley & Sons, New York.

Fishman , J. A.(1972) The Sociology of Language, Newbury House (湯川恭敏 譯,1974, 言語社會學入門, 東京.)

________(1972) Language in Sociocultural Change, Stanford University Press,

Stanford, California, USA.

Gumperz, J. J.(1971) Language in Social Group, Stanford University Press, Stanford, California, USA.

Gumperz, J. J. and Hymes, D.(1972)(eds.) Directions in Sociolinguistics, The Ethnography of Communication, Holt, Rinehart and Winston, New York.

Haugen, E. Mcclure, J. D. Thomson, D. S.(eds.)(1980) Minority Languages Today, A Selection from The Papers read at the First International Conference on Minority Languages, held at Glasgow University Press, Edinburgh, Great Britain.

Hobsbawm, E. J.(1990) Nations and Nationalism Since 1780(浜林正夫 嶋田耕也 庄司信 譯. 2001, ナショナリズムの歴史と現在, 東京.)

Holmes, J.(1992) An Introduction to Sociolinguistics, Longman, London / New York.

Hudson, R. A.(1996) Sociolinguistics, second edition, Cambridge University Press, Combridge, Great Britain.

Hymes, D.(1974) Foundations in Sciolinguistics, An Ethnographic Approach, Philadelphia, University of Pennsylvania Press.

Kaplan, R. B.(eds)(2002) The Oxford Handbook of Applied Linguistics, Oxford University Press, New York.

Kho, S.(1987) Koreans in Soviet Central Asia, Studia Orientalia 61, edited by The Finnish Oriental Society, Helsinki. (고송무, 1989, 소련의 한인들, 고려사람, 유네스코 한국위원회 엮음, 서울.)

Mckay, S. L. Hornberger, N. H.(eds)(1996) Sociolinguistics and Language Teaching, Cambridge Universty Press, Cambridge, UK.

Murray, S. O.(1998) American Sociolinguistics, Theorists and theory groups, John Benjamins, Amsterdam / Philadelphia.

Paulston, C. B.(1994) Linguistic Minorities in Multilingual Settings, implications for language policies, John Benjamins, Amsterdam / Philadelphia.

Paulston, C. B. Tucker, G. R.(eds.) The Eary Days of Sociolinguistics, memoris and reflections, the Summer Institute of Linguistics, USA.

Romaine, S.(eds)(1982) Sociolinguistic Variation in Speech Communication, Edward Armold, London.

___________(2000) Language in Society, An introduction to sociolinguistcs, second edition, Oxford University Press, Oxford, UK. (土田滋・高橋留美 譯, 1997, 社會のなかの言語, 東京.)

Saville-Troike, M.(1982) <u>The Ethnography of Communication, an introduction</u>, Basil Blackwell, Oxford, England.

Wordhaugh, R.(1998) <u>An introduction to Sociolinguistics, third edition</u>, Blackwell.(박의재·정미령 역, 1999, <u>현대사회언어학</u>, 서울.)

河原俊昭 編著(2002) <u>世界の言語政策, 多言語社會と日本</u>, 東京.

載エイカ(1999) <u>多文化主義とディアスポラ</u>, 東京.

眞田信治 澁谷勝己 陳內正敬 杉戶淸樹(1992) <u>社會言語學</u>, 東京.

靑柳まちこ編·監譯(1996)「エスニック」とは何か, エスニシティ 基本論文選, 東京.

‖ 아 ‖···

‖ ㅈ ‖ · · ·

저·자·소·개

┃장태진┃

- 1927년 구미시 인동 출생
- 영남대(구 청구대) 졸업
- 동국대 대학원 수료 문학석사
- 조선대 대학원(구제) 문학박사
- 조선대 교수, 교육대학원 원장, 일본 텐리대학 객원교수
- 현, 조선대 명예교수
- 참전유공자 증서, 국민훈장 석류장, 전남도 문화상, 동숭학술상
  등 받음.
- 국어변말사전, 국어사회언어학 연구 등, 편저서 논문 다수

한국말 공동체의 연구
- 거시 사회언어학 이론 -

┃인 쇄┃ 2004년 05월 26일
┃발 행┃ 2004년 05월 30일
┃저 자┃ 장 태 진
┃펴낸이┃ 이 대 현
┃편 집┃ 박 윤 정
┃펴낸곳┃ 도서출판 역락 / 서울 성동구 성수2가 3동 301-80
        (주)지시코별관 3층(우 133-835)
┃TEL┃ 대표·영업 3409-2058 편집부 3409-2060 FAX 3409-2059
┃e-mail┃ youkrack@hanmail.net / yk3888@kornet.net
┃등 록┃ 1999년 4월 19일 제2-2803호
┃ISBN┃ 89-5556-285-3-93700
┃정 가┃ 15,000원

* 잘못된 책은 교환해 드립니다.